Die Bibel erzählt

 Allianz

Name: *Björn Schmidt*

Straße: *Danziger Straße*

PLZ, Ort: *48249 - Dülmen*

Karel Eykman   Bert Bouman

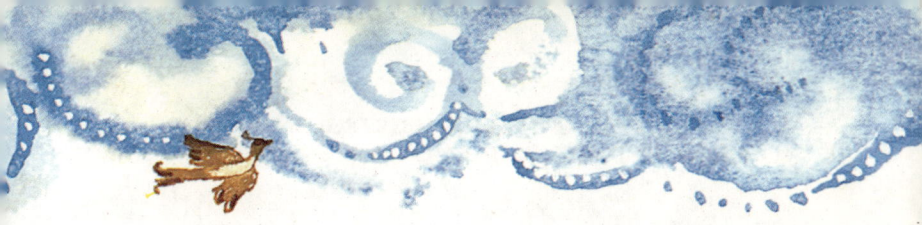

Die Bibel erzählt

Verlag Herder Freiburg · Basel · Wien
Gütersloher Verlagshaus Gerd Mohn

AUS DEM NIEDERLÄNDISCHEN ÜBERTRAGEN
VON HENK UND GISELA DAAMEN UND ENGELBERT GROSS

Titel der niederländischen Originalausgabe:
WOORD VOOR WOORD
Kinderbijbel. Het Oude Testament. Het Nieuwe Testament
© 1976 Zomer & Keuning Boeken B. V. Wageningen

FÜNFTE AUFLAGE

Alle Rechte der deutschen Ausgabe vorbehalten – Printed in Germany
© Verlag Herder Freiburg im Breisgau 1978
Herstellung: Freiburger Graphische Betriebe 1988

ISBN 3-451-18029-4 (Herder)
ISBN 3-579-04664-0 (Gütersloher Verlagshaus)

Vorwort

Dieses Buch versucht, Kinder in einen ersten Kontakt zur Bibel zu bringen. Heute ist die Bibel für mehr Kinder, als man gerne wahrhaben möchte, eine ferne, fremde, scheinbar tote Welt. Wie können sie der Bibel als einem lebendigen Buch begegnen, das von Menschen spricht, wie sie wirklich sind, und das auch uns angeht? Ein entscheidender Weg ist das Erzählen von dem, was man selbst erlebt hat. Durch Erzählen bleiben Erlebnisse und Erfahrungen lebendig. Das gilt auch für die Erfahrungen, die die Menschen der Bibel in ihrem Leben mit Gott gemacht haben.

Wer anfängt, zu erzählen, kann nicht alles sagen. Manches wird er sich für später aufheben, vieles wird er gewissermaßen zwischen den Zeilen sagen. Er braucht das nicht ausdrücklich auszusprechen, was etwa in eine Predigt oder einen Katechismus gehört. Er wird auch nicht den Anschein erwecken, als ob er von einer höheren Warte aus alles genau wüßte und erklären könne. Das Ziel dieses Buches jedenfalls ist bescheidener: durch Erzählen von Geschichten zum Alten und Neuen Testament einige kleine Schritte auf dem Weg zur Bibel zu tun und zu dem, was in ihr auch für uns heute lebendig ist. Es geht darum, Neugier zu wecken, Anstöße zu vermitteln und damit den Weg zum Lesen der Bibel zu bahnen.

Dieses Buch möchte nicht nur eine Art Brücke zur Bibel sein, sondern auch eine Brücke zwischen Kindern und Eltern, zwischen Kindern und Erziehern, Lehrern, Seelsorgern. Was im Buch erzählt wird, geht die Kleinen und die Großen an, ja, die Kinder in dem Maße, wie die Erwachsenen sich selbst von dem Wort der Schrift betroffen wissen.

Entstanden ist das Buch aus einer ökumenisch geplanten und erarbeiteten Sendereihe im niederländischen Fernsehen, die offensichtlich bei Kindern und Erwachsenen einen guten Widerhall fand: In zwölf Jahren wurden in über fünfhundert Sendungen diese kleinen Geschichten zur Bibel erzählt und dazu die Bilder von Bert Bouman gezeigt. Wir hoffen, daß das Weitererzählen im Buch die Freude an der Bibel weckt und zur Begegnung mit ihr führt.

Inhalt

Zweiter Teil
Erzählungen zum Neuen Testament

Erster Teil
Erzählungen zum Alten Testament

1. Abraham geht weg

Abraham saß im Laden seines alten Vaters. Es gab da allerlei Figuren zu kaufen. Sie stellten den Gott dieser Gegend dar. Die Leute stellten sie zu Hause auf. Sie meinten: Wenn wir nett zu diesen Figuren sind, dann wird Gott uns helfen. Das hatten sie schon jahrelang so gemacht. Es hatte ihnen die ganze Zeit über ein Gefühl der Sicherheit gegeben.

Abraham jedoch war ein Mann von anderer Art. Eigentlich glaubte er nicht an die Figuren. Er dachte: Eigentlich glaube ich überhaupt nichts.

Da betrat eine Frau den Laden. Sie brachte einen Kuchen. „Den habe ich selbst gebacken", sagte sie. „Stell ihn vor das beste Gottesbild, das du im Laden hast." Als sie weg war, wurde Abraham wütend. Er hatte keine Lust mehr, sein ganzes Leben in diesem Laden zu sein. Er geriet außer sich. Er tobte und zertrümmerte alle Figuren. Mit einem großen Stock. Eine

Figur blieb heil. Wie er so zwischen den Scherben hockte, kam sein Vater zurück.

„Was ist denn hier los? Was ist passiert?" rief er.

„Tja", stotterte Abraham. „Eine Frau brachte einen Kuchen für alle die Gottesbilder hier. Sie fingen an, sich zu streiten, und haben sich gegenseitig zusammengeschlagen. Nur dieses eine blieb übrig."

„Nun hör mal", meinte der Vater. „Gottesbilder können doch nichts tun."

„Siehst du", sagte Abraham, „du glaubst ja selber auch nicht daran. Ich jedenfalls, ich mache nicht mehr mit."

„Pack dir ein, was du brauchst. Wir ziehen weg von hier", ließ Abraham zu Hause die Sara wissen. Sara war seine Frau. Er holte den großen Koffer vom Schrank und begann zu packen.

„Warum eigentlich, wenn ich fragen darf?" muckte Sara auf.

„Ich glaube, es gibt irgendwo ein Land, in dem man auf andere Art mit Gott leben kann als hier. Ich will es suchen", antwortete Abraham.

„Das ist ja eine hübsche Geschichte", murrte Sara. „Du setzt dir eine schöne Idee über Gott in den Kopf, und ich soll brav einpacken und mit dir gehen? Aber laß nur. Ich gehe mit. Wohin du gehst, gehe ich auch."

Am nächsten Morgen in der Frühe brachen sie auf. Ihr Neffe Lot sah sie fortgehen.

„Darf ich nicht mit?" fragte er. „Ich wollte schon lange ganz neu anfangen."

„Komm", sagte Abraham.

2. Abraham in Ägypten

„So", meinte Sara zu Abraham. „Das hier soll also das schöne Land deines Gottes sein. Was für eine kahle Gegend! Kein grünes Hälmchen für unsere Esel und Ziegen. Sie laufen schon den ganzen Tag hinter uns her und meckern. Das macht mich verrückt!"

Es war eine ziemliche Enttäuschung, das neue Land. Das mußte auch Abraham zugeben.

„Laßt uns nur weiter ziehen, nach Ägypten", schlug Lot vor. „Dort ist ein großer Fluß. Da gibt es viele Bauernhöfe. Da kann man eine Menge verdienen."

„Gut", sagte Abraham. „Wir wollen dort unser Glück versuchen."

Als sie ankamen, gab es immer wieder ägyptische Burschen, die sich umschauten, wenn sie vorbeigingen. Abraham dachte: ‚Was habe ich doch für eine bildschöne Frau! Alle drehen sich nach ihr um. Wenn das nur keine Schwierigkeiten gibt! Plötzlich stehen

sie neben mir und stechen mich tot, nur weil sie sie haben wollen!' Darum sagte er zu Sara: „Hör zu. Wenn einer mal nach dir fragen sollte, dann sagst du einfach, du bist meine Schwester, verstanden?"

„Ich verstehe das ganz gut", antwortete Sara.

Da kam ein vornehmer, hoher Offizier vorbei. Als er Sara erblickte, drehte er sich auf dem Absatz um und eilte weg. Bald danach kam er aber zurück. Er verbeugte sich tief und sagte: „Es wird Seiner Durchlaucht, dem Pharao, äußerst angenehm sein, Sie im Salon seines Palastes zu empfangen."

„Dagegen haben wir nichts, nicht wahr, Bruder?" antwortete Sara. Sie fuhren in einer schönen offenen Kutsche zum Palast.

Der Pharao gab ein großes Essen. Sara durfte neben ihm sitzen, und der Pharao war besonders nett zu ihr. Er machte alle möglichen Scherze, über die Sara lachen mußte. Er küßte ihr die Hand und gab ihr einen glitzernden Ring als Geschenk. Sara zwinkerte Abra-

ham zu und sprudelte dann heraus: „Mein großer Bruder ist glücklich darüber, daß Sie uns auf diese fürstliche Art empfangen haben. Stimmt's, Bruder?"

Abraham nickte etwas zögernd.

„Jedenfalls sitzen wir gut", flüsterte Lot ihm zu und füllte seinen Teller für die zweite Runde.

„Wie wird das nun weitergehen?" fragte Sara abends im Gästezimmer des Pharaopalastes. „Ich glaube, der Pharao fängt an, sich in mich zu verlieben. Wenn er mich nun heiraten will, was dann?"

„Pst. Nicht so laut", stieß Abraham hervor. „Jeder kann das hören."

Eine Dienerin hatte gelauscht, und sie erzählte dem Bäcker weiter, daß der Pharao sich in die Frau eines anderen Mannes verliebt habe, und der Bäcker erzählte es in der ganzen Stadt herum. Das hörte wiederum ein hoher Offizier, und der berichtete es schließlich dem Pharao. Der Pharao erschrak. Er ließ Abraham und Sara mit ihrem Neffen Lot sofort zu sich kommen.

„Warum habt ihr das getan?" rief der Pharao. „Dachtest du, Abraham, ich würde dich umbringen, um deine Sara zu kriegen? Dachtet ihr, ich würde so etwas tun? Ich will jedenfalls auf keinen Fall, daß euer Gott böse auf mich wird. Ihr habt ja sicher einen Gott, der sich für euch einsetzt. Hier habt ihr Geld und für jeden ein kleines Abschiedsgeschenk. Tut mir den Gefallen und geht so schnell wie möglich weg von hier."

So mußten sie wieder ihre Esel beladen und sich auf den Weg machen. Wenn es ein Land gab, in dem man ganz von neuem mit Gott beginnen sollte, dann sicher nicht in diesem Land. Das wurde Abraham jetzt ganz klar.

Abraham wußte, er hatte einen Fehler gemacht: Er hatte nicht den Mut gehabt, es mit seinem eigenen unbekannten Gott zu wagen. Ausgerechnet der Pharao hatte ihm beibringen müssen: Dein Gott, der führt dich, der setzt sich für dich ein.

3. Abraham und Lot

Abraham und Lot ging es jetzt gut. Eigentlich zu gut. Ihre Schafe bekamen Schäfchen. Ihre Esel kriegten Eselchen. Sie hatten Hirten und Knechte genommen, damit all die Tiere versorgt werden konnten. Gerade weil sie nun so viele waren, gab es Schwierigkeiten. Wenn sie zum Beispiel einen Brunnen gefunden hatten, saßen sie sich gegenseitig im Weg: die Leute von Abraham und die Leute von Lot.

„Nein, ich war zuerst hier mit meinem Eimer. Ist das klar?" – „Ich dachte, dieser Herr war zuerst hier, denn ich kam nach ihm."

„Ach wirklich? Ich bin zufällig stärker. An die Seite!"

So gab es immer Streit. Darum schlug Abraham seinem Neffen Lot vor: „Wir werden uns doch nicht innerhalb der Familie streiten! Soweit soll es nicht kommen! Jeder sollte in einer eigenen Richtung weiterzie-

hen. Man kann hier nach Osten oder nach Westen. Welche Richtung wählst du?"

Für Lot war es ganz klar: Im Osten ist es grün. Da können die Tiere grasen. Im Osten sieht man die weißen Häuser. In den Städten dort kann man verkaufen und kaufen. Da gibt es Arbeit. Das ist meine Richtung.

Lot ging also in diese Gegend.

Abraham jedoch wußte nicht recht, was er tun sollte. Er meinte zu Sara: „Ob ich auch noch einmal so wie früher in aller Ruhe unter vielen Menschen wohnen darf? Warum kann ich nicht alles, was ich zum täglichen Leben brauche, so verdienen, wie ich es früher gewohnt war? Oder will Gott mehr von mir? Was will er eigentlich? Ich suche ein Land, in dem ich so leben kann, wie es mir richtig scheint. Ich möchte ein Kind haben von dir, Sara, einen Sohn. Er soll später einmal so einer sein, daß Gott etwas Großes mit ihm anfängt. Diese trockene Ebene da im Westen, die lange nicht so schön ist wie die Gegend im Osten, wie soll ich wissen, ob das dieses gute Land ist?"

Sara zuckte die Achseln. „Ich weiß es auch nicht", sagte sie. „Doch ich kenne dich. Wenn du glaubst, daß Gott etwas mit dir vorhat, mußt du festbleiben. Selbst dann, wenn es das Land dort drüben im Westen ist."

„Wie recht du hast", bemerkte Abraham. Bei sich dachte er aber: ‚Nun bin ich doch neugierig, wie Gott mir hier heraushilft.'

4. Hagar

Abraham und Sara waren alt geworden. Sie saßen am
Eingang ihres Zeltes. Es war warm gewesen, aber jetzt,
am Abend, war es kühl.

„Trotzdem: ich habe nie bereut, daß ich weggegangen bin, damals", sagte Abraham. „Wir müssen hart
arbeiten, und doch meine ich: Dies ist das Land, in
dem Gott mich haben wollte. Nur..."

„Was ist denn?" wollte Sara wissen.

Da sagte Abraham: „Guck dir die Sterne an. Kannst
du sie zählen? Ich habe die ganze Zeit über geglaubt:
Gott wird einmal dasein für eine so riesige Zahl von
Menschen. Dann wären wir der Anfang dieses großen
Volkes."

Sara meinte: „Dann müßten wir doch einen Sohn bekommen, um es ihm weiterzuerzählen. Mit ihm kann es dann weitergehen: das Neue mit Gott."

„Man kann nie wissen", antwortete Abraham.

„Ach, komm", sagte Sara, „daß ich nicht lache! Stell dir vor: ich in meinem Alter – und ein Kind kriegen! Das geht doch nicht mehr. Oder was meinst du? Das glaubst du doch selber nicht!"

Das war tatsächlich so, und Abraham hielt den Mund, denn Hagar, ihre Dienerin, kam gerade herein.

„Ich habe darüber nachgedacht", sagte Sara, als die Dienerin wieder weg war. „Wir müssen uns selbst etwas einfallen lassen. Wie wäre es: du nimmst auch noch unsere Hagar zur Frau? Nein, im Ernst, ich meine das ehrlich. Sie kann dir noch Kinder schenken."

Darüber mußte Abraham lange nachdenken. (Es war damals noch so, daß ein Mann mit mehr als einer Frau verheiratet sein konnte.) Am Ende sagte er: „Ja."

Und wirklich bekam Hagar ein Jahr später ein Kind, einen Jungen. Ismael nannten sie ihn. Hagar war sehr froh darüber. Sie war richtig stolz darauf. Sie tat überall so, als wenn sie jetzt von sich sagen könnte: Ich bin nicht irgend so ein Dienstmädchen. Nein, ich bin die Mutter von Abrahams Nachkommen. Sara, die eigentliche Frau Abrahams, wußte: Ich sollte eigentlich froh sein, daß es nun überhaupt ein Kind gibt. Trotzdem: sie konnte nicht damit fertig werden, daß Hagar Mutter war – und sie nicht.

5. Die drei Männer

Es war ein glühendheißer Tag, da sah Abraham von weitem drei Männer kommen. Er ging ihnen entgegen und lud sie zum Essen ein. Das war üblich so. Er befahl den Knechten, sofort ein Kalb zu schlachten, und Sara mußte frisches Brot backen. Abraham stand beiseite, als seine Gäste es sich schmecken ließen. Das gehörte sich so. Abraham richtete sich danach. Da wollte einer der Männer wissen:

„Wo ist Ihre Frau?"

Abraham antwortete: „Sara ist drüben im Zelt." (Das stimmte nicht, denn Sara war viel zu neugierig. Sie stand ganz dicht hinter dem Zeltvorhang. Sie lauschte.)

Da sagte der zweite Mann: „Wie Sie leben und was für Erfahrungen Sie gemacht haben, das darf mit Ihnen nicht vorbei sein; das muß weitergehen. Das ist Gottes

Wille. Deshalb werden Sie im nächsten Jahr einen Sohn bekommen, und zwar von Sara, Ihrer Frau.“

,Hör dir das an‘, dachte Sara, ,sehe ich noch so jung und hübsch aus? Nein. Daraus wird ja doch nichts mehr.‘ Das brachte sie richtig zum Lachen.

„Wer lacht denn hier?“ fragte der dritte. „Ist das etwa Sara? Glaubt sie mir nicht? Wenn ihr euch das auch nicht mehr vorstellen könnt: Gott kann es sich ganz gut vorstellen.“

Sara kam jetzt ganz verlegen zum Vorschein: „Ich habe nicht gelacht.“

„Doch“, sagte der Mann, „du hast gelacht, und im nächsten Jahr wirst du erst recht lachen, dann wirst du nämlich ganz glücklich sein.“

Dann standen die drei Gäste auf. „Wir müssen jetzt nach Sodom.“

„Bleibt doch hier“, schlug Abraham vor. „Es ist nicht gut in Sodom. Zwar wohnt dort mein Neffe Lot, aber trotzdem: Es ist sehr gefährlich da, Schlägereien

23

kommen vor. Außerdem: die Luft ist dort schwül und warm, die Arbeit schwer und mühsam. Da halten nur die Stärksten durch, Schwache sind da schnell erledigt."

„Eben. Ihre Stadt wird zugrunde gehen, wenn sie andere Menschen immer nur zugrunde richten", warnte einer der drei. „Das geht ans Leben. Das ist schlimm, und das wollen wir ihnen sagen."

„Aber so eine Stadt mit all den vielen Leuten", widersprach Abraham, „das wäre ja furchtbar. Sollte mein Gott nicht stark genug sein und dafür sorgen können, daß dies nicht geschieht?"

Die drei Männer schauten sich an. „Wie kann man ihnen helfen, wenn sie nicht wollen?" fragten sie. „Wenn es nur fünfzig Leute gäbe, die es wollen! Fünfzig, die so leben, wie es sich gehört, die sich für andere einsetzen und sich um sie kümmern!"

„Genau", sagte der andere, „selbst wenn es bloß fünfzig wären in der Stadt: die fünfzig könnten die Stadt retten."

„Aber fünf mehr oder weniger, das macht doch nichts aus", meinte Abraham. „Fünfundvierzig wären doch auch genug, oder?"–„Nun, mit fünfundvierzig guten Menschen wird die Stadt nicht untergehen." – „Und mit vierzig?"

„Auch noch mit vierzig nicht", stieß der dritte Mann hervor. Er wollte weggehen, doch da stellte sich Abraham ihnen in den Weg.

„Werdet nicht böse. Ich muß einfach noch weiterfragen", bat er, „ich weiß: ich bin bloß Abraham;wie sollte ich Gott zwingen können: Aber er könnte doch auch ein Gott für diese Menschen drüben in Sodom sein. Nur darum frage ich das. Was ist, wenn nur dreißig gut sind? Oder zwanzig oder…zehn?"

24

„Wie du so für die Leute drüben sprichst, mag dich Gott", sagte der erste Mann. „Weil du so fragst und drängst, darum wird Sodom bleiben. Selbst wenn es nur zehn wären, ginge die Stadt nicht unter." Ohne weitere Worte gingen die drei davon.

„Fragt drüben nach meinem Neffen Lot", rief Abraham ihnen noch nach. „Er ist kein schlechter Mensch. Er wird euch helfen können."

Als er zurückging, dachte er: ‚Eigenartig. Es war irgend etwas Besonderes an den drei Männern. Wenn man mit ihnen sprach, war es, als ob man mit Gott sprach. Mit meinem Gott kann man reden. Auf ihn kann man einreden. Er nimmt einen ernst. Mein Gott ist nicht so einer, bei dem man bloß dasitzen kann und abwarten muß, was ihm zu tun beliebt.'

6. Die Stadt Sodom

Es ging drunter und drüber in der Stadt Sodom. Die meisten Leute hatten kein Geld und keine Arbeit oder aber Arbeit, die viel zu schwer war, die unerträglich war. Die meisten wohnten in scheußlichen Häusern. Sie liefen nur umher und machten kaputt, was kaputt zu machen war, und stahlen, was es zu stehlen gab, und stritten sich, wo es zu streiten und zuzuschlagen gab.

Es gab wohl auch reiche Menschen, aber die waren dann ganz schrecklich reich. Sie hatten dadurch Geld verdient, daß sie die anderen für wenig Geld für sich arbeiten ließen. Sie hatten eigens Aufpasser eingestellt, um die Leute kleinzuhalten und zu beherrschen.

Die drei Männer, die bei Abraham gewesen waren, kamen in Sodom an. Sie fragten nach der Adresse von

Lot. Ein Junge zeigte ihnen den Weg und fragte: „Was wollt ihr eigentlich hier? He? Könnt ihr mir das verraten?"

„Wir kommen nur einmal sehen, was von dieser Stadt noch zu retten ist", sagten sie.

„Das ist ja der Gipfel! So eine Unverschämtheit!" rief der Junge. „Ihr habt wohl etwas gegen unsere Stadt? Ihr sucht wohl Krach?" Er ging hinter ihnen her, beschimpfte sie, schubste sie. Immer mehr Leute kamen dazu und machten mit. Lot sah sie auf sein Haus zukommen, und er ließ die drei Männer sofort herein.

„Wir kommen von Abraham", sagten sie. „Mit eurer Stadt hier nimmt es ein böses Ende. Doch wenn es zehn Leute gäbe, so wie du, Leute, auf die man sich verlassen kann, dann wäre noch etwas zu machen. Kannst du wohl welche finden?"

Lot zuckte die Schultern. Er zeigte nach draußen. Draußen standen viele Leute, die schrien und zischten: „Rück uns diese vornehmen Herren einmal heraus. Die wollen wir uns vornehmen."

Sie hämmerten auf die Tür ein. Doch Lot und die drei Männer setzten Tische, Stühle und die Kommode gegen die Tür. Es konnte niemand herein. Dann sagte einer der drei: „Du mußt weg von hier, Lot. Du mußt heraus aus dieser Stadt. Diese Stadt kann selbst der Gott Abrahams nicht mehr retten. Gott kann dann hier auch nicht mehr helfen, wenn keine Menschen da sind, die dabei mitmachen. Du bist der einzige, den wir noch retten können."

Die drei und Lot flohen durch das hintere Küchenfenster, über die Dächer hin zur Stadtmauer.

In der nächsten Nacht gab es ein Erdbeben. Es war, als ob die Erde die Stadt von sich abschütteln wollte. Es brach ein Brand aus. Menschen gerieten unter die Trümmer und starben. Es war furchtbar.

Lot saß weit weg davon auf einem Stein. Er weinte. Er hatte sein Leben lang gearbeitet, um gut mit den Leuten in der Stadt auskommen zu können. Er hatte Geld verdient, um zeigen zu können, daß er dazugehörte. Nun war alles, was er in seinem Leben getan hatte, zerstört und vernichtet.

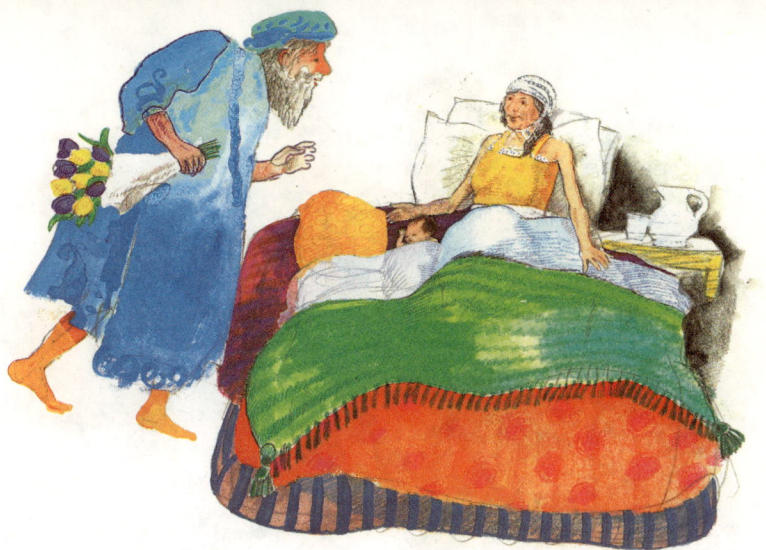

7. Ismael

Es war, als ob ein Wunder geschehen wäre. Sara war, obwohl sie schon so alt war, schwanger geworden. Eines Tages merkte sie: Es ist soweit, das Kind wird geboren werden. Hagar und die anderen Frauen waren drinnen im Zelt, um Sara zu versorgen. Gegen Abend rief Hagar den Abraham herein. Das Kind war da. Er ging schnell ins Zelt.

Sara saß da in ihrem Bett und fing an, laut zu lachen. „Wer hätte das nur gedacht", schmunzelte sie. „Komm, sieh es dir an. Hier." Neben Sara lag ein kleines Kind. Es war ein Sohn. Abraham blickte Sara an. Auch er mußte lachen, und es sah so aus, als ob auch der kleine Junge dalag und lachte.

„Wir wollen ihn Isaak nennen", schlug Abraham vor. „Das heißt: der kleine Lacher."

Als Isaak ein Jahr alt war, gab Abraham ein großes Fest. Isaak saß in einem Stuhl voller Kissen hinter seiner großen Geburtstagstorte.

Auch Ismael war auf dem Fest. Er ärgerte sich darüber, daß man so viel Wirbel um das kleine Brüderchen machte.

„He, Kleiner", rief er. „Tauch mit deiner Nase einmal über der Tischkante auf. Kannst du denn überhaupt schon an ein Stück Kuchen reichen, oder muß ich es dir in den Mund stecken?"

Hagar konnte sich vor Lachen nicht halten. Doch Sara war wütend. Abends sagte sie zu Abraham: „Wenn das mit Ismael so weitergeht, wird es hier bei uns immer schlimmer. Der Junge will an Stelle von Isaak der Erste sein. Dahinter steckt natürlich Hagar. Sie mögen Isaak nicht, sie gönnen meinem Kind das Leben nicht. Das kann so nicht weitergehen. Du mußt sie wegschicken."

Abraham ärgerte sich jetzt, daß er damals nicht darauf vertraut hatte, Sara werde eines Tages doch noch einen Sohn bekommen. Er schämte sich, daß es Ismael gab. Sara redete so auf ihn ein, daß er etwas tat, was er nicht tun durfte: Er schickte am nächsten Tag Hagar und Ismael weg. Sie bekamen Brot und Wasser und wurden weggeschickt. So einfach in die Wüste hinein.

Ihr Proviant war schnell aufgebraucht. In der Wüste verirrten sie sich. Hagar bekam es mit der Angst.

Ismael konnte bald nicht mehr weiter. Er fiel immer wieder hin, und Hagar bekam ihn nur mit Mühe wieder hoch. Schließlich ließ sie ihn einfach liegen. Sie stolperte ein Stück weiter und weinte in ihrer Verzweiflung. Sie wollte nicht mit ansehen müssen, wie ihr Sohn dalag und sterben würde.

„Das soll nun der Gott Abrahams sein!" schrie sie. „Will der, daß wir sterben, damit Isaak lebt? Ist Abrahams Gott denn nicht mein Gott?"

Sie starrte geradeaus vor sich hin, und da erblickte sie in der Ferne eine Baumgruppe. Dann mußte da auch ein Brunnen sein! Sie rannte hin und kam mit Wasser zurück zu Ismael. Sie tröpfelte das Wasser in seinen Mund. Sie tröstete ihn. „Ismael", sagte sie, „wenn Abraham uns auch im Stich läßt, Gott läßt uns nicht im Stich. Abrahams Gott ist genauso gut Gott für dich. Auch du wirst der Beginn eines großen Volkes sein. Das weiß ich ganz sicher, Ismael."

8. Der Gott Isaaks

In der Nähe Abrahams wohnten Menschen, die eben-falls an einen Gott glaubten, aber nicht an den Gott Abrahams. Diese Menschen hatten so viel Achtung und Ehrerbietung vor Gott, daß sie, wenn es ihnen notwendig erschien, sogar ihre eigenen Kinder für ih-ren Gott töteten. Sie meinten: Dadurch sieht Gott, daß wir ihn ehren.

Abraham wußte nicht, ob er das fertigbringen könnte. Gewiß, er opferte wohl manchmal ein ge-schlachtetes Lamm, um Gott zu zeigen, daß er wirk-lich dankbar war. Aber so etwas...! Was Abraham noch gedacht hat, weiß man nicht. Die Geschichte geht so weiter: Es war früh am Morgen. Isaak wurde wach. Er sah Abraham, wie er Holz auf den Esel packte. Zwei Knechte standen dabei. Da sprach Abra-ham zu seinem Sohn: „Komm mit, Isaak, wir gehen zum Berg. Wir wollen Gott bringen, was wir zu geben haben." Isaak stand auf und ging mit. Er war zwölf Jahre alt. Nach drei Tagen erblickte Isaak den Berg. Morija hieß er. Da sagte Abraham zu den Knechten: „Bleibt hier zurück."

Isaak fiel es nicht schwer, das Holz zu tragen. Vor ihm ging Abraham. Er hatte Feuerkohlen und ein Messer bei sich.

Plötzlich schrie Isaak: „Vater, was ist los? Holz ha-ben wir, Feuer haben wir, aber kein Tier, um es Gott zu geben." Sein Vater sah ihn an und sagte: „Gott wird wissen, was wir zu geben haben."

Abraham sagte es so, daß Isaak spürte: Ich darf jetzt nicht weiterfragen.

So gingen die beiden miteinander. Oben auf dem

Berg suchte Isaak Steine zusammen, und Abraham schichtete sie langsam aufeinander. Sie blickten einander nicht an. Auf die Steine legte Abraham das Holz, das Isaak getragen hatte. Dann ergriff Abraham seinen Sohn und drückte ihn ganz fest an sich. Isaak wagte nicht, sich zu rühren. Er wußte, es gibt zwischen Abraham und seinem Gott etwas, was er nicht verstand.

Wenig später rief Isaak: „Vater, Vater, sieh! Ein Bock hängt in den Sträuchern. Sollen wir ihn Gott geben?"

Abraham ließ das Messer fallen. Er fiel auf die Knie und blieb auf dem Boden hocken. Er flüsterte: „Isaak,

mein Junge! Ich dachte, Gott wolle dich für sich haben. Aber das stimmt nicht. Gott will, daß du lebst. Ich dachte, Gott ist nur der Gott Abrahams, aber Gott ist jetzt auch der Gott Isaaks."

Isaak sah seinem Vater in die Augen. Er hatte verstanden. Dann ging er zu dem Bock, der in den Sträuchern hing. Er packte ihn; gemeinsam opferten sie ihn Gott.

Dann kehrten sie zurück. Sie sprachen mit niemandem darüber, was auf dem Berg geschehen war.

9. Jakob und Esau

Isaak führte ein glückliches Leben, zusammen mit Rebekka. Er hatte zwei Söhne, Esau und Jakob. Sie waren Zwillingsbrüder: Esau war der Älteste, obwohl er nur eine Minute älter war als Jakob.

Ihren Großvater Abraham hatten sie nicht mehr erlebt, aber Isaak hatte seinen Kindern alles über Abraham erzählt, immer wieder aufs neue.

Esau fand diese Geschichten über Abraham spannend. Doch Jakob dachte manchmal: „Was habe ich schon von all diesen Geschichten über Abraham und seinen Gott? Was soll ich damit? Später wird sich sowieso herausstellen: es ist der Gott Esaus. Esau bekommt doch alles vom Vater, weil er zufällig eine Minute älter ist. Für mich bleibt nichts."

Esau war Isaaks Lieblingssohn. Er war stark. Er konnte ausgezeichnet Fasane und Hirsche jagen. Isaak fand: Das Leckerste, das es gibt, ist Fasan. Jakob war eher Rebekkas Lieblingssohn. Jakob verstand viel von Feldern und Pflanzen. Er konnte gute Suppen kochen

von dem, was er im Gemüsegarten anbaute. Suppe
aber war etwas, was Esau für sein Leben gern aß.

Eines Tages kam Esau todmüde nach Hause. Den
ganzen Tag lang war er unterwegs gewesen, aber er

hatte nichts gefangen. Als er ins Haus trat, roch er den
Duft der Suppe. Er traf Jakob, der einen großen Topf
voll herrlicher roter Linsensuppe kochte.

„Gib mir schnell was von der Suppe", keuchte er.
„Ich bin todmüde."

„Sie muß noch etwas ziehen", sagte Jakob.

„Das ist mir ganz egal", meinte Esau, „ich brauche
jetzt etwas zum Essen."

Jakob rührte. „Du bist der Älteste, nicht wahr",
sagte er. „Alles von Vater wird einmal dein sein. Der

Gott von Großvater und von Vater wird dein Gott sein."

„Vater immer mit seinen Geschichten über Gott! Soll mir alles recht sein", sagte Esau, „solange ich nur zu essen habe. Ich vergehe vor Hunger. Gib mir endlich von der roten Suppe da!"

Jakob wurde wütend. Dem Esau machte es also anscheinend gar nichts aus, daß er der Älteste war, wo es doch ihm – Jakob – so viel ausmachte, nicht der Älteste zu sein. Doch ließ er sich das nicht anmerken. Er schöpfte von der leckeren roten Linsensuppe in ein Schüsselchen und sagte: „Gut, wenn es dir also nichts ausmacht, dann such dir aus: Entweder du kriegst die Suppe und versprichst mir, daß ich von nun an als der Älteste gelten darf, oder du bleibst der Älteste, aber dann kriegst du auch keine Suppe."

„Also meinetwegen", stöhnte Esau, „von mir aus bist du der Älteste! Zufrieden? Jetzt gib mir endlich zu essen."

„Guten Appetit", sagte Jakob und reichte ihm das Schüsselchen.

10. Jakob lügt

Isaak war alt geworden, alt und – blind. Er konnte nicht mehr sehen. Eines Tages rief er seinen ältesten Sohn, den Esau, zu sich. Isaak fühlte: es wird Zeit, ich sollte mit ihm über das Erbe sprechen. Er sagte zu ihm: „Mein Sohn, du bist mein Ältester. Von meinem Vater Abraham habe ich gehört, was Gott mir versprochen hat. Es ist eine Art Geheimnis. Ich darf es nur ein einziges Mal und nur einem einzigen Menschen weitergeben, und dieser Mensch bist du. Sonst gilt es nicht. Doch zunächst wünsche ich, daß du für deinen alten Vater noch einmal ein Böckchen schießt und es mir ganz lecker zubereitest."

Esau machte sich auf den Weg. Er erzählte niemandem, was sein Vater ihm angedeutet hatte. Das war nur etwas zwischen seinem Vater und ihm. Doch Mutter Rebekka hatte gelauscht. Sie erzählte es Jakob, dem jüngeren Bruder. Die beiden waren gerade bei der Zubereitung von Lammfleisch, aus eigenem Vorrat mit viel Kräutersoße. Es roch nach echter Jägerplatte.

Im Nu faßten die beiden einen Plan: Jakob brachte sein Haar durcheinander, genauso wie Esau es hatte. Er zog Kleider von Esau an; die rochen nach Esau.

Dann drückte Rebekka ihm die Fleischplatte in die Hand und brachte ihn zu seinem alten blinden Vater.

„Bist du es, Esau?" fragte Isaak.

„Ja, Vater", brummte Jakob mit einer tiefen, rauhen Stimme und hielt Isaak die Schüssel vor die Nase.

„Nun, mein Junge", wunderte sich Isaak. „Das hast du aber wirklich schnell geschafft."

„Ja, Gott hat mir geholfen", erwiderte Jakob rasch. Dieser Schwindler!

„Ist etwas mit deiner Stimme?" fragte Isaak. „Du sprichst so anders. Komm her und setz dich zu mir."

Da legte Isaak seinen Arm um die Schultern seines Sohnes. Er fühlte das Haar auf Schultern und Armen, genauso wie Esau es hatte. Er roch Esaus Kleider. Da sprach er, wobei er seine rechte Hand auf Jakobs Kopf legte: „Der Gott Abrahams und der Gott Isaaks, mein eigener Gott also, hat auch dir versprochen: gutes, grünes Land, Tau und Regen. Es wird dir gut gehen, dir und den Menschen, die du liebst. Er wird dich beschützen vor den Menschen, die dir Böses antun wollen. Das verspricht uns unser Gott, und darauf gibt er diesem meinem Sohn hier sein Wort. Das gilt, und dabei bleibt es."

„Endlich", dachte Jakob. „Jetzt habe ich die Rechte des Erstgeborenen. Nun muß Gott sich um mich kümmern." Dann machte er, daß er wegkam.

Einige Zeit später kehrte Esau zurück, todmüde, mit einer prächtigen Jagdplatte. „Nein, vielen Dank", wehrte Vater Isaak ab. „Eben habe ich doch schon..."

„Was hast du eben? Ich bin doch gerade erst gekommen."

40

„Einen Augenblick", rief Isaak, „Jakob wird doch wohl nicht…"

Jetzt verstand auch Esau. Jakob hatte schon immer um das Recht gebettelt, der Älteste zu sein, und nun war sein Bruder ihm wirklich zuvorgekommen!

„Sag mir doch auch, was Gott versprochen hat! Ich möchte es auch für mich!" setzte Esau seinem Vater zu.

„Ich darf es nur ein einziges Mal sagen", sprach Isaak, „sonst hat es keine Gültigkeit. Komm ganz nah zu mir. Ich werde dir ein Versprechen machen, das Gott dir auch jetzt noch geben kann. Hör zu: Du mußt zwar für deinen Lebensunterhalt hart arbeiten, und es wird Menschen geben, die dich bevormunden wollen, aber trotz allem wird es dir gelingen, ein freier Mann zu bleiben. Doch mußt du darum kämpfen, das hat Gott versprochen, und darauf gibt er diesem meinem Sohn sein Wort."

Esau stand auf. Er ging nach draußen, um Jakob zu suchen. Doch der war schon längst über alle Berge.

11. Jakobs Leiter

Den ganzen Tag über flüchtete Jakob, so schnell er konnte, durch das Land. Nun war er der Älteste. Nun durfte er weiterführen, was zwischen Abraham und Gott angefangen hatte.

Jakob merkte allerdings noch nicht viel davon, daß Gott ihm helfen würde. Er war müde, und er hatte Angst, denn es wurde dunkel. Er legte sich auf die Erde. Ein Stein war sein Kopfkissen. So versuchte er zu schlafen. Und dort, wo er auf der Erde lag, hatte er einen Traum. Er träumte von einer Leiter.

Auf der Leiter waren Menschen. Er sah sie genau vor sich. Die einen gingen nach oben, die anderen stiegen herab. Sie riefen ihm zu, was sie von Gott selbst gehört hatten: „Jakob", sprachen sie, „bleib auf diesem Grund und Boden. Er gehört dir. Jakob, die Erde, auf der du liegst, ist dein Land. Hierhin wirst du einmal zurückkommen. Das verspricht dir der Gott Abrahams und der Gott Isaaks, der auch dein Gott ist. Er ist kein Gott, zu dem du hochklettern mußt, wenn du zu ihm möchtest. Er ist ein Gott, der auf dich zukommt, obwohl du, Jakob, ein Betrüger bist. Du wirst es nicht einfach haben mit diesem Gott. Doch er ist für dich da. Das verspricht dir dein Gott."

Alle diese Stimmen hörte Jakob durcheinander. Ihm war ganz schwindelig. Plötzlich jedoch wurde er wach, hellwach. Auf seinen Kleidern lag Tau. Die Sonne ging auf. Eine Zeitlang blieb er noch sitzen. Er dachte darüber nach, was er gesehen und erlebt hatte. Er blickte sich um.

Er traute seinen eigenen Träumen nicht recht, denn er wußte: Noch sieht es gar nicht gut für mich aus.

Noch war er bloß ein flüchtender Landstreicher, mehr nicht. Laut heraus, als ob er sich selbst Mut machen wollte, rief er: „Gut, dies soll eine Vereinbarung sein: Wenn Gott tut, was er versprochen hat, wenn er mir wirklich hilft, wenn er wirklich dafür sorgt, daß ich hierhin zurückkommen kann, dann soll er auch mein Gott sein."

Dann ging er schnell weiter. Noch am selben Tag überquerte er den Fluß Jabbok. Von dort war es nicht mehr weit bis nach Haran, und da irgendwo mußte Laban wohnen, der Bruder seiner Mutter Rebekka.

12. Jakob bei Laban

Nach tagelangem Herumirren gelangte Jakob zu einem Brunnen. Auf dem Brunnen lag ein großer Stein. Daneben saßen drei Hirten mit ihren Tieren. Sie sagten keinen Ton, und sie begrüßten Jakob nicht.

„Guten Tag", sprach Jakob sie an. „Könnt ihr mir vielleicht sagen, wo ich hier bin, wie der Ort hier heißt?"

„Haran", murmelten sie und schwiegen wieder.

„Haran?" rief Jakob, „aber dann kennt ihr doch sicher Laban aus der Familie Nahor?"

„Ja", sagten sie, mehr nicht.

„Er ist verwandt mit mir", brach Jakob das Schweigen. „Sagt, geht es ihm gut?"

„Ja", sagten sie, mehr nicht. Nur der Älteste meinte: „Schau, da kommt sie: seine Tochter."

„Das trifft sich ja gut", antwortete Jakob, „wollen wir nicht schnell zusammen den Stein für sie vom Brunnen rollen, dann können ihre Tiere trinken?"

Doch für das Mädchen wollten sich die Hirten nicht anstrengen. Der Älteste sagte: „Erst am späten Nachmittag, wenn alle Hirten da sind, kommt der Stein herunter. Das ist immer so. Jetzt bleibt er liegen."

Sie standen auf und gingen mit ihren Herden weg.

Inzwischen war das Mädchen dicht herangekommen. Jakob dachte: Jetzt muß ich zeigen, was ich wert bin. Er packte den Stein an einer Ecke und versuchte, ihn hochzuheben. Das war nicht leicht. Schließlich bekam er seine Schulter darunter. Dann stemmte er sich ab, drückte dagegen – und knirschend fiel der Stein in den Sand. Beinahe auf ihre Zehen.

Jakob keuchte vor Anstrengung und schaute lachend das Mädchen an. Sie war verlegen, aber sie
lachte zurück. Was sie für schöne Augen hat, dachte
er.

Während sie gemeinsam den Tieren zu trinken gaben, erzählte er, daß er Jakob sei. „Der Sohn der
Schwester deines Vaters", erklärte er.

„Das ändert natürlich alles", sprudelte sie heraus
und war kein bißchen mehr verlegen. „Verwandte sind
immer willkommen. Komm mit zu uns nach Hause."

So hatte Jakob gut seinen Weg gefunden.

13. Rahel und Lea

Jakob war Gast seines Onkels. Er half auf dem Bauernhof, und jeder fand: Er ist ein ordentlicher Junge. Onkel Laban gewann dadurch einen Knecht mehr, und
zwar einen, der ihn nichts kostete. Seine zwei Töchter fanden ihn beide nett. Jakob fand Rahel hübscher
als ihre Schwester. Sie hatte so schöne Augen. Sie
war überhaupt reizend. Als sie einmal mit den Tieren
in den Bergen war, besuchte Jakob sie; er tat so, als
müsse er Wasser bringen. Als er bei ihr war, nahm er
sie in seine Arme und küßte sie, und sie küßte ihn wieder.

   Laban überlegte inzwischen: „Dieser Jakob arbeitet
mehr als alle Hirten in der Gegend zusammen, diese
faulen. Ich muß sehen, daß ich ihn hierbehalte." So
war er an diesem Abend besonders freundlich zu Jakob

und sprach: „Du brauchst nicht umsonst zu arbeiten. Sag, was du haben möchtest.“

Jakob blickte zu Rahel hinüber und sagte: „Ich möchte gern deine Tochter heiraten.“

Laban dachte nach. Schließlich schlug er ihm auf die Schultern und sagte lachend: „Gut, abgemacht. Sieben Jahre mußt du arbeiten, dann gebe ich dir meine Tochter zur Frau. Ich kann mir keinen besseren Schwiegersohn vorstellen als dich.“

Nach sieben Jahren harter Arbeit war das große Fest da. Es wurde den ganzen Tag über Hochzeit gefeiert. Jeder fand: Die Braut ist am schönsten von allen gekleidet. Man konnte sie unter all den Armbändern, Ringen, Ketten, Schleiern, Schals, Kopftüchern und schönen Kleidern, die sie anhatte, kaum noch sehen.

Niemand bemerkte, daß die Braut nicht Rahel war, sondern deren ältere Schwester Lea. Niemand sah das, auch Jakob nicht.

48

Als Jakob am folgenden Morgen aufwachte, erkannte er den Betrug. Wütend sprang er aus dem Bett und rannte in Labans Schlafzimmer. „Was hast du mir da angetan! Du hast mich ja beschwindelt!" rief er.

Laban aber meinte: „Mag sein, daß du zu Hause als Jüngster versuchst, den Ältesten anzuschmieren. Bei uns hier geht der Älteste vor, verstehst du? Nun bist du selbst einmal der Betrogene. Doch mach es beim

nächsten Mal besser. Ich habe eine gute Idee: Wenn du noch einmal sieben Jahre für mich arbeiten willst, darfst du auch Rahel heiraten. Einverstanden?"

Jakob blieb nichts anderes übrig. Er sagte: „Einverstanden."

14. Weg von Laban

Jakob bekam keinen Lohn. Jahrelang hatte er für Laban
gearbeitet, nur um dessen Töchter heiraten zu dürfen.
Eines Tages sprach er zu Laban: „Ich mache nicht
mehr mit. Jetzt habe ich schon vierzehn Jahre für dich
gearbeitet. Das ist genug. Ich verlasse dich jetzt.“

Laban erschrak. Durch Jakob war sein Hof immer
größer geworden. Er wollte ihn deshalb gerne behalten. „Das ist doch nicht dein Ernst. Du wirst hier doch

nicht weggehen. Aber ich kann verstehen, daß du richtigen Lohn bekommen möchtest. Wieviel willst du haben?"

Jakob dachte schnell nach und sagte: „Gut, alle Schafe und Ziegen, die irgendein Fleckchen haben oder die gestreift sind, und alle schwarzen Schafe sollen mir gehören. Die schönen weißen Tiere magst du für dich behalten."

So bekam Jakob eine eigene Herde. Die sah zwar mit ihren bunten Farben ein bißchen ungewohnt aus, aber das machte nichts. Jakob suchte sich die vier besten gefleckten Böcke aus und sorgte dafür, daß sie heimlich in denselben Stall kamen wie die vier besten weißen Ziegen von Laban. So konnten diese Tiere Vater und Mutter von je vier Lämmchen und Böckchen werden, zusammen sechzehn, alle ein wenig gefleckt, also alles Tiere für Jakob. Im folgenden Jahr machte er es genauso. Schließlich hatte er eine ganze Herde.

Dann sprach er zu Rahel und Lea: „Euer Vater ist nicht mehr so freundlich zu mir wie früher, als ich noch nicht für mich selbst arbeitete. Ich kann aber jetzt ohne ihn auskommen. Ich will hier weg, zurück in mein eigenes Land. Kommt ihr mit?" – „Natürlich", antworteten Rahel und Lea.

So verschwanden sie eines Morgens in aller Frühe mit allem, was sie hatten – und das war nicht wenig.

Laban war wütend, als er hörte, daß sie ihm entwischt waren. Er machte sich auf und zog ihnen nach. Endlich, nach sieben Tagen, holte er sie ein.

„Du machst dich so ohne weiteres aus dem Staub?" rief er keuchend. „Darf ich meinen eigenen Töchtern nicht einmal einen Abschiedskuß geben? Bestimmt hast du mich bestohlen. Darum will ich deine Sachen durchsuchen. Und wem habe ich das alles zu verdanken?"

Er stellte alles auf den Kopf: Koffer, Körbe und Taschen, bis es dem Jakob zuviel wurde. Er brüllte: „Das habe ich mir alles selbst zu verdanken. Endlich komme ich ohne dich aus. Nach zwanzig Jahren. Nun kann ich endlich in mein eigenes Land ziehen. Da bin ich zu Hause, da gehöre ich hin."

15. Jakob ringt mit Gott

Vor Jakob lag das Land, in dem sein Bruder Esau
wohnte. Er hatte Angst vor seinem Bruder.

Jakob kam zum Fluß Jabbok. Ihn mußte er überqueren. Es gab da zwar Geschichten von bösen Geistern,
die jeden umbringen, der durch den Jabbok zieht. So
flüsterten es sich die Hirten zu, aber das störte Jakob
nicht. Für ihn galt nur der Gott Abrahams und Isaaks.
Doch eigentlich, so dachte er, habe ich nicht viel gemerkt von diesem Gott. Alles war gegen mich. Alles
mußte ich selber tun.

Es wurde Abend. In der Dunkelheit ließ er alles an
das andere Ufer bringen. Es gab da im Fluß eine Stelle,

die war nicht tief. Dort konnten die Schafe, Esel und Kamele durch den Jabbok waten. Einen seiner Knechte schickte er voraus. Er mußte Esau schöne Geschenke überbringen. Jakob wollte ihn merken lassen: Ich will alles wieder in Ordnung bringen, wenn wir uns wiedersehen.

Seine Frauen Lea und Rahel zogen auch durch den Fluß. Ihren Schmuck trugen sie dabei auf dem Kopf.

Jakob war allein zurückgeblieben. Alle anderen waren in der Dunkelheit gut ans andere Ufer gelangt. Nur er selbst mußte noch über den Fluß. In diesem Augenblick fühlte er eine Hand auf seiner Schulter. Er drehte sich um und sah einen Mann. Er wollte sich befreien, aber der Mann hielt ihn fest. Jakob duckte sich blitzschnell nieder. Er bekam seine Arme frei und packte den Mann am Kopf. Der Mann stemmte sich hoch, und Jakob fiel auf den Boden, er und der Mann.

So kämpften sie weiter, die ganze Nacht über, doch der Mann konnte Jakob nicht bezwingen. Da traf er Jakob plötzlich in die Seite, und Jakob spürte, wie der Schmerz seinen ganzen Körper durchzuckte. Doch Jakob gab nicht auf und rang noch härter, bis der Mann nach Luft schnappte: „Laß mich, es wird schon Tag. Laß mich jetzt los."

Jakob schüttelte ihn, sah ihn an und rief: „Nein, ich lasse dich nicht los. Ich lasse dich nicht los. Immer ist alles gegen mich gewesen. Das fing schon an dem Tag an, da ich geboren wurde. Es ist mir Land versprochen worden, in dem ich mit meinem Volk wohnen soll. Hier an dieser Stelle habe ich es geträumt. Ich dachte immer: Esau ist gegen mich; aber das stimmt nicht. Jetzt weiß ich es: Gott ist gegen mich. Ich lasse dich nicht los. Gib mir, was Gott mir zugesagt hat. Versprochen ist versprochen."

Der Mann stand auf und sagte: „Du bekommst, was dir versprochen wurde. Du hast durchgehalten. Du bist nicht einer, der bequem ist und einfach alles Gott überläßt. Du weißt jetzt: Wer auf Gott vertraut, muß darum kämpfen. Du bekommst zu deinem bisherigen Namen noch einen neuen dazu. Du sollst noch Israel heißen, das bedeutet: Mit Gott ringen."

Die Sonne ging auf. Jakob humpelte zum Fluß hinunter. Er würde sein ganzes weiteres Leben hindurch humpeln, eine Folge dieses Ringkampfes.

Er erreichte das andere Ufer. Da stand schon Esau, sein Bruder. Er war ihm entgegengekommen. Sie fielen einander in die Arme.

16. Josef

Nach einer Reihe von Jahren hatte Jakob eine ganze
Reihe von Kindern: Ruben, Simeon, Levi, Juda, Dan,
Naftali, Gad, Aser, Issakar, Sebulon und Josef.

Die meisten waren von Lea, nicht von Rahel. Nur
Josef war ein echtes Rahelkind.

Jakob liebte alle seine Kinder in gleichem Maße,
aber es ließ sich nicht übersehen: Josef liebte er am
meisten. Dieser war übrigens etwas eigensinnig, genauso wie Rahel. Er dachte sich allerlei tolle Pläne aus
und hatte auch so schöne Augen wie Rahel, mit denen
er verträumt vor sich hinsehen konnte.

Jakob fand es wunderbar, mit diesem Kind zu spielen, mit ihm herumzuwandern und ihm Geschichten zu erzählen über die Abenteuer, die er erlebt hatte.

Auch kaufte er einmal in der Stadt für Josef die schönste Jacke. „Sie steht dir gut", sagte er zu Josef. Doch seine Brüder waren da ganz anderer Meinung: Die sieht ja zum Lachen aus, eine so protzige Jacke für solch eine Rotznase!

Josef aber war sehr froh über die prächtige Jacke. Selbst wenn er im Bett lag und seine Jacke über dem Stuhl hing, träumte er davon. Am nächsten Morgen erzählte er beim Frühstück, was er geträumt hatte:

„War das eine herrliche Geschichte! Ich war eine Korngarbe und jeder von euch auch. Ihr standet um mich herum. Ich hatte die schönsten Ähren, und ihr verbeugtet euch alle vor mir. Oder nein: ich wurde, glaube ich, ein Stern und ihr auch. Ich strahlte in alle Richtungen, und ihr verbeugtet euch alle vor mir."

„So ein Quatsch", meckerte Ruben.

„Spinn doch nicht. Träume sind Betrug", nörgelte Levi.

„Da ich es geträumt habe", erwiderte Josef, „glaube ich auch daran. Es wird alles in Erfüllung gehen. Wartet nur!"

Ja, dachten die Brüder. Warte du es nur ab, Bürschchen. Dich kriegen wir noch.

17. Josef wird verkauft

Eines Tages saßen die Brüder Josefs mit ihrer Ziegen-
herde an einem Brunnen und ruhten sich aus. Sie waren ärgerlich, denn der Brunnen war trocken.

„Ei, sieh mal, wer kommt denn da mit seiner
Prachtjacke? Unser Josef!" Das rief Juda, als er seinen
jüngeren Bruder Josef kommen sah.

„Der wird heute mal richtig gezwiebelt", hetzte
Juda, „das ist gut für seine Erziehung."

„Treibt es aber nicht zu arg, hört ihr", erwiderte Ruben, „ich bin der Älteste, und mir wird immer die
Schuld zugeschoben."

„Na, Jungs", rief Josef, „schwer gearbeitet? Ich habe
Essen und Trinken mitgebracht. Tja, das habt ihr mal
wieder mir zu verdanken."

„So?", stichelte Simeon.

„Hier", reizte ihn Juda und versetzte ihm einen
Schlag, daß er gegen Levi fiel.

„Paß bloß auf, Brüderchen", drohte Levi, „du bist
mir auf die Zehen getrampelt. Das kriegst du heimge-
zahlt."

„Laß nur", sagte Simeon, „ich mach' das schon. –
Durch dich, mein Junge, sind wir für unseren Vater nur
noch Söhne zweiter Klasse. Du, mit deiner Angebe-
rei. Wir haben genug von dir."

Dann fielen sie alle über ihn her und schlugen ihn
zu Boden. Seine schöne Jacke wurde schmutzig und

verknittert. Sie waren wütend. Schließlich warfen sie ihn in den trockenen Brunnen.

„Halt! Das reicht!" rief Ruben. Da hörten sie auf, denn Ruben war der Älteste.

Aus dem Brunnen hörten sie rufen: „Ich krieg' euch schon. Ich werde alles Vater erzählen."

Simeon dachte: So ist es. Wenn der zu Hause alles erzählt, wird Vater wütend. Wir müssen ihn irgendwie loswerden. An seinem Gesicht sah man, daß er das wirklich ernst meinte.

Ruben dachte bei sich: Wenn es möglich ist, lasse ich ihn wieder frei. Er ging ein Stück voraus, hin zu den Ziegen.

Inzwischen kamen herumziehende Kaufleute mit ihren Kamelen vorbei. Sie waren auf dem Weg nach Ägypten. Sie wollten aus dem Brunnen trinken, fanden aber nur den schreienden Josef.

Juda sprach zu ihnen: „Den Jungen, den könnt ihr mitnehmen, für sieben Silberstücke."

So wurde Josef verkauft und von den Kaufleuten mitgenommen.

Ruben kam zurück. Er wollte Josef unauffällig freilassen. Doch der Brunnen war leer, und er hörte, was geschehen war.

„Und jetzt?" fragte Ruben. „Wie soll ich das Vater erklären?"

„Du brauchst Vater gar nichts zu sagen", antwortete Juda.

„Sieh, da ist noch seine dämliche Jacke. Das Ding reiß ich in Fetzen. Wir bringen es nach Hause und sagen: Das haben wir am Wegrand gefunden. Dann glaubt Vater, Josef sei von einem wilden Tier zerfleischt worden."

So geschah es. Jakob war verzweifelt. „Warum tut Gott mir altem Mann so etwas an!" schrie er. „Mein Sohn! Mein Sohn! Wäre ich doch nur an deiner Stelle gestorben!"

18. Bei Potifar

Josef war sehr geschickt. In Ägypten hatte ihn Potifar, ein wohlhabender Mann, als Sklave gekauft. Zuerst war er Küchenjunge. Er machte alles so gut, daß er, als der Chef der Dienerschaft starb, an seiner Stelle erster Diener wurde. Potifars Frau hatte selbst darum gebeten.

Eines Abends – Potifar war wieder einmal in der Stadt bei einer Besprechung – ließ die Dame des Hauses Josef zu einem Glas Fruchtsaft auf ihr Zimmer kommen.

„Na, Josef", piepste sie, „würdest du mir einen Dienst erweisen?"

Er antwortete: „Gewiß, gnädige Frau."

„Gib mir einen Kuß", sagte sie.

„Komm zu mir auf die Couch. Ich möchte ein bißchen mit dir schmusen." So sprach sie. So lockte sie. Doch Josef wehrte ab: „Aber gnädige Frau! Ich bin nicht einmal verliebt in Sie und erst recht nicht mit Ihnen verheiratet. Wie käme ich denn dazu...?"

„Weil ich das will, mein Junge", antwortete sie, „du mußt schon tun, was ich dir sage."

Doch dazu war Josef zu stolz. Er wollte rasch aus dem Zimmer laufen, da hielt sie ihn schnell an seiner Jacke fest. Da blieb ihm nichts anderes übrig, als in aller Eile die Jacke aufzuknöpfen und davonzulaufen.

Als Potifar am Abend nach Hause kam, traf er seine Frau heulend an.

„Was ist denn los?" fragte er.

Da schluchzte sie: „Dieser Josef, dieser Ausländer, den du unbedingt zum ersten Diener machen wolltest, ist ein ganz unverschämter Kerl! Er war gemein zu

mir. Eine Schande ist das! Hier, sieh! Zog er doch einfach seine Jacke vor mir aus. Er faßte mich an und be-
lästigte mich! Der muß hier weg!"

„Wenn du meinst", antwortete Potifar. Er ließ zwei
Polizisten kommen und zeigte ihn an: „Hier ist ein
Knecht, ein Ausländer, Josef heißt er. Nehmt ihn fest
wegen Diebstahls." Weil Potifar ein angesehener
Mann war, taten die Polizisten, was er sagte.

19. Pharaos Träume

Es ist Nacht. Der Pharao schläft. Er schnarcht, ab und zu murmelt er etwas und stöhnt auf.

„Geh weg! Dreckige Kuh! Ekliges Gerippe! Weg!"

Von seinem eigenen Geschrei wachte der Pharao auf. Seine Frau ebenfalls. „Was ist denn los?" fragte sie.

„Ich habe geträumt", sagte er, „von Kühen habe ich geträumt."

„Ist das alles?" wunderte sie sich. „Sieh zu, daß du wieder einschläfst."

„Ja, aber ich habe Angst: daß dann dieser Alptraum wiederkommt", jammerte er und zog an der Glocke neben seinem Bett.

Alle Knechte, alle Gelehrten und alle bedeutenden Männer mußten auf der Stelle zu ihm kommen. Bald standen sie verschlafen um das Bett des Pharao.

„Ihr müßt mir helfen", rief der Pharao. „Ich hatte

einen Traum: sieben kräftige und dicke Kühe lagen wiederkäuend an den Ufern des Flusses. Aber dann! Dann kamen sieben magere, dünne, eklige Klapperkühe. Die hatten einen schrecklichen Hunger und fraßen die sieben dicken Kühe auf! Soweit mein Traum. Sagt mir, was hat er wohl zu bedeuten?"

Da trat der Klügste unter den am Bett des Pharao versammelten Männern vor und sagte: „Vielleicht hat der Pharao in seiner Jugend einmal eine Kuh gesehen, und jetzt träumt er davon?"

Der Nächste dachte besonders tief nach und machte dann nur: „Hmm."

„Ach, ihr seid mir keine Hilfe", seufzte der Pharao. Doch der Diener, der immer für die Getränke sorgte, stand hinter dem Pharao. Ihm fiel ein: Da sitzt doch im Gefängnis ein kluger Bursche, dieser Josef; der versteht etwas vom Traumdeuten. Der legt sie so aus, daß man sofort weiß, was los ist.

„Hol den Kerl her!" rief der Pharao.

So kam Josef aus dem Gefängnis in den Palast des Pharaos. Er verstand, warum der Mann so geträumt hatte. Darum sagte er ihm: „Pharao, Sie machen sich Sorgen um ihr Volk. Zur Zeit gibt es Frieden und Glück. Das bedeuten nämlich die sieben Kühe: sieben Jahre, in denen es gutgeht. Doch einmal kommen auch sieben Jahre, in denen es trockenes Land und Hunger geben wird. Das sind die mageren Kühe."

„Jetzt, wo du es sagst", bemerkte der Pharao, „so was dachte ich, ehrlich gesagt, auch schon. Doch, was tut man dagegen? Manchmal gibt Gott einem Glück und dann wieder Unglück. Ich muß das wohl hinnehmen."

„Von Müssen kann keine Rede sein", erwiderte Josef, „mein Gott gibt den Menschen die Möglichkeit,

selbst etwas zu unternehmen. Sie könnten zum Beispiel hingehen und große Scheunen bauen und in den

sieben guten Jahren Vorrat anlegen. Dann gäbe es genug, um die sieben schlechten Jahre zu überstehen."

„Josef, weißt du was?" meinte der Pharao, „ich mache dich zum zweitwichtigsten Mann im Lande. Von heute an bist du mein Stellvertreter, der Große Fürst." Und so geschah es.

20. Josef, der Große Fürst

Es gab nur noch Mißernten, schon eine Reihe von Jahren. Der Boden war trocken. Das Korn wollte nicht wachsen. Deshalb mußten die Menschen fast überall auf der Welt hungern, nur nicht in Ägypten. Dort gab es viele Getreidescheunen, bis zum Dach voller Korn.

Aus allen Ländern kamen die Menschen nach Ägypten. Nur dort konnte man noch etwas zu essen kaufen. Auch Jakob schickte seine Söhne nach Ägypten, um dort Getreide zu kaufen. Nur der Jüngste, Benjamin, durfte nicht mit. „Denn", so sagte Jakob, „Josef habe ich verloren. Benjamin habe ich noch nach Josef von meiner Frau Rahel bekommen. Sie ist nun tot. Benjamin ist noch das einzige, was ich von ihr habe."

So machten sie sich auf den Weg. Nach einer langen Reise erreichten sie die Grenze Ägyptens.

Dort saß der Große Fürst, Josef, in seinem Hauptquartier. Er unterschrieb Bescheinigungen für die Leute, die ins Land einreisen wollten. Da sah er sie plötzlich, seine Brüder, die ihn verkauft hatten!

Er zog sich in sein Büro zurück und wußte nicht, was er machen sollte. Schließlich sagte er: „Laßt sie hereinkommen."

Seine Brüder kannten ihn nicht wieder. Sie wagten es kaum, den vornehmen Fürsten anzusehen.

„Na", herrschte Josef sie an, „ihr seid sicher wieder so eine Bande von Räubern oder Spionen, die versuchen, sich hier einzuschleichen!"

„Nein, Exzellenz", erwiderte Ruben, „wir sind ehrliche Leute. Wir sind Brüder. Wir haben uns miteinander aufgemacht, um Korn zu kaufen für unseren alten Vater Jakob."

72

„Stimmt das? Sind das alle deine Brüder?" fragte Josef streng. „Lüge mich nur ja nicht an."

„Ja, das heißt", stotterte Ruben, „wir hatten noch einen Bruder, den Josef. Doch der ist, der ist nicht mehr. Der ist verschwunden."

„Na ja, das mag ja sein", erwiderte Josef schnell, „und weiter?"

„Weiter haben wir noch einen Bruder, einen viel jüngeren. So ist es", berichtete Ruben (und er dachte: Woher weiß der denn das?). „Aber für unseren alten Vater ist er die einzige Freude, die er in seinem Leben noch hat, seitdem Josef nicht mehr ist. Vater wollte nicht, daß der Jüngste, Benjamin, mit nach Ägypten ging."

Josef schluckte dreimal. Dann befahl er kurz und bündig: „Ihr müßt mir zuerst euren jüngsten Bruder bringen. Einer von euch bleibt aber hier. Im Gefängnis. Er wird erst wieder freigelassen, wenn ihr mit dem jüngsten Bruder zurückkommt. Denn dann weiß ich,

daß ihr mich nicht anlügt. Dann könnt ihr so viel Korn bekommen, wie ihr wollt. Klar? Ihr könnt ja kurz darüber nachdenken. Ich bin gleich wieder zurück." Und dann verschwand er.

Hinter der Tür hörte er, wie seine Brüder miteinander redeten. Josef konnte die Stimmen der einzelnen unterscheiden. Er hörte sie über Vater und Benjamin sprechen. – Alles würde wieder gut werden. Nach so vielen Jahren! – Er fühlte sich auf einmal froh und müde zugleich. Ihm kamen die Tränen. Er mußte weinen.

21. Ende gut, alles gut

Simeon war im Gefängnis zurückgeblieben. Die anderen hatten sich wieder auf den Weg nach Hause gemacht, um Benjamin zu holen.

Vater Jakob wollte Benjamin zunächst auf gar keinen Fall mitgehen lassen. Doch weil sie auch weiterhin unter dem Hunger litten, gab er schließlich nach. So zogen sie wieder los. Mit Benjamin. Wieder kamen sie zum Hauptquartier des strengen Fürsten. Vorsichtig meldeten sie sich an. Der Große Fürst ließ sie selbst herein.

„So", rief er, „da sind unsere Freunde ja schon wieder. Und das ist sicher der junge Benjamin. Junge, ist der groß geworden! Ich denke, wir holen erst einmal Simeon aus dem Gefängnis. Kommt herein! Das muß gefeiert werden."

Die Brüder sahen sich an. War das auf einmal ein freundlicher Großer Fürst! Josef wirkte sichtlich erleichtert, so guter Dinge war er. Das Fest dauerte den ganzen Abend. Sie aßen und tranken mit dem Großen Fürsten und waren in bester Stimmung.

Am nächsten Morgen stand für jeden ein großer Sack Getreide vor der Tür. Der Große Fürst war am Tor und winkte, als sie sich wieder auf den Heimweg machten. „Was wird Vater froh sein", meinte Ruben, „daß es ein so gutes Ende genommen hat!"

„Darf ich nächstes Mal wieder mit?" fragte Benjamin.

„Verzeihung, die Herren", so wurden sie in diesem Augenblick von einem hochgewachsenen Polizisten angesprochen. Er hatte zehn Leute bei sich. „Dürfen wir einmal kurz das Gepäck kontrollieren? Dem Großen Fürsten ist nämlich etwas gestohlen worden", erklärten sie.

Alle Säcke wurden untersucht. Ja, was war denn das? Da glitzerte etwas! Ein großer silberner Becher! In Benjamins Getreidesack!

„Dann komm du mal mit, Bürschchen", befahl der Polizist und packte Benjamin bei den Schultern.

„Das hat der nicht getan!" rief Ruben, „das könnt ihr doch nicht tun, das ist doch unmöglich!"

Sie liefen alle hinter den Polizisten her, zurück zum Großen Fürsten. Sie fielen vor ihm auf die Knie. „Wirf uns ins Gefängnis, aber nicht ihn! Das bringt unseren Vater um, wenn er den Jungen verliert!"

„Euer Vater lebt also noch!" rief der Große Fürst, und jeder sah, wie er aufblühte vor Glück und Freude. „Seht ihr denn nichts? Ich selbst habe den Becher in Benjamins Sack gesteckt", rief er, „ich, Josef, euer Bruder Josef! Ja, ich bin Josef!"

Da fielen sie sich alle in die Arme und weinten, so froh waren sie. „Kneift mich ruhig in die Arme", spaßte Josef, „ich träume nicht, das ist die Wirklichkeit."

22. Die Hebräer

In Ägypten regierte ein neuer Pharao. Der wußte nichts mehr von Josef. Josef hatte in der Zeit seines Urgroßvaters gelebt, und das interessierte den neuen Pharao nicht. Der hatte jetzt genug zu tun mit Leuten, die in großen Scharen nach Ägypten kamen, weil es hier satt zu essen gab. Hebräer nannte man sie. Sie mußten für wenig Geld schwer arbeiten.

Der Pharao hatte Angst: Es werden zu viele. Darum schickte er eines Morgens seine Ausrufer in die Bezirke, in denen die Hebräer wohnten:

„Achtung! Achtung! Hier ist ein Befehl des Pharao. Ihr sollt an der Pyramide des Pharao bauen. Das wird die größte Grabstätte, die je für einen Menschen erbaut wurde. So wird der Pharao nie in Vergessenheit geraten.

Und noch etwas: Bildet euch nicht ein, ihr seid sehr wichtig! Bildet euch nicht ein, ihr könnt es euch erlauben, viele Kinder zu kriegen. Das könnte euch so passen: am Ende gibt es zuviel von eurer Sorte, und dann könntet ihr frech werden. Befehl des Pharao: Wenn künftig irgendwo bei euch ein Sohn geboren wird, werden die Soldaten kommen und das Kind töten. Es tut mir leid, aber es muß sein, und nun: alle an die Arbeit!"

Die Hebräer nahmen gehorsam ihre Arbeit wieder auf. Aber sie kochten vor Wut. Sie wollten nicht, daß man ihre Kinder niedermetzelte, als wären sie nichts. Wenn ein Sohn geboren wurde, sorgten sie dafür, daß er so schnell wie möglich versteckt wurde.

Einmal zum Beispiel hatte eine Frau ein Kind bekommen, einen Sohn, worüber sie natürlich sehr froh war.

Aber es dauerte nicht lange, da sah sie am Ende der Straße Soldaten anmarschieren. Sie kamen genau auf ihr Häuschen zu. In aller Hast wickelte sie das Kind in ein paar Tücher und legte es in ein Körbchen. Dann gab sie es ihrer ältesten Tochter und ließ sie durch die Hintertür wegrennen. Sie selbst wartete die Soldaten ab. „Oh, seht euch nur um", sprach sie ganz gelassen, „hier ist wirklich kein Kind."

Ihre Tochter hatte sich inzwischen in dem Schilf am großen Fluß versteckt, der hinter dem Haus vorbeifloß. Sie hockte da mit dem Körbchen und war voller Angst: Wenn mich hier bloß keiner findet! Sie ließ das Körbchen ein wenig auf dem Wasser treiben, nur ein wenig. Doch im Nu war ihr Brüderchen ein ganzes Stück weit weggetrieben, so daß sie es nicht mehr erreichen konnte.

23. Das Kind im Körbchen

„Oh, sieh mal, was ich hier gefunden habe!" rief eine sehr feine Dame einer anderen sehr feinen Dame zu. Sie badeten im Fluß und vergnügten sich: die Tochter des Pharaos und ihre Freundinnen. „Laß einmal sehen", rief die Tochter des Pharaos zurück. Sie hatten einen kleinen Jungen gefunden, der in einem Körbchen auf dem Wasser trieb.

„Oh, ist der süß!" strahlte die Tochter des Pharaos. „Ich glaube, ich nehme ihn mit nach Hause."

Doch Vater Pharao war davon gar nicht erbaut. Er war verärgert. Nun versuchte sogar seine eigene Tochter, eins dieser Kinder am Leben zu erhalten.

„Gib es her, das Bündel", brummte er, „ich muß es wohl selbst durchs Fenster in den Fluß werfen."

Er hätte es sicher getan, wenn nicht ein weiser Ratgeber neben ihm gestanden hätte. Der sagte: „Hochwohlgeborener, edler Pharao! Würde das Volk nicht begeistert sein, wenn sich herumspräche: der Große Pharao hat einen hebräischen Jungen in seinem Palast aufgenommen und läßt ihn erziehen? Ich meine, er könnte später Beamter werden, der dafür zu sorgen hat, daß die Hebräer alles tun, was Ihr, hochwohlgeborener Pharao, von ihnen verlangt."

„Tja", murmelte der Pharao, „da ist was Wahres dran."

Die Tochter des Pharaos war natürlich froh, daß sie den kleinen Jungen behalten durfte. Er erhielt eine ägyptische Erziehung. Er lernte gute ägyptische Manieren und sprach gepflegtes Ägyptisch. Er lernte lesen und schreiben und bekam einen Namen. Sein Name war Mose.

24. Mose als Student

Mose war am Hof des Pharao ein eifriger Student. Er arbeitete fleißig und lernte viel. Er wußte: Ich kann froh sein, als einer der wenigen Hebräer hier zwischen so vornehmen Menschen zu leben. Er fühlte sich allerdings nie so richtig wohl in diesem Palast. Er wußte selbst nicht, warum.

Eines Tages sollte er den Palast verlassen. Er wurde ja zum Hauptaufseher über die Hebräer ausgebildet. Darum sollte er sich einmal unter ihnen umschauen. Das hielt jedenfalls sein Lehrer für gut.

An jenem Tage sah Mose zum ersten Mal seine Landsleute. Er sah sie bei der Arbeit. Sie machten Steine aus Lehm und Stroh. Sie bauten und schufteten an der Pyramide des Pharao. Aufseher standen dabei und gaben ihre Befehle. Sie brüllten sie an und machten sie fertig. Die Hebräer ließen alles mit sich machen.

Da sah Mose, wie einer der ägyptischen Aufseher einen jungen Hebräer packte, der seiner Meinung nach zuwenig gearbeitet hatte. Er schlug den Hebräer zusammen, unaufhörlich sausten die Stockschläge auf ihn nieder.

Mose sah, daß der Mann sich nicht wehrte. Niemand rührte sich. Und ich selbst? dachte er. „Ich stehe auch nur herum und tue nichts."

Doch dann packte ihn die Wut. Er stürzte auf den

Aufseher los und schrie: „Aufhören! Auf der Stelle! Du bist wohl ganz von Gott verlassen? Schluß jetzt!"

Er riß den Stock des Ägypters an sich und schlug zu, eine ganze Weile lang. Er tobte und schrie und schimpfte. Dann hörte er plötzlich auf und merkte: der Ägypter bewegt sich nicht mehr, er ist tot, er ist wirklich tot!

Mose blickte sich schnell nach allen Seiten um. Zum Glück hatte es niemand gesehen. Alle hatten sich aus dem Staub gemacht. Noch ganz aufgeregt begrub er den Mann und machte, daß er nach Hause kam. In der Nacht darauf lag er lange wach und kam ins Grübeln. „Das vornehme Getue hier am ägyptischen Hof", dachte er, „ist nichts für mich. Ich gehöre zu dem Häufchen armer Schlucker da drüben."

Und die Paläste, die er immer so prächtig gefunden hatte, haßte er auf einmal.

25. Mose flieht

Immer öfter ging Mose nun in das Armenviertel, in dem die Hebräer hausten. Er wollte mit ihnen über das Unrecht reden, das ihnen die Ägypter antaten. Doch die Menschen hatten kein Vertrauen zu ihm wegen seiner vornehmen Kleidung und seiner feinen Manieren.

Eines Tages sah Mose, wie zwei Hebräer miteinander stritten. Es sah gefährlich aus, sie gingen mit Messern aufeinander los. Mose mischte sich ein und rief: „Macht Schluß, Freunde. Wir gehören doch zum gleichen Volk, wir sind doch alle Hebräer. Wir müßten zusammenhalten und endlich etwas tun gegen diese Bande von Schindern und Ausbeutern."

Die beiden ließen ihre Messer fallen und sprachen zueinander: „Sucht der vornehme Herr vielleicht

Streit mit seinem Gerede? Hört nur! Wer hält denn hier solche Reden? Der hat doch selbst den erstbesten Ägypter totgeschlagen, bloß weil er sich nicht beherrschen kann. Und dann flieht er in sein Luxuszimmer bei den reichen Leuten. Du willst doch wohl nicht, daß wir unser Geheimnis auspacken und dich verraten, wie?"

Mose sah sie ganz verdutzt an. Er konnte es nicht fassen. Er war bisher der Meinung, daß niemand es gesehen hatte. Nun wußten es diese Menschen doch. Ob sie ihn vielleicht verraten würden?

Da machte er sich davon, noch in der gleichen Nacht. Er zog nach Osten, an gefährlichen Wegen entlang, die bei Flut unter Wasser standen.

Er flüchtete in die Wüste. Tagelang irrte er umher. Dann fand er zum Glück einen Brunnen. Einige Mädchen waren gerade dabei, Wasser zu schöpfen für die Tiere, auf die sie aufpassen mußten. Mose half ihnen.

Eines dieser Mädchen, Zippora hieß sie, fand das sehr nett von ihm. (Die anderen Jungen aus der Gegend taten das nie. Die taten nur, womit sie angeben konnten.) Sie erzählte es ihrem Vater Jitro. Und der meinte: „Na, du kannst ihn ja mal einladen. Er soll unser Gast sein."

26. Ein Name für Gott

Mose lernte viel da draußen in der Wüste. Er lernte zum Beispiel, wie man wilde Tiere mit einem Stock und kleinen Steinen auf Abstand halten konnte. Abends hockte er oft am Feuer und unterhielt sich mit Jitro, denn der wußte noch viel mehr Geschichten als er über die Vorväter des Mose: über Abraham, Isaak und Jakob.

„Das waren noch Zeiten!" meinte Jitro. „Heute sind sie arm dran, die Hebräer. Heute sind sie Sklaven des Pharao."

„Tja", brummte Mose, „und was tun sie dagegen? Nichts! Das ist es ja, was mich so rasend machte. Ich wollte ja etwas dagegen unternehmen. Einen von diesen Ägyptern habe ich niedergeschlagen. Jetzt sitze ich hier herum, und keinem aus meinem Volk ist damit geholfen. Es geht ihnen noch genauso schlecht."

„So zornig und ganz für sich allein etwas besser machen wollen, davon hat man höchstens selber etwas", belehrte ihn Jitro. „Weißt du, was du tun mußt? Du mußt zusammen mit den anderen gegen den Pharao angehen. Dafür kannst du etwas tun. Du hast ja schreiben und reden gelernt."

„Ich?" stotterte Mose. „Zu so etwas bin ich viel zu ungeschickt. Ich finde doch nie die richtigen Worte."

„Da hast du recht. Ich habe das schon bemerkt", antwortete Jitro. „Du willst doch die Zippora, meine Tochter, heiraten. Du hast aber keinen Mut, sie danach zu fragen."

„Woher weißt denn du das?" staunte Mose. „Das weiß ja nicht einmal Zippora."

„Das bildest du dir ein", sagte Jitro, „die hat das

doch schon längst heraus. Ich werde sie rufen, dann laß
ich euch beide mal allein. Nächste Woche ist Hochzeit."

Und genauso geschah es. Mose heiratete Zippora,
Jitros Tochter.

Einige Jahre später kam Mose eines Tages viel früher nach Hause als sonst.

„Was ist los?" fragte Zippora.

„Ich begreife das Ganze immer noch nicht", sagte
Mose. „Es war warm, und in der flimmernden Luft sah

ich ein Feuer auf dem Berg. Ich ging darauf zu und sah in dem Feuer einen Brombeerstrauch. Doch er verbrannte nicht. Es war nur die Flamme, die brannte. Ich kniete nieder. Ich glaubte nämlich: Das hat etwas mit Gott zu tun. Ich wußte ja, daß mein Gott nicht weit weg ist, nicht hoch oben beim Pharao. Mein Gott ist nicht der Gott des Pharaos. Der Gott Abrahams, Isaaks und Jakobs ist ein Gott, der den Menschen nahe ist. Wohin wir gehen, dahin geht auch er. Er ist immer bei uns. Darum nenne ich ihn den ‚Er-ist-da'."

27. Mose wieder in Ägypten

Mose wollte nun nach Ägypten zurück, wo seine Landsleute waren, die hebräischen Sklaven. Er gehörte zu ihnen. Einer der Menschen, denen er dort zuerst begegnete, war Aaron. Aaron war sein Bruder, ein kluger und gescheiter Mann. Er kannte sehr viele Leute.

Mose erzählte ihm: „Ich habe eine Zeitlang in der Wüste gelebt. Da habe ich entdeckt, daß unser Gott ganz anders ist als der, den sie hier den Gott von Ägypten nennen. Unser Gott war schon bei Abraham, bei Isaak und bei Jakob, als diese noch auf der Wanderschaft waren. Unser Gott hat nichts mit den Pharaonen zu tun. Mit diesem unserem Gott will ich versuchen, unsere Landsleute von dem schrecklichen Leben zu befreien, unter dem sie hier leiden müssen."

Aaron seufzte tief und sprach: „So, wie es jetzt ist, kann es nicht weitergehen. Schlimmer kann es nicht mehr werden."

Er ging weg, um den anderen zu sagen, welchen Plan Mose gefaßt hatte. Die meinten: „Tja, wenn Mose das

versuchen will: wir finden das sehr gut. Wenn unsere Schinderei dadurch auch nur ein bißchen weniger quälend würde, wäre es schon der Mühe wert."

Mose und Aaron gingen also zum Pharao.

Lange mußten sie in einem großen Wartezimmer sitzen. Da wurde man schon im voraus ganz klein, schüchtern und ängstlich. Endlich rief man sie herein. Da sagten sie zum Pharao: „Unser Gott ist der Gott der Hebräer. Um den Gott unserer Vorväter zu ehren, feiern wir immer drei Tage lang ein Fest draußen in der Wüste. Das ist der Grund, warum wir Euch, großer Pharao, bitten, unser Volk gehen zu lassen."

Der Pharao blieb sitzen. Schließlich sagte er: „Das ist ja hochinteressant: ein neuer Gott. Ich selbst habe ihn allerdings noch nie erlebt. Wie heißt er eigentlich?"

Mose antwortete: „Ja, eigentlich hat er gar keinen Namen. Er müßte so viele Namen haben, daß man sie

91

gar nicht alle aufzählen kann. Wir nennen ihn einfach den Gott, der da ist. Das genügt uns."

Darauf erwiderte der Pharao: „Also, euer Gott will, daß ihr feiert und Spaß habt und drei Tage faulenzt. Das geht mir denn doch zu weit. Gottesdienst haltet ihr gefälligst in eurer Freizeit, erst recht, wenn es sich dabei nicht um meinen eigenen Gott handelt. Verstanden?"

Der Pharao klingelte mit seinem Glöckchen, und sie mußten gehen.

Als sie weg waren, rief der Pharao seinen Sekretär und sagte zu ihm: „Schreib auf: Anordnung aus dem Palast des Pharao. Die Hebräer müssen von heute an den Lehm für die Backsteine selber besorgen. Er wird ihnen nicht mehr geliefert. Sie müssen trotzdem genausoviel Arbeit pro Woche verrichten wie bisher. Unterschrift: Der Pharao."

28. „Laß mein Volk ziehen"

„Wollt ihr uns nicht gefälligst verraten, was ihr Schwachköpfe dem Pharao gesagt habt", riefen die hebräischen Aufseher am nächsten Morgen dem Mose und seinem Bruder Aaron zu, als sie von den Strafmaßnahmen des Pharaos gehört hatten.

„Wir haben nur ehrlich die Wahrheit gesagt", versicherte Mose.

„Ja, was haben wir nun davon!" riefen sie. „Wenn ihr so schwachsinnig vorgeht, dann treibt es der Pharao nur noch schlimmer. Bis jetzt haben wir noch keinen freien Tag bekommen!" klagten sie.

„Was wollt ihr denn eigentlich?" fuhr Mose sie an, „einen freien Tag oder ein freies Leben? Worüber seid ihr denn so böse: über das, was ich gesagt habe, oder darüber, was der Pharao geantwortet hat?"

„Nun ja", lenkten die Männer ein, „jedenfalls sind wir keinen Schritt weitergekommen."

Trotzdem, es war etwas geschehen. Die Hebräer waren nun auf die Idee gebracht worden: Wir brauchen nicht einfach alles zu schlucken.

Sie dachten: Wenn wir hier nicht so leben dürfen, wie wir möchten, dann kann das Land hier nicht unsere Heimat sein. Jetzt, da sie verstanden hatten, daß sie eigentlich in einem schlechten Land lebten, erschraken sie selbst darüber. Die Ägypter zum Beispiel fanden den Nil so prächtig, daß sie dachten: Der Fluß selbst ist ein Gott von uns. Doch dieser Fluß war manchmal so dreckig von dem rotbraunen Sand, daß man krank wurde, wenn man von dem Wasser trank.

„Ein schönes Land ist das hier", murrten die Hebräer untereinander, „da laßt uns lieber gehen."

Doch der Pharao ließ sie nicht gehen.

Da geschah etwas bei den Ägyptern, worüber die Hebräer erschraken. Menschen wurden krank und starben, weil Fliegen, Mücken und Hornissen sie durch ihre Stiche vergiftet hatten.

Es gab im Land auch Heuschrecken und Frösche. Die Ägypter knieten vor ihnen nieder. Sie dachten: In den Tieren steckt etwas von Gott. Doch auch diese Tiere taten ihnen Schlimmes an; sie fraßen die Ernte auf.

Da riefen die Hebräer: „Es dauert nicht lange mehr, dann müssen auch unsere Kinder noch dran glauben. Wir wollen aber, daß unsere Kinder weiterleben. Kommt, wir ziehen los!"

Aber der Pharao ließ sie nicht gehen.

„Jetzt geht es nicht mehr länger", rief Mose. „Der Pharao wird uns ziehen lassen *müssen*. Wenn der Gott Abrahams und der Gott Isaaks und der Gott Jakobs wirklich der Gott ist, der da ist, der bei uns ist, dann wird er uns zu unserem Recht verhelfen."

29. Die letzte Mahlzeit

Es wurde in Ägypten immer schlimmer. Die Hebräer wollten weg, aber der Pharao ließ sie nicht ziehen.

„Jetzt reicht es", sagte Mose. „Geht alle nach Hause. Bereitet euch gut vor für einen langen, mühsamen Weg. Nehmt nur solche Vorräte mit, die nicht schnell verderben. Eßt noch ein letztes Mal zu Hause. Morgen ziehen wir los."

Der Pharao von Ägypten wollte es sich nicht eingestehen, aber langsam sah er es ein: Eigentlich ging es seinem Land gar nicht so gut. Ausgerechnet die Hebräer waren es, die immer wieder davon sprachen. Ausgerechnet sie brachten immer wieder ihre Proteste vor! Sie empörten sich über die Zustände. Und jetzt kam noch etwas Schwerwiegendes dazu. Sein Sohn, sein eigener Sohn, war an der Krankheit gestorben, die in seinem Land herrschte.

Er, der Pharao, fühlte sich traurig, müde und verunsichert. Er wollte die Hebräer am liebsten so schnell wie möglich vergessen. Er wollte sie loswerden, diese ewigen Nörgler und Neinsager.

„Sie sollen gefälligst abziehen", rief er. „Weg, weg mit diesem Volk."

Inzwischen saßen Mose und Aaron mit ihren Familien zu Hause. Sie wußten nicht, was der Pharao tun würde.

Da sagte Mose zu seinem Sohn Gerschom: „Hör mal zu, Junge. Wir wollen hier nicht mehr leben. Wir wollen mit diesem Land nichts mehr zu schaffen haben. Wir wollen, daß mit euch etwas Neues anfängt. Darum mußt du heute nacht wachbleiben und gut aufpassen. Dann wirst du es deinen Kindern gut weitererzählen können. Verstehst du das?"

„Ja, aber was ist denn los?" fragte Gerschom, „warum ist diese Nacht denn anders als die anderen Nächte?"

„Du wirst es sehen", sagte Mose, „komm, wir pak-
ken alles ein für den großen Weg. Die Mütter sollen
flaches, geröstetes Brot ohne Hefe backen, wir können
es leichter mitnehmen, und es kann nicht verderben.
Auch können wir ganz lange damit auskommen!"

So war es, als sie das letzte Mal zu Hause aßen: Vor
dem Essen hatte Mutter Zippora ein Lamm geschlachtet. Mit dem Blut dieses Tieres machten sie ein Zeichen auf dem Türbalken. Das bedeutete: Hier wohnen
Menschen, die lieber mit dem Gott Abrahams gehen,
als hierzubleiben. Überall in der Gegend gab es solche
Zeichen an den Türen.

Da, plötzlich wurde laut an die Tür geklopft. Sie
wagten erst nicht zu öffnen. Doch es waren Freunde,
die die Nachricht brachten: Der Pharao hat beschlossen, uns endlich gehen zu lassen.

Nun konnte es anfangen: das Neue.

30. Der Auszug

Noch in derselben Nacht zogen sie weg, mit Sack und Pack. Ein großartiger Anblick war das nicht gerade. Sie sahen aus wie fahrendes Volk, wie Zigeuner. Sie nahmen nicht den Hauptweg, denn da gab es die Wachttürme der ägyptischen Grenzsoldaten. Nein, sie wählten lieber den gefährlichen Fluchtweg durch das Ried, durch das Wasser, wo es Stellen gab, an denen man ertrinken konnte.

Der Wind hatte das Wasser weggetrieben, so daß sie weiterziehen konnten. Wenn der Wind sich aber drehte, dann konnte das den Tod bedeuten. Sie würden alle ertrinken. Da gab es keine Rettung mehr.

Inzwischen hatte der Pharao Angst bekommen, seine Leute könnten ihn für feige halten, weil er die Hebräer hatte gehen lassen. „Was? Ich soll gesagt haben, sie dürften wegziehen? Kein Wort davon habe ich gesagt! Ich habe gesagt: Bildet euch nur ja nicht ein, ihr könntet mir ungehorsam sein. Los, Leute! Soldaten, hinterher! Holt sie ein! Kämpft! Zeigt, was ihr könnt! Es ist kein Kunststück, tapfer zu sein. Wir sind viel, viel stärker!"

Die Hebräer sahen jetzt das Wasser vor sich, durch das sie hindurch mußten. Sie bekamen es mit der Angst zu tun. Sie wollten eigentlich schon wieder zurück, aber als sie sich nach Ägypten umschauten, sahen sie große Scharen von Pferden und Kampfwagen näherkommen: Ägypter, die hinter ihnen her waren.

Da packte sie die Wut auf Mose. „Was hast du uns da eingebrockt? Gab es in Ägypten keinen Platz mehr für Gräber, so daß du uns hierher zum Sterben bringen mußtest? Vor uns ist der Tod und hinter uns auch!"

„Vorwärts", schrie Mose, „ihr könnt nicht mehr zurück. Jetzt müssen wir weiterziehen. Kommt mit, sage ich. Glaubt doch endlich einmal, daß es geht, wenn unser Gott glaubt, daß es geht."

Dann ging Mose mutig voraus, mit dem Gesicht
nach Osten, wo es schon ein bißchen hell wurde.
Es war nicht einfach durchzukommen. Es ging nicht

schnell. Doch die Soldaten des Pharao kamen auch nicht recht voran. Sie hatten ihre ganze Ausrüstung mitzuschleppen. Die Pferde waren nervös, und die prächtigen, teuren Wagen ließen sich nicht leicht lenken. Immer wieder blieben sie damit stecken.

Als die Hebräer nach langer Zeit endlich auf der anderen Seite ankamen, blickten sie zurück, und sie sahen hinter sich im Westen eine große Wolke. Die ließ den Wind drehen, brachte Sturm und trieb das Wasser vom Meer wieder herein ins Ried. Sie sahen Ägypter, die weder vor- noch rückwärts konnten. Sie wurden von den Wellen erfaßt und ertranken. Alle. Für eine kurze Zeit war es ganz still. Doch dann fingen die Hebräer alle an durcheinanderzureden. Sie lachten und jauchzten und tanzten im Sand. Sie waren endlich frei.

„Wenn Gott uns so helfen kann, daß wir unsere Feinde loswerden, dann muß er wirklich unser Gott sein", jubelten sie. „Pferde und Wagen wirft er ins Meer!"

Doch dann sprach Mose: „Kommt, es ist hier nicht der Ort, um lange herumzustehen. Hier haben Menschen den Tod gefunden – wenn es auch unsere Feinde waren! Kommt mit."

31. Das Gemurre

Es war nun ungefähr sechs Wochen her, daß die Hebräer aus Ägypten geflohen waren. Doch sie hatten Angst, darum waren sie auch unzufrieden.

Mose hörte, wie sie miteinander tuschelten: „muremurremurremurremurremu."

„Ah", sprach Mose," so kann ich aber nichts verstehen. Immer nur das Gemurmel. Sagt doch einmal deutlich, was ihr meint."

„Wenn ich so an Ägypten zurückdenke", sprach da einer zu Mose, „an die trockenen Brotkrusten und die bräunliche Wassersuppe in den Eßtöpfen der Großkü-

che, mein lieber Mose, dann fühle ich ein riesiges Loch im Bauch und kriege einen riesigen Hunger. Wenn ich dann den schäbigen Brotrest sehe, den wir noch haben, möchte ich am liebsten tot umfallen."

„So ist das also", antwortete Mose. „Ihr wollt lieber wieder im Elend leben. Ihr habt kein Vertrauen zu unserem Gott."

„Ja hör mal", empörten sie sich, „wir reden jetzt übers Essen. Zuerst das Essen, hinterher können wir immer noch über Gott reden."

„Nein", sagte Mose, „Gott will sich um euer ganzes Leben kümmern. Er wird uns helfen, Mittel und Wege zu finden, damit wir am Leben bleiben."

„Ja, und wie soll das geschehen?" riefen sie.

Das wußte Mose natürlich nicht, aber eines Abends
sprach er plötzlich: „Seht mal, die Vögel! Seht ihr sie
da herumfliegen?"

„Na und?" fragten die Leute.

„Seid mal ruhig. Paßt auf, wo sie herunterkom-
men", antwortete er. „Geht dorthin. Ihr könnt sie fangen. So geht doch!" Und ganz vorsichtig schlichen sie
auf spitzen Zehen zu der Stelle. Es waren Zugvögel, die
im Herbst sehr weit nach Süden fliegen. Abends sind
sie dann todmüde und lassen sich regelrecht auf die
Erde herunterfallen. Sie können sich dann überhaupt
nicht mehr rühren. So kann man sie ganz leicht ein-
fangen.

So kam es, daß sie sich an diesem Abend aus den ge-
fangenen Vögeln – es waren Wachteln – eine Mahlzeit
machen konnten. Es schmeckte ihnen gut. Sie dachten
nicht mehr an die Fleischtöpfe Ägyptens.

32. Manna

Die Vögel hatten sie also fangen und sich davon ein Essen machen können. „Aber", so fragten sie Mose, „was geschieht, wenn es keine Vögel mehr gibt?"

Sie stellten fest, daß es verzwickt und anstrengend ist, so einfach auf einen Gott zu vertrauen, den sie noch kaum richtig kannten. Mose war ihnen böse. Sie waren doch durch das Meer gezogen. Sie waren doch vor den ägyptischen Soldaten gerettet worden, und trotzdem murrten sie weiter. Kurzerhand gab er den Befehl: „Morgen früh muß jeder zeitig aufstehen. Bei Sonnenaufgang."

Am nächsten Morgen in der Frühe standen sie alle schläfrig und gähnend in der Wüste herum. Die Sonne ging auf und vertrieb den Nebel.

„Seht mal", rief Mose, „überall sind Sträucher mit solch kleinen Körnern. Probiert Sie doch einmal!"

Zuerst war es nur einer, der zu probieren wagte. „Mmm, nicht schlecht", sagte er, „schmeckt eigentlich nach Honig. Was ist das?"

Und mit einem Mal krochen sie auf Händen und Füßen durcheinander, um die Körnchen zu sammeln und zu essen.

Es gibt Raupen in der Wüste, die nachts solche Körnchen zurücklassen, und am nächsten Morgen muß man ganz früh dasein, sonst sind sie in der Sonne vertrocknet. Sie nannten die Körner Manna. Das bedeutet soviel wie: ‚Was ist das?'

Mose redete ihnen zu: „Dies also ist das Leben nach Wüstenart. Auf diese Weise sollen wir lernen, wie Gott ist. Das ist nicht so einfach. Ihr könnt aber darauf vertrauen, daß Gott uns täglich unser Manna gibt. Genug zum Leben. Er ist kein Gott, der hoch droben im Himmel auf einem Thron sitzt. Er ist ein Gott, der hier unten mit uns Menschen mitzieht."

33. Wasser aus dem Felsen

Mose und seine Leute zogen wieder weiter in die Wüste hinein. Ihr Wasservorrat ging zu Ende, und es gab dort in der Gegend nirgendwo einen Brunnen, einen Bach oder einen See. Einfach nichts. Dabei war es so heiß, daß die Luft flimmerte.

Ihre Zungen waren trocken, ihre Lippen gesprungen. Die Menschen fingen wieder an zu murren. Sie riefen: „Mose, gib uns Wasser! Mose, Gott soll uns Wasser geben! Mach dir eins klar: wenn wir hier mit Frau und Kindern umkommen, dann ist das deine Schuld, Mose. Dann wirst du dich nicht verstecken können vor uns. Mose, nun sag mal ehrlich: Gibt es einen Gott, oder gibt es ihn nicht? Jetzt liefere uns den Beweis dafür!"

Mose dachte: Was soll ich nur mit diesen Menschen anfangen? Sie glauben tatsächlich, daß ich bei Gott alles nur einfach bestellen kann.

Als Mose vor Jahren in der Wüste bei seinem Schwiegervater Jitro arbeitete, hatte er gelernt: Es kann durchaus vorkommen, daß sich Wasser im Berg speichert. Das tröpfelt nämlich durch weiches Gestein in den Berg hinein, und es sammelt sich dann in den vielen Spalten des harten Gesteins. Es war möglich, eine solche Stelle zu finden. Dann mußte man etwas Gestein wegschlagen, und das Wasser kam zum Vorschein.

Nach einer solchen Stelle ging Mose auf die Suche. Er nahm nur ein paar ältere Männer mit. Er suchte mit den Augen die Felswände ab. Langsam kletterte er dann an eine der Felsspalten hin. Mit seinem Stock schlug er gegen das Gestein. Er dachte: „Mein Gott, ich bitte dich, laß mich Glück haben. Wenn ich jetzt kein Wasser finde, dann verzweifeln sie. Das wäre das Schlimmste."

Er hatte jedoch gut getroffen: es tröpfelte tatsächlich Wasser heraus. Immer mehr Wasser floß aus dem Felsen. Die Männer stießen Freudenschreie aus und

holten die anderen herbei. Einer gab dem anderen zu trinken. Einer spritzte den anderen naß. Am Ende sahen sie Mose an, dann sahen sie einander an und knieten vor Mose nieder.

„Er kann zaubern!" riefen sie. „Lang lebe Gott! Lang soll Mose leben!"

Mose wußte nicht, was er von all dem denken sollte. Er schämte sich vor Gott. Er hatte so getan, als ob er zaubern könnte, aber doch nur, um ihnen zu helfen, wieder an Gott zu glauben. Er entfernte sich von den anderen, um in der Wüste ein wenig allein zu sein. Da saß er nun und sprach vor sich hin. Er hoffte, daß Gott ihn hören würde.

„Herr, mein Gott, was soll werden, wenn sie nur dann an dich glauben, wenn etwas passiert, was sie als Wunder ansehen, etwas, bei dem sie Augen, Mund und Nase aufsperren können? Herr, mein Gott, hab Geduld mit meinen Landsleuten, damit sie ein richtiges Volk werden können. Dann kann ich auch Geduld mit ihnen haben. Herr, mein Gott, hab sie lieb, diese meine Mitmenschen, dann kann ich sie auch lieben."

34. Das goldene Kalb

Sie näherten sich einem großen Berg. Die Spitze des Berges konnte man kaum sehen. Sie war von dunklen Wolken verhüllt. Alle wußten: sie ist da. Doch sehen konnte sie niemand. Jeder spürte: Hier wird es passieren. Hier werden wir es mit Gott zu tun haben. Hier wollen Gott und die Menschen eine Abmachung treffen über die Lebensweise, die zu diesem Gott paßt. Mose war der einzige, der mit Gott sprechen konnte, der einzige, der den Berg besteigen konnte. Nur Mose hatte die innere Kraft, in so einer dichten Nähe ein Wort von dem gewaltigen Gott zu hören.

Doch Mose blieb sehr lange auf dem Berg. Die Menschen unten warteten einen Tag, zwei Tage, eine ganze Woche. Dann wurden sie unruhig und dachten: Ob ihm wohl etwas zugestoßen ist? Und wenn er nicht mehr zurückkommt, was machen wir dann? Müssen wir dann für immer hierbleiben und auf ihn warten? Können wir nicht etwas unternehmen?

So dachten sie. Sie besprachen sich auch mit Aaron, dem Bruder des Mose. Aaron war auch der Meinung: „Wir müssen selbst etwas unternehmen, solange Mose nicht da ist. Sonst läuft hier alles schief." Sie setzten sich also zusammen.

„Wir können doch selbst die Verbindung mit Gott aufnehmen, oder?" fragte einer aus der Menge.

„Aber wie denn?" fragte ein anderer.

„Nun, einfach nach dem Gefühl. Wenn man selbst spürt, wie das ist, das Leben, dann spürt man etwas Göttliches. Und das ist dann doch Gott selbst? So jedenfalls empfinde ich das."

„Ja, ja", stimmte ihm ein anderer zu. „Es ist so, wie

du sagst. Das machtvolle, starke und pulsende Leben, das ist Gott, ich fühle es. Junge, kräftige Menschen, die

scheinen mir am meisten von Gott erfüllt zu sein.
Die sollten darum die Führung übernehmen. Die

Stärksten sollten die größten Chancen haben. Halbe Portionen und Angsthasen, Greise und Altmodische, die bringen uns überhaupt nichts. Wer nicht stark *ist*, muß stark *werden*. Wir sind stark und voller Kraft. Also ist Gott stark und voller Kraft."

„Da gebe ich dir ganz recht", rief ein anderer. „Das klingt gut, aber wir müssen auch etwas für unseren Gott übrighaben. Keine Worte, sondern Taten."

Dann holte er eine sehr schöne Kette heraus, eine goldene Kette, und sprach: „Das ist noch ein Erbstück von meinem Großvater. Ich hänge sehr daran. Doch ich verschenke es mit Freuden an unsere Gottheit."

Alle stimmten zu. Sie fanden es vorbildlich. Es dauerte nicht lange, da brachte jeder an goldenem Schmuck herbei, was er besaß. Es kam alles in einen großen Kessel, und der Kessel wurde auf ein Feuer gesetzt. Das Gold schmolz und floß zusammen. Aaron machte daraus, so gut er konnte, eine kleine Figur: einen jungen Stier. Das Figürchen sollte ein Bild, ein Symbol für Kraft und Stärke sein. Es sollte so etwas wie Gott darstellen.

35. Mose kommt zurück

Sie hatten sich also ein Bild von Gott gemacht, aber sie hatten es selbst erfunden. Sie hatten alle ihre Gedanken und Gefühle hineingelegt, darum waren sie nun auch ganz hingerissen. Sie stellten es auf einen hohen Stapel von Steinen. Dann feierten sie ein ganz großes Fest. Sie übten Lieder ein, und alle waren hell begeistert.

Plötzlich rollte das goldene Standbild von seinem Sockel herunter. Es brach in tausend Stücke auseinander, und dann stand auf einmal – wie aus heiterem Himmel – Mose zwischen ihnen. Er tobte. Er zertrampelte die letzten Stücke des Standbildes und rief: „Was habt ihr da nur angestellt? Was habt ihr da nur angestellt?" Ihm war zum Weinen. Er sah seinen Bruder Aaron und fragte ihn: „Warum hast du mitgemacht? Was hast du nur getan?"

Da antwortete Aaron: „Du brauchst doch nicht gleich so zornig zu sein. Du bliebst so lange weg, da dachte ich, so geht es nicht weiter. Die Leute müssen doch einen Gott haben, sonst fühlen sie sich nicht sicher. Darum fragte ich die Leute: Was habt ihr dafür übrig? Da kamen sie und schleppten allerlei Schmucksachen herbei. Bevor ich es recht wußte, war das goldene Bild fertig."

„Ja", sagte ein anderer. „Das haben wir uns doch selbst ausgedacht. Was macht das schon? Darf das etwa nicht sein?"

Da redete Mose ihnen ins Gewissen: „Es geht nicht nur um das lächerliche Bild. Damit kann man Gott nicht beleidigen. Was ihr getan habt, kann ganz andere Folgen haben: Die starken Menschen drücken die Schwachen, die Armen, die Kinder und die alten Menschen an die Seite, weil sie sich einen starken Gott erfunden haben. Das ist es, womit einer Gott beleidigt. Versteht ihr? Wir wurden gerade von der Sklaverei in Ägypten befreit, und nun geht ihr hin und macht euch gegenseitig zu Sklaven. Das hat Gott nicht gemeint."

36. Gott sehen

Mose war böse, daß sie das Bild gemacht hatten. Er ließ die Leute wissen: „Was ihr euch da ausgedacht habt über Gott, das ist nicht viel wert. Was Gott jedoch über euch Menschen denkt, das ist etwas wert. Doch ich weiß nicht, ob er überhaupt noch etwas mit euch zu tun haben will. Wie konntet ihr nur! Ihr mit eurem selbstgemachten Gott!"

Mit diesem Vorwurf war Mose weggegangen. Er wollte mit Gott allein sein. Er hatte sich bei seinen Leuten für seinen Gott eingesetzt. Jetzt wollte er sich bei seinem Gott für seine Leute einsetzen. Er sprach: „Herr, unser Gott, du weißt, was meine Landsleute getan haben. Sie versuchten, dich im Stich zu lassen, aber laß du sie nicht im Stich. Du hast sie doch aus Ägypten gerettet. Stell dir einmal vor: du läßt sie jetzt im Stich. Dann würde man drüben in Ägypten sagen: Die Menschen sind alle in der Wüste umgekommen. Das willst du doch nicht? Du bist der Gott Abrahams, Isaaks und Jakobs. Denen hast du geholfen, allen dreien. Dann laß bitte auch meine Leute nicht allein. Wenn sie es auch nicht verdient haben. Und wenn es gelingen sollte, sie alle sicher in ein Land zu bringen, in dem sie wohnen könnten, und du würdest nicht mitgehen, könntest du uns genausogut hier sitzenlassen. Du selbst hast mich spüren lassen, daß du mir ganz nahe sein willst. Darum flehe ich dich an: Bedenke doch, daß sie jetzt nicht mehr nur irgendein wilder Haufen sind. Sie sind schon ein richtiges Volk geworden. Ein Volk, das zu dir gehört."

Niemand weiß, was dort auf dem Berg zwischen Mose und Gott passiert ist. Wenn es überhaupt jemand

gegeben hat, der ein Freund Gottes war, dann war das sicher Mose. Er hat damals verstanden: Ich, ein gewöhnlicher Mensch, habe Gott umgestimmt, daß er bei uns bleibt. Mose war darüber unwahrscheinlich froh. Er liebte Gott so sehr, daß er ihn sehen wollte. Aber es ist für einen Menschen unmöglich, Gott zu sehen. Ein Mensch kann nicht einmal in die Sonne sehen. Wer Gott sehen würde, der würde von seinem Glanz geblendet und ganz klein werden.

Mose stieg in einen Felsspalt, und da ist ihm Gott erschienen und an ihm vorübergezogen. Um Mose zu beschützen, muß Gott wohl seine Hand vor den Fels gehalten haben. Es wurde unbeschreiblich hell, als Gott vorbei war.

Niemand kann sagen: ,,Ich habe Gott gesehen. Ich weiß genau, wie er aussieht.'' Das kann keiner. Wenn einer Gott gesehen hat, dann doch wohl Mose. Aber selbst Mose stellte fest: Erst später, als Gott schon vorbei war, konnte ich spüren, wer Gott war.

37. Die Zehn Gebote

Mose ging zurück zu seinen Landsleuten. Sie waren ganz still, als er begann, mit ihnen zu sprechen.

Dies sind seine Worte: ,,Seht, was ich bei mir habe: zwei Tafeln aus Stein, darin eingeritzt zehn Regeln, zehn lebenswichtige Gebote, die ganz auf unser menschliches Leben zugeschnitten sind. Es sind Lebensregeln. Es ist eine Art Einladung Gottes, daß wir am Leben teilnehmen sollen. Gott mutet uns Menschen zu, daß wir das können. Aber das ist nicht einfach. Das Wichtigste ist, daß wir immer daran glauben und uns klar vor Augen steht: Es geht nur so, und es ist der richtige Weg. Hört gut zu, denn der dies sagt, ist Gott:

1. Ich bin der Herr, euer Gott. Ich habe euch frei gemacht aus einem unfreien Land.
   Ihr aber, haltet euch nun auch an euren Befreier. Ihr sollt nicht Sklaven anderer Götter werden.
   Versucht nicht, euch Bilder von mir zu machen! Das bedeutet auch, daß ihr nicht sagen dürft, daß ihr genau wißt, wie Gott ist und wie er aussieht.
2. Gebraucht meinen Namen nicht im Zusammenhang mit Dingen, mit denen ich nichts zu tun haben will!
   Das bedeutet, daß ihr vorsichtig sein sollt mit dem Wort ‚Gott‘.

3. Feiert einen Tag in der Woche als meinen Tag!
   Das bedeutet, daß es ein freier Tag ist. An einem
   solchen Tag sollt ihr allen Menschen, die für euch
   arbeiten, freigeben.
4. Seid gut zu eurem Vater und eurer Mutter und habt
   sie lieb!
   Denn wenn ihr das nicht tut, wenn ihr ältere Menschen einfach sitzenlaßt, dann sorgt ihr nicht dafür, daß sie frei sein können.
5. Schlagt niemanden tot!
   Das bedeutet auch, daß ihr einander nicht im Stich
   lassen sollt. Gott gab uns die Chance zu leben.
   Also dürft ihr einander das Leben nicht unmöglich
   machen.
6. Bleibt den Menschen treu, die ihr liebt!
   Das bedeutet auch, daß sich die Menschen einsetzen müssen für alle, die sich lieben. Wenn Gott ein
   Gott ist, der die Menschen liebt, müssen die Men-

schen dafür sorgen, daß auch Menschen einander lieben können.

7. Stehlt nicht!

   Gott ließ uns in der Wüste genug zum Leben finden. Deswegen dürft ihr nicht für euch selbst einstecken, was für alle bestimmt ist.

8. Sagt nichts Falsches!

   Das bedeutet auch, daß ihr nie einen anderen bloßstellen dürft, indem ihr ihn verdächtigt. Wenn wir Gott beim Wort nehmen wollen, dann müssen wir uns auch auf das Wort verlassen können, das wir einander geben.

9. Gönnt den Menschen, die sich lieben, ihr Glück, und zerstört es nicht, um es selber zu besitzen!

10. Wollt nicht immer das haben, was der andere hat!

    Das bedeutet auch: Ihr sollt es nicht immer so haben wollen, wie es der andere hat. Ihr sollt so sein, wie ihr selbst seid."

Als Mose diese zehn Regeln, die in der Bibel die Zehn Gebote genannt werden, vorgelesen hatte, sprach er: „Das Wichtigste ist dies: Gott hat uns frei gemacht. Haltet euch an diesen Gott. Das heißt auch: Liebt die Menschen. Die Frage ist nun, ob ihr das wollt. Wenn ihr es nicht wollt, geht alles schief."

Da versprach das ganze Volk: „Ja, wir wollen mitmachen."

Das war die erste große Vereinbarung zwischen Gott und den Menschen.

38. Abschied von Mose

Jahre später, an einem Morgen, es war noch früh, erreichten Mose und seine Leute einen hohen Paß im Wüstengebirge. Sie machten sich daran, ihn zu überqueren.

Als die anderen schon oben waren, hörte Mose die Rufe derer, die ganz vorne waren, und als er, der alte Mann, endlich oben war, sah auch er, was die Vordersten schon gesehen hatten: ein großes Weideland und da unten einen breiten, sich schlängelnden Fluß.

Überall waren grüne Bäume und Felder. Er wußte es, und jeder wußte es: Dies mußte das Land sein, das Gott versprochen hatte.

Nun sah Mose, wonach er sich sein Leben lang gesehnt hatte. Hierher hatte er seine Landsleute gebracht. Nun spürte er, daß sein eigenes Leben vollendet war. Er spürte, daß er seine Aufgabe erfüllt hatte.

„Ich gehe drüben auf den Berg", sagte er mit heiserer Stimme. „Ich will dort allein sein mit unserem Gott. Doch vorher will ich euch noch etwas sagen: Hört zu! Was ich euch gelehrt habe, soll alles durchdringen, so wie Regen und Tau alles durchdringt. Es ist nun so weit, daß ihr ohne mich auskommen müßt. Dort liegt das Land, das Gott euch versprochen hat. Zeigt, daß ihr es wert seid. Seid stark und seid mutig, seid zuverlässig und rechtschaffen. Lebt so, daß andere Völker froh sind, daß es Menschen wie euch gibt. Dann werden sie spüren, daß unser Gott auch ein Gott für sie ist."

Dann stieg Mose den Berg hinauf.

Da war er mit seinem Gott zusammen.

Mose ist nie wieder heruntergekommen von dem Berg. Die Menschen haben nie wieder etwas von ihm gefunden. Es war, als ob er einfach mitgegangen sei mit Gott.

Es gibt kein Grab, keinen Gedenkstein, überhaupt nichts auf der Erde, was an Mose erinnert.

Auch keinen Ort, wo die Touristen und Weltreisenden ihn verehren könnten.

39. Gideon

Es lief ein Mann mit Namen Joasch den Jordan entlang, und neben ihm ging sein kleiner Sohn.

Hinter einer Flußwindung kamen sie an einen offenen Platz mit zwölf Steinen, die im Kreise aufgestellt waren.

„Was ist mit den Steinen da? Gehören die zusammen? Kann man damit spielen?" fragte der Kleine.

„Nein, aber ich kann dir von ihnen etwas erzählen", antwortete Joasch.

„Sieh, an dieser Stelle ist unser Volk durch den Jordan gezogen. Jetzt fließt das Wasser, aber damals blieb es für uns stehen, so daß wir hindurchgehen konnten. Das war noch unter Josua. Er war ein Mann Gottes, genau wie Mose. Josua war der Nachfolger von Mose. Das ist lange her. Hier hat er für jeden der zwölf Stämme unseres Volkes einen Stein aufgestellt.

Sieh mal da drüben: Siehst du den Schutthügel mit
den Palmen? Das war eine Stadt, Jericho. Wir konnten
nicht hinein. An sieben Tagen zogen unsere Landsleute um die Stadt herum. Ganz feierlich. Und am
siebten Tag machten wir nochmals sieben Runden.
Dann bliesen die ersten kräftig auf ihren Hörnern, und

die anderen brüllten, was die Lungen hergaben. Und da brachen die Mauern einfach auseinander. Sie stürzten zusammen. Gott hatte uns damit das Land gegeben!"

„Hat sich das wirklich so ereignet?" fragte der Junge.

„Ich kann es nur so wiedergeben, wie ich es erzählt habe, Junge", seufzte Joasch. „Es geht uns von Tag zu Tag schlechter durch die Midianiter. Da braucht man solche Geschichten."

„Tut Gott denn *heute* keine Wunder mehr?" fragte der Junge.

„Ach", antwortete Vater Joasch, „wenn du es nicht glauben willst, dann vergiß meine Geschichte."

Doch der Junge hat sie nie mehr vergessen. Sein Name war Gideon. Er wurde groß in einer Zeit, in der es den Menschen in diesem Lande sehr schlecht ging. Immer wieder wurde sein Volk von den Midianitern bedroht.

Sie kamen nicht nur, um Geld und Vorräte zu rauben. Sie verbrannten auch das Getreide und die Äcker, nur um das Land noch ärmer zu machen, als es schon war. Einen anderen Grund gab es nicht. Sie töteten nicht nur die Soldaten, wenn sie kämpften, sondern auch Frauen und Kinder... Wer sich von den Leuten retten konnte, floh in die Berge. Sie versteckten sich dort in Höhlen und versuchten, am Leben zu bleiben. Das war schwer, denn ihre Äcker waren klein und der Boden hart.

Weil sie die ganze Zeit Angst hatten, daß die Ernte nicht gelingen würde, hatten sie für alle Fälle kleine Glückspüppchen in ihr Stückchen Land gesteckt.

Die hatten natürlich nichts mit dem Gott Josuas und Moses zu tun. Aber sie dachten sich: Man kann ja nie wissen. Andere Völker machten das auch, zum Beispiel die Midianiter.

Gideon war darüber böse. Die Menschen sind unzufrieden und ängstlich, dachte er. Im Grunde fürchten sie sich sogar vor den stummen selbstgemachten Figürchen.

Sein Vater verstand ihn gut, aber er meinte: „Du kriegst damit nur Schwierigkeiten, Junge." Doch dann geschah es eines Nachts, als alles schlief. Jemand schlug bei Vollmond alle Figürchen kaputt und schlich dann wieder nach Hause. Das war Gideon.

40. Gideons Trupp

Es war früh am Morgen. Joasch, Gideons Vater, war schon auf. Da hörte er auf einmal die Nachbarn draußen rufen und schreien. Er lief sofort vor die Tür. „Sieh", riefen die Nachbarn. „Unsere Glücksfigürchen in den Äckern! Man hat sie zerstört. Das gibt sicher ein Unglück."

„Tja", tat Joasch und dachte: Das wird wohl wieder mein Sohn Gideon gewesen sein.

Und schon kreischten die Leute: „Das wird wohl wieder euer Sohn Gideon gewesen sein. Er glaubt wohl, er sei was Besseres als wir, nur weil wir außer an unseren Gott auch noch ein bißchen an die Götter dieser Gegend hier glauben. Warte nur, wir kriegen ihn schon."

„Augenblick mal", erwiderte Joasch, „die Götter werden meinen Sohn gewiß selber strafen. Das glaubt ihr doch auch, oder nicht? Dann wartet nur ab."

„Gut so, Vater", dachte Gideon, der drinnen alles gehört hatte. Dann trat er aus dem Haus. Jeder wich einen Schritt zurück. Doch es kam kein Blitz vom Himmel, um ihn zu bestrafen. Er pfiff sich ein Liedchen, packte seine Tasche ein und sprach zu den Nachbarn: „Ich komme ohne diese Figürchen aus. Die beschützen uns gewiß nicht gegen die Midianiter. Ich will gegen sie kämpfen, allein mit unserem eigenen Gott. Wer von euch geht mit?"

Er strahlte so viel Sicherheit aus, daß einige sofort mitgingen.

In jedem Dorf, in das sie kamen, begeisterten sich immer mehr Leute für die Sache Gideons. Doch er wollte nicht General einer großen Armee sein. Er

suchte nur dreihundert aus: die Stärksten. Mit denen
führte er eine Art Partisanenleben. Überall und immer
wieder bereitete er den Midianitern Schwierigkeiten.
Sie fühlten sich nicht mehr wohl in ihrer Haut.

132

Eines Nachts war Gideon mit einem Freund leise
bis in das Lager der Midianiter geschlichen. Sie erreichten sogar das Zelt des Generals und konnten ihn
sprechen hören.

„Ich habe etwas ganz Blödes geträumt", hörten sie den General sagen. „Ich träumte von einem ganz großen flachen Brot, und das rollte einfach über unsere Zelte hinweg."

„Ich verstehe", sagte der Oberst. „Sie träumten von Gideons Trupp. Wenn die kommen, schlagen sie uns zu Brei. Ich will gern ein Held sein, aber nur, wenn ich siege. Gideons Leute jedoch kann man einfach nicht besiegen."

„Tja", stöhnte der General.

Gideon und sein Freund hatten genug gehört. Sie gingen zurück und weckten alle ihre Freunde. Gideon befahl: „Alle eine Fackel mitnehmen und einen leeren Krug." (Er wußte, daß im Lager der Midianiter nur ein Offizier eine Fackel tragen durfte, und jeder Offizier hatte ungefähr zehn Soldaten.)

Vorsichtig schlichen sie nun mit dreihundert Mann zum Lager. Sie verteilten sich rund um das Lager. Als sie ganz nahe waren, zündeten sie alle ihre Fackel an. Dann ließen sie alle gleichzeitig ihren Krug zu Boden fallen, daß sie zerschellten. Dreihundert Krüge, das macht einen höllischen Krach. Im Nu waren alle Midianiter wach. Sie sprangen hoch, stolperten übereinander und über die Leinen der Zelte. Überall um sich herum hörten sie Stimmen, die riefen: „Der Gott Gideons! Der Gott Gideons!" Da sahen sie die dreihundert Fackeln und glaubten, von dreitausend Leuten überfallen zu werden. Sie flohen, so schnell sie konnten, so ängstlich, wie sie waren. Für eine ganze Weile kamen sie nicht mehr zurück.

41. Saul sucht Esel

Die Juden wohnten schon eine ganze Zeit in dem Land, das ihnen versprochen war. Jeder Stamm hatte seinen eigenen Bezirk. Doch immer noch lebten sie nicht sicher in ihrem Land, und immer noch war die Armut bei ihnen zu Hause. Zwar kamen die Midianiter nicht mehr, dafür kamen aber jetzt die Amalekiter und die Philister. Sie kämpften, um stehlen zu können, und was sie nicht mitnehmen konnten, steckten sie in Brand. Häuser, Getreide, alles. Einfach so, ohne jeden Grund. Sie kämpften nicht nur gegen Soldaten, sie töteten auch Frauen und Kinder. Einfach so, ohne jeden Grund.

Die Juden dachten allmählich schon: „Gott hilft uns nicht. Er ist nicht so stark wie die anderen Götter aus den Ländern rings um unser Land. Wir zwölf Stämme müßten eigentlich gemeinsam einen König haben und einen General. Ebenso wie die Länder rings um unser Land."

In dieser Zeit lebte Bauer Kisch mit seinen Söhnen.

Auf seinem Hof fehlten eines Tages ein paar Esel.

Nun hatte Kisch tüchtige Kinder, aber sein jüngster Sohn war der tüchtigste. Er hieß Saul und war ein hochgewachsener junger Mann. Darum sagte Kisch zu Saul: „Am besten gehst du und suchst die Esel. Nimm dir einen Knecht mit!" So etwas war damals eine ziemlich gefährliche Sache. Man wußte nie, ob man nicht den Soldaten der Philister in die Arme laufen würde. Saul und sein Knecht suchten tagelang, aber sie fanden die Esel nicht.

„Wir müssen nach Hause", mahnte Saul, „sonst sorgt sich Vater um uns statt um die Esel."

„Einen Augenblick", erwiderte der Knecht. „Hier in der Gegend muß doch Samuel wohnen. Man sagt, er sei ein echter Mann Gottes. Nun, ein solcher Mann müßte doch wissen, wo unsere Esel sind."

„Wir können es auf alle Fälle versuchen", meinte Saul.

So kamen sie in das Städtchen, wo Samuel wohnte, und sahen dort einen Mann stehen, der sich mit einigen Leuten unterhielt, die ihn umringten.

„Ihr wollt also unbedingt einen König?" fragte der Mann. „Wenn ihr aber einen eigenen König wählt, dann denkt daran: Er darf ein Zehntel eures Einkommens fordern, er darf auch eure Söhne in Dienst nehmen, damit sie für seine Pferde und Ländereien sorgen, und ihr dürft euch darüber nicht beklagen, ihr habt es ja selbst gewollt, nicht wahr?"

„Entschuldigen Sie bitte", mischte Saul sich ein, „wissen Sie vielleicht, wo hier ein gewisser Samuel wohnt?"

„Das bin ich", antwortete der Mann. „Wer bist du?"

Auf dem Wege zu Samuels Haus erzählte Saul, wer er war und warum er kam. „Doch zunächst etwas anderes", sagte Saul. „Sie sprachen vorhin über einen König. Was ich sagen wollte: Ein König muß doch nicht unbedingt so sein, wie Sie ihn schilderten. Er

136

kann doch einfach das tun, was für seine Untertanen nötig ist."

„Einen König sollte es überhaupt nicht geben müssen", belehrte ihn Samuel. „Gott ist unser König."

Da erwiderte Saul: „Manchmal ist aber ein Menschenkönig nötig, um Gott zu helfen."

Samuel sah ihn lange an. Schließlich sprach er: „Du dachtest, du könntest Gott gebrauchen, um deine Esel zu finden, nicht wahr? Ich bin aber der Meinung: Gott hat die Esel gebraucht, damit ich dich finden konnte! Du bist der Mann, der dafür sorgen muß, daß uns die Philister nicht länger unterdrücken." Bis tief in die Nacht dauerte das Gespräch zwischen Samuel und Saul.

Früh am anderen Morgen, bevor noch die Sonne aufgegangen war, schickte Samuel Saul wieder nach Hause. „Gott ernennt dich zum König", sprach er. Auf dem Heimweg standen die Esel am Wegrand und schrien, damit sie gefunden wurden.

42. König Saul

Es gab ein großes Treffen, draußen auf den Wiesen bei
dem Dörfchen Mizpa. Von überall waren Menschen
des jüdischen Volkes mit Wagen zusammengekom-
men, um zu überlegen, was sie gegen ihre Feinde unternehmen könnten. Es hieß, Samuel würde sprechen.

Er sagte: „Es sieht so aus, als ob ihr ohne König nicht
auskommen könntet! Nun, von mir aus. Ihr müßt nur
wissen: Es darf kein König sein, der meint, er sei mehr
als andere Menschen. Ich habe jemanden gefunden,
der für euch ein solcher König sein kann. Dort hinten,
dort steht die Familie Kisch."

Sie sahen sich alle um: Da standen lauter kräftige
Burschen.

„Der Junge, den ich suche, ist nicht dabei", sprach
Samuel. „Ich muß den jüngsten aus eurer Familie haben."

Da suchte ihn die ganze Familie. Schließlich fanden ihn seine Brüder. Er war gerade damit beschäftigt, ein Rad an einen Wagen anzubringen, er hatte etwas daran reparieren müssen.

„Erst muß ich fertig sein", meinte er. „Was ist denn los?"

Da kam Samuel und sprach: „Saul, komm mit, du mußt König werden."

Schon kurze Zeit später konnte Saul zeigen, was er konnte. Die Ammoniter waren mit einer großen Räuberbande in den Nordosten eingefallen.

Er war es, der alle zusammenrief. „Wir müssen unseren Leuten dort im Nordosten helfen. Wenn jeder nur für sein eigenes Gebiet kämpft, werden wir nach und nach geschlagen. Nur wenn wir zusammenstehen, sind wir stark", forderte er. „Wer es wagen sollte, jetzt zu Hause zu bleiben, den werde ich mir später noch vorknöpfen."

So kamen alle mit, und so feuerte er jeden an.

Sie zogen in den Nordosten des Landes. Kaum angekommen, stürmten sie schon früh am nächsten Morgen auf die Ammoniter los, und bevor es Mittag war,

hatten sie gewonnen. Die Ammoniter waren in alle Richtungen geflohen.

Die Juden waren natürlich mächtig stolz darauf, daß sie mit ihrem neuen König einen solchen Sieg errungen hatten. Aber Saul ging wieder auf den väterlichen Hof zurück, als sei nichts geschehen.

Doch gab es nun schon einige Männer, die Saul so bewunderten, daß sie bei ihm blieben. Sie wollten seine Freunde werden. Sie halfen auf dem Bauernhof, sie machten die Einfahrt etwas breiter und die Tür etwas schöner. Das paßte besser zu einem König, fanden sie.

Allmählich kämpften Saul und seine Freunde wie eine richtige Armee. Nur konnte er seine Offiziere und Soldaten nicht bezahlen. Damit sie aber seine Freunde blieben, stimmte er zu, daß sie die Feinde, die nicht gefallen waren, gefangennahmen. Dann konnte man sie später für viel Geld wieder freilassen.

Auch war er damit einverstanden, wenn seine Soldaten die geschlagenen Feinde etwas länger verfolgten, um Gold, Schmuckstücke und Waffen zu erbeuten.

Als der alte Samuel diese Dinge erfuhr, wurde er sehr böse und traurig. Solch einen König hatte er ganz und gar nicht gewollt. Er ging sofort zum Lager, wo Saul sich aufhielt.

43. Sauls Fehler

Samuel kam, um sich im Lager Sauls umzuschauen. Dort hört er das Stampfen von Pferden, das Muhen von Kühen, die Schreie der Esel und das Blöken der Schafe.

Alle diese Tiere hatten die Soldaten den Amalekitern abgenommen. Es wimmelte von Schmuckstücken, Wagen und kostbaren Sachen, die sie gestohlen hatten, um sie selbst zu besitzen. Er sah auch den König der Amalekiter: gefangen und gefesselt. Für den würden sie viel Geld fordern können, bevor sie ihn wieder freiließen.

Samuel ging sofort zu Saul.

„Was hast du getan?" rief er.

„Samuel", sagte Saul, „wie froh bin ich, daß du hier bist. Sieh dir das alles an: Wir haben getan, was Gott von uns wollte. Wir haben gewonnen."

„Wirklich?" fragte Samuel, „und was ist das für ein Getrappel von Tieren, das ich da höre?"

„Oh, die Tiere", tat Saul. „Na ja, die wollten wir gerade zum Tempel bringen als Dank an Gott."

„Tempel! Tempel! Davon hat Gott nichts", zürnte Samuel. „Er hätte weit mehr davon gehabt, wenn du dich wie ein richtiger König benommen hättest. Jetzt bist du nichts anderes als ein Räuberhauptmann, ein Dieb!"

„Gut", sagte Saul. „Ich gebe es zu. Ich habe wirklich etwas falsch gemacht, Samuel, aber du mußt auch verstehen, meine Soldaten fragten mich, ob sie nicht etwas für sich selbst haben durften, und versteh doch, ich konnte es ihnen nicht verbieten. Komm, laß uns zusammen in den Tempel gehen. Dann kann jeder sehen, daß ich Ehrfurcht vor Gott habe und ihn verehre, nicht wahr?"

„Du Schuft", zischte Samuel. „Daraus wird nichts. Das könnte dir so passen. Gott will nichts mehr mit dir zu tun haben." Samuel drehte sich um und wollte gehen.

„Nein", rief Saul. „Laß mich doch nicht im Stich!

Ohne dich glaube ich nicht mehr, daß Gott mir hilft.
Bleib hier, Samuel! Bleib bei mir!"

Er faßte Samuel bei seinem Gürtel und weinte vor
Verzweiflung. Samuel jedoch sprach kein einziges
Wort mehr. Er riß sich los und ging weg, für immer.

Seit jenem Tag ging es bergab mit Saul. Er glaubte
selber nicht mehr, daß er noch König sein konnte, nur
ließ er sich das nicht anmerken. Er wollte nur noch
Leute um sich haben, die ihm recht gaben. Doch auch
die konnten ihm nicht helfen, wenn er stundenlang
unglücklich vor sich hinstarrte.

Nur einer seiner Knechte hatte den Mut, ihm eines
Tages zu sagen: ,,Ich weiß, was dir guttun würde: Mu-

sik. Mein Freund kennt einen Jungen, der ganz ausgezeichnet Harfe spielen kann."

„Musik", brummte Saul, „ich weiß nicht, ob das
hilft. Aber er kann ja mal kommen."

So kam in den Palast ein Junge mit einer Harfe. Sein
Name war David.

44. Goliat besiegt

Eines Tages brauchte David einmal nicht zu Saul zu kommen, um in seinem Haus zu spielen. Saul war an der Grenze, um Krieg gegen die Philister zu führen.

„Das trifft sich gut", bemerkte Davids alter Vater Isai, „alle deine Brüder sind als Soldaten eingezogen worden. Hier, reite du mit dem Esel, und bring ihnen allen leckeren Käse. Vergiß auch nicht, einen schönen runden Käse für den Hauptmann mitzunehmen. Man weiß nie, wozu das gut ist."

Als David im Lager ankam, saßen sie alle beieinander. Sie waren sehr niedergeschlagen.

„Was ist los?" fragte er.

„Morgen sollen wir gegen diese Männer da kämpfen", sagte sein ältester Bruder, „sieh sie dir einmal an."

Direkt vor dem Lager standen ein paar Philister, unter ihnen Goliat, ihr stärkster Mann, ein Baum von einem Kerl mit einem mächtigen Kopf. Er stand da und brüllte: „Will noch jemand mit mir kämpfen? Wer seid ihr schon? Nichts als ein Häufchen dreckiger Juden! Will denn niemand mit Goliat kämpfen? Dann hat

Goliat ja schon wieder gewonnen." Sein höhnisches Gelächter nahm jedem den Mut, etwas dagegen zu sagen.

David war voller Wut, als er das hörte. „Laßt ihr euch das gefallen?" rief er.

„Ja, was sonst", stöhnte einer. „Willst du vielleicht mit ihm kämpfen?"

„Ja, das will ich", sagte David, und er ging in das Zelt Sauls, um es mit ihm zu besprechen.

„Ich bin kein Kind mehr", sprach er. „Ich bin ein Hirte. Ich weiß, wie ich Schafe vor Bären schützen kann. Sollte ich da nicht wissen, wie ich ein solches Scheusal niederstrecken kann?"

Saul spürte sehr wohl, daß er David nicht von seinem Plan abbringen konnte. Er gab ihm den Rat: „Dann ziehst du aber den besten Kampfanzug an, den es gibt. Hier, nimm meinen, der ist gut."

Doch das war nichts für David. Der Helm rutschte ihm über die Ohren, die Jacke hing bis zum Knie herunter, und die Stiefel waren vier Nummern zu groß.

„Nein", sagte David. „Ich kämpfe so, wie ich bin. Wenn ich Goliat besiegen will, muß ich nicht auf seine Art kämpfen, sondern auf meine."

Er suchte sich ein paar glatte Steinchen, denn er

konnte hervorragend Steine mit einer Art selbstge-
machter Schleuder werfen.

Da erschien Goliat wieder auf der Bildfläche.

„Wo bleibt er denn, euer Kämpfer?" gröhlte er. Als
er David sah, rief er höhnisch: „Du?"

„Ja, ich", antwortete David. „Du hast dein Schwert
und deinen Speer. Ich bin hier, um dir zu zeigen, daß
Gott helfen kann ohne Schwerter und Speere."

Da lief Goliat fluchend gegen David an, aber David
lief nicht weg. So etwas hatte Goliat noch nicht erlebt.

David nahm eins seiner Steinchen..., und bevor
Goliat etwas dagegen tun konnte, sauste der Stein
durch die Luft und traf den Riesenkerl hinter dem Ohr.
Goliat schwankte kurz und fiel dann rücklings zu Boden.

45. Der Speer

Daß David den Goliat besiegt hatte, wußte bald jeder im ganzen Land. Die Menschen faßten wieder Mut. Sie feierten wieder ihre Feste, und sie sangen ihre Lieder.

Damals gab es so eine Art Schlager, der lautete: „Saul, der schaffte tausend, doch David gleich zehntausend. Saul, der schaffte tausend, doch David gleich zehntausend."

Saul saß in seinem Palast. Er hörte natürlich, was da draußen gesungen wurde. Er dachte: Sieh mal einer an. Sie halten mehr von David als von mir. Ich bin Luft für sie. Und dabei bin ich doch König. Oder etwa nicht?

Und David dachte: Man sollte den König einmal wieder etwas aufheitern. Also setzte er sich wieder an seine Harfe und spielte und sang.

„Halt", rief Saul. „Hör auf. Ich kann das nicht mehr hören. Ich habe genug von deinen schönen Liedchen."

David erschrak. Soll ich einfach weiterspielen, dachte er, oder nicht?

Da ergriff Saul plötzlich seinen großen Speer und schleuderte ihn gegen David.

Blitzschnell duckte sich David nieder, und der Speer blieb direkt über ihm in der Mauer stecken. Sie waren beide erschrocken über das, was gerade geschehen war. Sie sahen einander an, Saul und David. Saul war der erste, der in eine andere Richtung schaute.

Da begriff David, daß er nicht länger im Palast bleiben konnte. Saul wollte David umbringen lassen.

Eines Abends brachte Jonatan, der Sohn Sauls, David bis an die Gartentür des Palastes. Dort standen die zwei noch bis tief in die Nacht und sprachen miteinander.

„Ich würde ja so gern mit dir gehen", sagte Jonatan.
„Aber ich kann Vater nicht im Stich lassen. Ich kann
ihn nicht allein lassen. Er glaubt, daß Gott ihn im
Stich gelassen hat. Er hat ja nur noch mich. Sonst hat
er zu keinem mehr Vertrauen. Auch zu dir nicht. Dabei bist du doch mein Freund und..."

Plötzlich kamen Jonatan die Tränen. David versuchte, ihn zu trösten. „Glaub mir", sagte er, „was
auch kommen mag, was dein Vater auch gegen mich
unternimmt: ich werde ihn nicht töten. Komme, was
da will, wir beide werden Freunde bleiben."

„Ja", erwiderte Jonatan, „und ich werde dich nie
verraten."

Sie gaben sich die Hand und umarmten sich. Dann
ging David weg, in die Nacht hinein.

46. Jonatan

Jonatan zog mit seinen Knechten durchs Gelände. Er schoß mit Pfeil und Bogen.

„Nicht getroffen", rief er. „Hol mir doch schnell den Pfeil", befahl er einem Jungen, der sich auf die Suche begab.

„Nein, nicht da, der Pfeil liegt doch viel weiter weg", rief Jonatan.

Das hörte David, der sich ein Stück weiter versteckt hielt. Ihm war jetzt klargeworden: Saul ist mit seinen Soldaten hinter mir her, um mich zu töten. David und Jonatan hatten die Sache mit dem Pfeil als eine Art Erkennungszeichen vereinbart. So konnte Jonatan David warnen.

David mußte also flüchten. Ständig mußte er sich in Felslöchern und Höhlen der Wüste verstecken. Später kamen ein paar Freunde und Brüder dazu, die sich ebenfalls vor Saul, ihrem eigenen König, fürchteten.

„Ich muß ihn finden, da hilft alles nichts ...", dachte Saul, während er mit seinen Soldaten durch die Wüste zog. „Sonst denken die Leute: Was ist das für ein König, der nicht einmal in der Lage ist, David und seine paar Männer festzunehmen?"

So blieb er weiter auf der Suche, bis er todmüde war. Er befahl seinen Leuten: „Schluß für heute, bleibt hier!", und dann zog er sich in den Schatten einer Höhle zurück. Dort fiel er in Schlaf. Er wußte nicht, daß es dieselbe Höhle war, in der sich tiefer im Innern David und seine Leute versteckt hatten.

„Das ist *die* Gelegenheit", flüsterten sie David zu. „Wenn du ihn heute tötest, bist du morgen König."

Auf Händen und Füßen schlich David zu Saul. Er

hatte einen großen Dolch bei sich. Jetzt war er ganz nahe bei ihm. Doch er stach Saul nicht nieder, sondern schnitt nur ein großes Stück aus Sauls Mantel heraus. Dann schlich er wieder zurück.

Nach einiger Zeit erwachte Saul und ging wieder hinunter ins Tal, um seine Soldaten zusammenzurufen. Die sahen nun, daß ein großes Stück aus Sauls Mantel fehlte.

Plötzlich schallte es aus den Bergen: „Saul, Saul, warum verfolgst du mich?"

Saul erschrak, er rief: „Bist du es, David?"

„Ja", rief David, „hier bin ich. Hier oben auf dem Felsen. Sieh, hier habe ich ein Stück von deinem Mantel. Ich hätte dich töten können."

Da brach Saul in Schluchzen aus.

„Du bist ein besserer Mensch als ich", sprach er. „Ich bin nicht wert, dein König zu sein."

Dann lief Saul davon.

Die beiden haben sich seitdem nie mehr gesehen.

Eine ganze Zeit später kam ein junger Soldat aus dem Heere Sauls zu David, keuchend und mit zerrissenen Kleidern.

„Was ist los?" fragte David, „was ist los?"

„Es kam zu einem schweren Kampf mit den Philistern", berichtete der Junge. „Ich konnte gerade noch entkommen. Doch Saul, unser König, ist tot. Und Jonatan – er ist auch tot."

David erstarrte, eine Zeitlang sagte er kein Wort. Doch dann brach er in Wehklagen aus: „Die Helden sind gefallen und liegen erschlagen auf dem Feld. Saul und Jonatan! Sie gehörten zusammen, schneller als Adler, stärker als Löwen! Die Helden sind gefallen und liegen erschlagen auf dem Feld. Mir wird angst und bange, da ich ohne Jonatan leben muß. Ich liebte Jonatan, wie nur Menschen sich lieben können. Er war mein Freund, nun liegt er erschlagen auf dem Feld."

151

47. David und Batseba

Als Saul tot war, fragten die Leute bei David an, ob er König werden wollte.

David wählte sich keine Hauptstadt im Süden und auch keine im Norden. Er nahm dazu ein kleines Nest in der Mitte des Landes, Jerusalem.

David wollte aus Jerusalem eine Stadt machen, in der sich jeder zu Hause fühlen sollte, eine Stadt, die man nie mehr vergessen sollte. Überall waren Leute damit beschäftigt, schöne Mauern, Türme und Tore zu bauen. David stand stolz auf dem Dach seines Palastes und schaute sich alles an.

So sah er einmal von oben, wie sich in einem der benachbarten Häuser dort unten ein Mädchen wusch.

Er rief einen Diener herbei und fragte ihn: „Sag mal, Bursche, wer ist das Fräulein dort?" – „Oh, das muß Batseba sein", antwortete der Diener, „die Frau des Urija. Er ist bei den Soldaten. Zur Zeit kämpft er unter General Joab an der Grenze."

„Ach so", murmelte David. „Ich wollte es nur wissen. Vielleicht kann sie einmal vorbeikommen."

Batseba kam also auf Besuch zu König David. Sie fand es herrlich, beim König sein zu dürfen. Bald lebte David mit Batseba zusammen, als wäre sie seine Frau, obwohl sie doch die Frau eines anderen war.

„Das macht doch nichts", meinte David. „Der Mann ist ja einer von meinen Soldaten. Warum sollte ich da nicht auch über seine Frau verfügen dürfen!"

Als er später von Batseba erfuhr, daß sie ein Kind von ihm erwartete, wollte er Batseba für sich allein haben. Er wollte ihren Mann loswerden, bevor dieser merkte, was passiert war.

Er schickte seinem General an der Grenze einen kurzen Brief. Darin war zu lesen: „Stell den Urija beim nächsten Kampf an die Spitze seiner Kompanie. – David."

Der General führte den Befehl aus. Als sie beim nächsten Mal gegen ihre Feinde in den Kampf zogen, wurde Urija getötet. Einige Wochen später zog Batseba zu David in den Palast. Und so einer nannte sich König!

48. „Du bist der Mann"

Natürlich wußten die Leute in Jerusalem, auf welch unverschämte Weise David dem Urija die Batseba genommen hatte. Alle in der Stadt tuschelten darüber. Nur einer machte da nicht mit, er wollte David ganz persönlich die Wahrheit sagen. Das war Natan. Die Leute nannten ihn einen Mann Gottes, einen Propheten.

Natan ging zu David und sprach: „Hast du schon das Neueste gehört? Da wohnt doch etwas außerhalb der Stadt ein reicher Großbauer. Der hat eine ganze Scheune voller Ziegen und Böckchen. Eines Tages bekam der Mann Gäste, und er wollte sie zum Essen einladen. Da ging er zu einem seiner armen Kleinbauern

154

und sagte: ‚Du darfst zwar auf meinem Land arbeiten,
dafür will ich aber jetzt das eine Böckchen da von dir
haben.' Es war das einzige Böckchen, das der Bauer
hatte. Der reiche Mann ließ es trotzdem schlachten
und ein Prachtessen daraus bereiten. So etwas geschieht in unserem Land."

David war empört: „So einer gehört nicht zu uns.
Sag, wer ist der Mann?" – „Du bist der Mann", antwortete Natan.

David verstand sofort, was gemeint war: Er selbst
hatte im Grunde das gleiche getan.

„Du hast recht", sagte er, „es steht nicht gut mit
mir, zwischen Gott und mir sind die Dinge nicht in
Ordnung."

Natan blieb dann noch den ganzen Abend bei David
und redete ihm ins Gewissen.

Da schüttete David Gott sein Herz aus und bat:
„Gott, laß mich nie mehr im Stich. Nimm mich, wie
ich bin, auch dann noch, wenn ich etwas tue, was
nicht gut ist. Hilf mir dann wieder heraus. Wenn ich
mit nichts sonst als nur mit meinem müden und ge-

brochenen Herzen vor dich hintrete, wirst du mich annehmen?"

Batseba und David bekamen dann ihr gemeinsames Kind, aber das Kind wurde sehr, sehr krank. David ging zum Tempel, um Gott um Hilfe zu bitten. Er warf sich auf den Boden des Tempels und betete. Er aß nichts, er trank nichts. Sieben Tage lang. Doch am siebten Tag starb das Kind.

Niemand wagte es, David etwas davon zu sagen.

Doch als David seine Freunde so verlegen herumstehen sah, fragte er: „Ist das Kind...tot?"

„Ja", sagten sie, „das Kind ist tot."

Da stand David auf, ging nach Hause und setzte sich zu Tisch, um zu essen. Das konnten die Menschen in Jerusalem nicht begreifen. Wenn jemand gestorben ist, dann hat man doch traurig zu sein und zu klagen.

Doch David sagte: „Als das Kind noch lebte, habe ich weder gegessen noch getrunken, ich habe nur geweint und gehofft, daß Gott noch helfen möge. Jetzt kann ich es doch nicht mehr lebendig machen." Er ging zu Batseba, um mit ihr zu sprechen. Das war jetzt wichtiger. Er tröstete sie und blieb in ihrer Nähe. Damals haben sie sich sehr liebgewonnen. Später bekamen sie einen neuen Sohn: Salomo.

49. Absalom

David war inzwischen älter geworden, aber niemand wußte, wer von Davids Kindern einmal König werden würde. Wie es damals üblich war, war David nicht nur mit einer einzigen Frau verheiratet. Doch jeder im Lande wußte: Salomo ist Davids Lieblingssohn. Absalom aber, ein anderer Sohn Davids, fand das ungerecht. Er war ein wirklich schöner Junge, mit prächtigem langem Haar. Aber man mußte sich vor ihm in acht nehmen.

Es war schon einmal vorgekommen, daß sich jemand mit Absalom angelegt hatte. Am Tag darauf war dessen Bauernhof „zufällig" abgebrannt. Für so etwas hatte Absalom gewisse Freunde.

Auch konnte man Absalom häufig am Stadttor antreffen. Wenn dort jemand vorbeiging, fragte Absalom zum Beispiel: „Wohin gehst du?"

„Zum Gericht. Mein Bruder will ebensoviel von

meinem Vater erben wie ich, und das ist nicht gerecht, ich bin der Älteste."

„Tja", pflegte Absalom dann zu sagen, „ich glaube kaum, daß du dort recht bekommst. Das Gericht hier taugt überhaupt nichts. Wenn ich König wäre, dann würde alles besser." Auf diese Weise verschaffte sich Absalom Freunde unter denen, die unzufrieden waren. So hatte er am Ende überall im Land seine Leute sitzen.

Schließlich verschickte er insgeheim in der ganzen Gegend Briefe mit folgendem Text: „Sobald ihr von mir ein Zeichen bekommt, geht ihr aufs Rathaus und sagt: ,Jetzt bin ich hier der Bürgermeister, denn Absalom, der Sohn Davids, ist jetzt König.'"

So geschah es. Der junge Absalom besetzte den Palast, und der alte David mußte flüchten. Er eilte zusammen mit einigen Verwandten und Freunden, die ihm treu geblieben waren, aus der Stadt.

Am Hang des Ölbergs, etwas außerhalb der Stadt, schaute er noch einmal zurück.

Vor ihm lag Jerusalem. Dieser Anblick brachte ihn zum Weinen. „*Vielleicht*", sagte er, „wird sich Gott meines Elends erbarmen."

50. Joab

König David war von Absalom, seinem eigenen Sohn, davongejagt worden. Einige seiner Minister, so Ahitofel, waren einfach zu Absalom übergelaufen.

Es gab aber auch welche, die David treu geblieben und mit ihm geflüchtet waren. Dazu gehörte General Joab, der schon von den allerersten Tagen an ein Kampfgenosse Davids war.

Auch der Minister Huschai gehörte zu den Flüchtenden. Zu ihm sagte David: „Geh doch zurück nach Jerusalem zu Absalom, und tu dort so, als ob du mich im Stich gelassen hättest."

Huschai erreichte den Palast in Jerusalem, als dort gerade eine Versammlung abgehalten wurde.

Er verbeugte sich tief und sprach zu Absalom: „Nun, wo du König bist, mein König, glaube ich, daß Gott es so gewollt hat, und jetzt bin ich euer Diener."

Das hörte sich gut an, und Absalom fiel sogleich darauf herein, denn auch die anderen hatten schon Ähnliches gesagt, um mit herrschen zu können.

„Minister Huschai", sagte er, „ich ernenne dich

hiermit zum Minister. Einen so klugen Ratsherrn wie dich kann ich gut gebrauchen. Doch nun wollen wir zunächst weiterhören, was uns Ahitofel zu sagen hat. Der hatte nämlich gerade das Wort."

„Ja", sprach Ahitofel, „wie ich schon sagte, bevor mein hochgeachteter Kollege hereinkam, bin ich der Meinung, daß du sofort mit deinen tapferen Leuten zuschlagen mußt, um David und seine Gefährten zu vernichten."

Das sieht nicht gut aus für David, dachte Huschai, denn noch war keine Gelegenheit, daß er sich ein eigenes Heer sammelte.

Er räusperte sich kurz und sagte: „Im allgemeinen schätze ich Ahitofels Meinung sehr, diesmal jedoch scheint er mir eine wichtige Sache zu übersehen. David hat sich natürlich irgendwo versteckt, und es wird schwer sein, ihn zu finden. Wenn wir ihn nicht sofort zu packen kriegen, werden die Leute bald höhnen: Ab-

saloms Heer kann David nicht besiegen. Wir sollten
darum zuerst dafür sorgen, daß jeder im Land hinter dir
steht, mein König. Alsdann dürfte es nicht schwierig
sein, David mit vereinten Kräften zu schlagen."

„Tja", murmelte Absalom, der sich seiner Sache
noch nicht so sicher war. „Da ist was Wahres dran."

Jeder nickte zustimmend. Nur Achitofel war böse
und verließ den Saal.

Einige Zeit später hatte David ein eigenes Heer mit
lauter erfahrenen Kriegern um sich versammelt. Dann
zog er in den Kampf gegen das Heer Absaloms. Es ging
hart her, und viele Menschen wurden getötet.

Absalom sah, daß die Schlacht für ihn verlorenging.
Auf einem kleinen Maulesel versuchte er, durch die
Büsche zu entkommen, während drei von Davids Sol-
daten hinter ihm her waren.

Plötzlich blieb er mit seinen Haaren zwischen zwei
Ästen eines Baumes hängen. Das Mauleselchen unter

ihm lief weiter. Die drei Soldaten erreichten ihn, wagten aber nicht, ihn niederzustechen. Sie wußten, daß David das nicht wollte. Da kam General Joab. Er sah Absalom, er wußte: Wenn dieser Mann am Leben bleibt, besteht weiterhin Gefahr für David. Deshalb tötete Joab den Absalom.

Inzwischen wartete David auf neue Meldungen vom Schlachtfeld.

Müde und keuchend kam ein Soldat angelaufen und rief mit letzter Kraft: „Sieg! Wir haben gesiegt!" – „Und Absalom?" fragte David. „Wie steht es mit Absalom?"

Der Soldat schwieg. Da wußte David, daß sein Sohn tot war.

Er ging in sein Zimmer und lief dort hin und her und sagte immer wieder nur diesen einen Satz: „Absalom, mein Sohn! Absalom, mein Sohn! Wäre ich nur an deiner Stelle gestorben! Absalom, mein Sohn!"

Als General Joab das hörte, ging er hinein zu David und redete ihm zu: „Hör mir gut zu! Alle Soldaten haben dein Leben gerettet. Von Anfang an haben wir für dich gekämpft. Bedeutet dir das denn gar nichts? Schließlich hast du gesiegt! Deine Soldaten haben ein Fest verdient. Du bist ihnen das schuldig."

So mußte David sich wohl oder übel zusammennehmen und sich seinen Soldaten zeigen. Er ordnete ein großes Fest an, mit Musik und Paraden. Er selbst stand auf dem Balkon und sah zu.

51. Salomo

König David hat vierzig Jahre lang regiert.

Als einfacher Hirtenjunge hatte er angefangen. Nun war er ein alter König geworden, zusammen mit Batseba, die er liebgewonnen hatte.

Seine Kräfte ließen nach, er wurde hinfälliger, er spürte, daß er bald sterben würde. Eines Tages lag er krank im Bett. Da sagte er zu Batseba: „Nach mir muß Salomo König werden."

Salomo war der Sohn, der geboren wurde, nachdem ihr erstes Kind gestorben war. Er war damals ihr ganzer Trost gewesen und sollte nun an Davids Stelle König werden.

David ließ ihn zu sich kommen und sprach: „Salomo, mein Sohn, führe dein Leben so, wie es im Gesetz des Mose vorgeschrieben ist. Gott sieht dich bei allem, was du tust. Lebe so, daß du dich vor ihm sehen lassen kannst."

Vater und Sohn sahen sich lange in die Augen. Sie reichten einander die Hand. Dann glitt ein Lächeln über Davids Gesicht, und er schlief ein. Einige Tage später war er tot.

Nun war Salomo König. Unruhig lief er hin und her und dachte angestrengt nach, was für eine Art von König er eigentlich sein sollte. Welche Rolle sollte er als Mensch spielen? Wollte er glücklich sein und ein schönes Leben führen? Wollte er klug sein oder nur liebenswürdig, tüchtig oder tapfer?

Den ganzen Tag dachte er darüber nach, und nachts träumte er davon. Ihm träumte, daß Gott neben ihm stand und ihn fragte: „Was soll ich dir geben, wenn du König bist?"

Salomo antwortete: „Gib mir ein aufmerksames Herz. Dann kann ich merken, wie die Menschen um mich her sind. Dann weiß ich, warum sie traurig sind oder froh."

Gott sprach: „Weil du dies gefragt hast, wird es dir gutgehen." Dann war es still. Der Traum war zu Ende, aber dieser Traum begleitete Salomo sein ganzes Leben.

52. König Ahab

Ungefähr hundert Jahre später ging es den Menschen nicht mehr so gut wie unter König David oder König Salomo. Das Land war geteilt. Im Süden lag das Land Juda – daher stammt das Wort „Jude" – mit der Stadt Jerusalem, im Norden das Land Israel – daher stammt das Wort „Israeliten" – mit der Stadt Samaria. König Ahab war einer der starken Könige im Norden. Von ihm handelt diese Geschichte.

Er hatte eine reiche Frau geheiratet. Isebel hieß sie. Sie kam aus der Hafenstadt Tyrus. Sie wußte genau, was überall in der Welt den Ton angab. Sie hatte auch eine neue Religion mitgebracht: den Baalskult, bei dem die Baalspriester prächtige Gewänder trugen.

Diese Priester waren die Anhänger einer Naturreligion. Sie dachten: All die Früchte, die an den Bäumen wachsen, all das Getreide, das aus dem Boden kommt, das ist doch ein großes Wunder. Es ist etwas Geheimnisvolles. Es hat etwas mit Gott zu tun. Und daß eine Kuh Kälber bekommt und der Regen die Erde fruchtbar macht, ist doch auch ein Wunder. Davor muß man Ehrfurcht haben. Das kommt alles von unserem Gott, den wir Baal nennen.

Sie waren so ernst bei der Sache und von dieser Religion so beherrscht, daß sie sich gar nicht mehr einfach und ungezwungen an den Früchten der Erde erfreuen konnten.

Wichtig war es ihnen auch, daß eine Frau fruchtbar sein muß und Kinder haben soll. Dafür sei sie schließlich da, das sei das Wichtigste. Darum waren junge kräftige Menschen bei ihnen viel angesehener als schwache, kranke oder alte Menschen. Denn nur die

Starken können kräftige und gesunde Kinder haben, „zum Lob und zur Ehre unseres Gottes Baal".

Das waren die Ansichten der Baalspriester, und Königin Isebel war davon sehr angetan. Jeder mußte sich jetzt daran halten. Die alte Religion des Gottes Israels wurde verboten.

Nun lebte dort ein Mann namens Elija. Der wollte mit dem ganzen Baal-Kram nichts zu tun haben. Er

sah, wie gefährlich es für das Land war, wenn solche Leute wie Isebel und Ahab das Sagen hatten. Und er sagte ihnen seine Meinung auch ganz frei und offen. Er ging in den Palast und sprach zu Ahab: „Du versuchst, die Menschen aus Israel zu unterdrücken. Das wird dir nicht gelingen. Du glaubst, daß Baal der Gott ist, der mit dem Regen die Erde fruchtbar macht. Wenn nun der Regen einmal monatelang oder gar jahrelang ausbleibt? Dann möchte ich mal sehen, was dann noch mit deinem Götzen los ist."

So sprach Elija und eilte davon.

„Bist du nun König oder nicht?" schrie Isebel ihren Mann an. „Läßt du dir das gefallen? Du solltest den Mann einen Kopf kürzer machen. Du solltest auch alle die anderen, die hier noch an den Unsinn des Gottes Israels glauben, ins Gefängnis werfen. Los! Tu etwas!"

„Ja, das ist wahr", stimmte ihr Ahab zu. „Du hast recht", und er ließ den Henker und die Polizei rufen.

Elija jedoch war schon längst in die Wüste entflohen. Man suchte ihn Monate lang. Ahab konnte nicht verstehen, wie sich Elija am Leben erhielt, ganz allein zwischen den kahlen Felsen. Doch seine Landsleute wußten es besser. Sie erzählten in den Dörfern, daß er ein Rinnsal gefunden hatte, um daraus zu trinken, und daß ihm Vögel jeden Tag Brot brachten.

53. Karmel

Fast drei Jahre lang herrschte eine Trockenheit in Israel. Die Mißernten nahmen kein Ende. Der Boden war durch die Sonne ganz rissig geworden. Viele Tiere gingen zugrunde, und die Menschen hatten Hunger.

„Bringt mir den Elija her", zeterte König Ahab. „Der hat mir gedroht, daß eine große Trockenheit kommen würde. Das ist seine Schuld."

Da kam Elija aus seinem Versteck heraus.

„Bist du da, du Unruhestifter in Israel", schrie Ahab ihn an.

„Das mußt du gerade sagen", hielt ihm Elija entgegen. „Ruf doch mal deine Priesterschar zusammen. Ich will sehen, was euer Gott zu bieten hat."

„Gut, einverstanden", erwiderte Ahab.

Und so kam es, daß jeder auf dem Berg Karmel sehen wollte, wie der Konflikt zwischen Elija und den Baalspriestern ausgetragen würde.

Die Baalspriester kamen in feierlichem Zug heran und legten ihr Opfer auf das Holz des Altars, ein Geschenk für ihren Gott.

„Denkt daran!" sprach Elija. „Ja nicht selbst anzünden! Das ist abgemacht. Euer Gott ist doch so mächtig! Der kann selbst für Feuer sorgen."

Die Baalspriester fingen sofort an zu beten. Das konnten sie besonders gut. Sie schrien und riefen, sie sprangen umher und tanzten. Dann wieder ließen sie sich flach auf den Boden fallen, oder sie drehten sich im Kreis herum. Dabei stießen sie unverständliche Worte aus. Rhythmisch stampften sie von einem Fuß auf den anderen.

Das ging stundenlang so weiter. Sie wurden ganz lahm davon. Aber es geschah nichts. Und Elija war kein bißchen beeindruckt. Er stand dabei und lachte.

„Nur zu, Jungs", rief er. „Nur zu, immer von einem Bein auf das andere. Hopp, zwei, drei, vier. Lauter, ihr Jungs, ihr müßt viel lauter beten! Vielleicht ist euer Gott ein bißchen taub und kann euch nicht hören. Macht tüchtig weiter! Schließlich dürft ihr doch euren Gott um ein Feuerchen bitten!"

Da brachen die Zuschauer in lautes Gelächter aus, denn Elija wagte Dinge zu sagen, die sie sich selber nie getraut hätten.

Als es Abend wurde, sagte Elija zu den Leuten: „Kommt, nun stellt euch einmal um mich herum, und helft mir ein wenig!"

Dann bauten sie zusammen einen Altar aus einfachen Steinen, die auf dem Berg herumlagen. Sie legten auch Holz darauf. Und darauf legte Elija sein Opfer für den Gott Israels.

„Und jetzt gießt Wasser darüber", sprach er, „viel Wasser!"

Da holten sie unten aus dem Tal, wo es noch einen halbausgetrockneten Bach gab, so viel Wasser, wie sie nur konnten, und gossen es über den Altar.

„Nun wollen wir beten", sagte Elija, „laßt uns gemeinsam daran denken, daß wir zu unserem Gott gehören."

Dann herrschte Totenstille. Und auf einmal – niemand wußte wie – stand das Holz in Flammen, und alles auf dem Altar fing Feuer. Der Rauch stieg steil in die Höhe. Und die Menschen brachen in Jubel aus und umarmten sich.

„Der Gott Israels, der ist Gott! Ja, er ist Gott! Ja, er ist Gott!" riefen sie.

Am nächsten Tag gegen Mittag zog endlich eine kleine Wolke am Himmel auf. Bald wurde sie größer, und dann kamen immer mehr und immer größere Wolken. Es fielen Tropfen. Die Menschen spürten sie auf ihren Händen. Und bald darauf regnete es in Strömen. Ein wahrer Platzregen ergoß sich über dem ausgedörrten, hungrigen Land. Die Kinder rannten durch die Straßen und tanzten in den Pfützen.

54. Auf dem Horeb

Das Ereignis auf dem Karmel brachte den Menschen in Israel keine Hilfe. König Ahab hatte Königin Isebel alles erzählt, was vorgefallen war. Da wurde sie noch gemeiner und härter als bisher. Sie ließ verkünden, sie werde selbst dafür sorgen, daß Elija in den nächsten vierundzwanzig Stunden umkomme. Also mußte

171

Elija wieder die Flucht ergreifen und sich in die Wüste zurückziehen, wo es fast nichts zum Leben gab. Auch war es dort heiß, staubig und trocken.

Elija geriet ins Grübeln: Alles umsonst. Es ist nichts mehr zu machen. Ich habe wirklich mein Bestes getan. Ich habe genug gelitten. Mein Gott, warum hast du mich im Stich gelassen? Ich möchte lieber sterben, hörst du? Jetzt ist es genug.

So lief Elija weiter durch die Wüste, bis er an den Berg Horeb kam, wo Mose vor vielen, vielen Jahren Gott gesehen hatte. Elija stand in einer Höhle des Berges Horeb und wartete. Es fing an zu stürmen. Steinbrocken rollten den Berg herunter. Der Wind heulte.

Doch das hatte nichts mit Gott zu tun.

Dann herrschte Grabesstille.

Und dann war Gott da. Ein Gott, der sich durch ein unendliches Schweigen bemerkbar machte.

Das war es, was Elija hörte. Er kniete nieder und verbarg sein Gesicht in seinem Mantel. Er hatte verstanden: wenn auch nur noch eine Handvoll Menschen für Gott übrigbleibt, dann sind es genug. Dann macht Gott mit diesen wenigen Menschen weiter. Und wenn es einen Propheten gibt, der nicht mehr weiter weiß, wird ein anderer Prophet da sein, der dessen Aufgabe übernimmt. Wenn es Könige gibt, die Böses tun, so wird es einst vor Gott einen König geben, der Frieden bringt.

55. Amos

Endlich ging es gut in Israel. Es gab nicht nur Bauern, die dafür sorgten, daß es Getreide, Früchte und Fleisch in Hülle und Fülle gab, nun waren auch Händler da. Die kauften – etwa hundert Jahre nach König Ahab – Getreide und Früchte von den Bauern und brachten alles in die kleinen Hafenstädte. Dort verkauften sie ihre Waren an die Schiffe. Sie selbst kauften von den Schiffen Leinen, Kleider und schöne Schalen. Die verkauften sie zu Hause an andere weiter.

So wurden sie reich. Sie konnten sich schöne Häuser bauen und Land von armen Bauern kaufen, die machten sie zu ihren Knechten.

Da trat in der Gegend ein Mann auf, der aus dem Süden kam. Er hieß Amos. Er ging durch die Straßen und kam an den großartigen Häusern mit den gepflegten Gärten vorbei. Er sah, wie die Menschen dort lebten, sah auch, wie sie ihre Feste feierten. Einmal rief er den reichen Damen zu: „Schmeckt es euch, meine Damen? Ihr seht aus wie aufgetakelte, preisgekrönte Kühe! Ihr flegelt euch auf den Sofas herum! Ihr könnt nur noch gackern! ‚Schenk noch mal ein!' oder ‚Reich mir noch mal die Schüssel!' Die Schuhe, die ihr tragt, sind mit dem Geld armer Teufel bezahlt, die ihre Schulden nicht loswerden. Die Teppiche, auf denen ihr herumlauft, sind von Leuten gemacht, die selber kaum etwas zu essen haben. Ihr rollt daher wie dicke Walzen, und wer euch im Wege steht, wird einfach plattgedrückt. Glaubt ihr, das kann so weitergehen? Langsam, aber sicher werdet ihr so prall und dick, daß ihr überall hängenbleibt. Ihr seid wie große glitzernde Prunkwagen, die im Schlamm steckenbleiben."

Natürlich gab es Menschen, die sich die Worte des
Amos verbaten. „Halt bloß den Mund", riefen sie. „Du
siehst doch, daß alles in Ordnung ist. Kannst du denn
nicht still sein?"

„Nein", gab Amos zurück, „das bringe ich nicht fertig. Gott läßt euch durch mich sagen: Es steht
schlimm mit euch. Wenn ein Löwe brüllt, wer er-
schrickt da nicht? Wenn Gott schreit, wie kann ich da
meinen Mund halten?"

Amazja, ein bedeutender, einflußreicher Priester,
kam gerade aus dem Tempel. Er ging zu Amos und
sprach: „Hör mal! Ich glaube ja, daß du meinst, was du
sagst. Aber du kommst aus dem Süden, nicht wahr?
Dann geh doch dorthin und erzähl denen, was du unbedingt sagen mußt. Wir haben nämlich hier bei uns
schon längst Propheten gegen gute Bezahlung eingestellt. Hier sind sie. Sie können wenigstens predigen,
wie es sich gehört, weißt du."

174

Da wurde Amos böse.

„So einer bin ich nicht", rief er, „ich bin kein Berufsprophet. Ich werde für meinen Dienst nicht bezahlt. Ich sehe nur: es wird nicht gutgehen, wenn ihr so weitermacht. Wie kann ich da meinen Mund halten?"

„Nun, alles gut und schön", erwiderte Amazja. „Doch morgen feiern wir hier einen großen Festtagsgottesdienst, da möchten wir auf keinen Fall gestört werden."

Jetzt wurde Amos zornig.

„Ich will euch einmal sagen, was Gott von euren schönen Festtagen hält. Ich kann es nicht mehr mit ansehen, sagt Gott, mir wird schlecht davon. Und die fromme Musik, die euch so entzückt: Ich kann sie nicht mehr hören. Schluß jetzt mit dem ganzen Kram! Das ist es, was Gott sagt. Er pfeift drauf, wenn ihr ihn ehren wollt, aber zu gleicher Zeit seine Menschen im Stich läßt. Gott kümmert sich um die Menschen, die nicht das Nötigste zum Leben haben. Gott ist auf der Seite derer, die arm und ohne Arbeit sind oder die sich für nichts und wieder nichts zu Tode schinden müssen. Gott ist bei denen, die bedrückt umhergehen, weil sie Angst haben aufzufallen. Für solche Menschen ist Gott da, aber nicht für Menschen wie ihr. Wenn ihr so weitermacht, geht sie schief, die Geschichte zwischen euch und Gott."

56. Hosea

Es waren Scharen von Soldaten aus Assyrien gekommen. Sie hatten die Stadt Samaria besetzt. Ihre Bewohner waren nicht mehr frei. Sie taten aber so, als ob gar kein Krieg sei. Die ganze Zeit über beschäftigten sie sich mit völlig unwichtigen Dingen. Sie kauften Waren, die sie nicht nötig hatten. Sie sprachen über nichts anderes als über das Wetter oder die Kleider, die sie anhatten.

In der Stadt gab es einen Mann, den das ärgerte. Er hieß Hosea. Aber die Frau, mit der er verheiratet war, war nicht besser als die übrigen Bewohner Samarias. Sie hatte nichts anderes im Kopf, als in den Spiegel zu schauen, die Augenwimpern zu pflegen, schöne Kleider anzuziehen und jeden Tag auszugehen. Sie ließ sich mit jungen Männern ein und tat so, als ob sie nicht verheiratet wäre. „Das gehört nun einmal dazu", meinte sie, „sonst bin ich nicht modern."

Wenn die Leute Hosea vorbeikommen sahen, blickten sie mitleidig auf ihn herab. Einige machten ihre Witze über ihn.

Da verstand er, was vor sich ging. Er blieb stehen und sprach: „Ja, seht mich nur genau an. Meine Frau

läßt mich links liegen, ja. Ihr aber, ihr laßt Gott im Stich, genauso wie meine Frau mich im Stich läßt. Seht mich nur an: So wie es mit mir ist, so ist es auch mit Gott."

Da kam auch Hoseas Frau. Sie wollte sehen, was los war. Als Hosea sie sah, kamen ihm die Tränen. Er wollte sie ja genauso liebhaben, wie Gott sein Volk liebte. Schließlich sagte er voller Zärtlichkeit: „Ob Gott wirklich will, daß du zugrunde gehst? Wird er nicht vielmehr sagen: ‚Komm, Schatz, wir gehen weit weg von hier. Wir ziehen am besten wieder in die Wüste, wo wir arm waren. Es ist schwer, dort zu leben. Aber da sind wir beide allein, ganz unter uns. Dort werde ich alles tun, dich wieder für mich zu gewinnen, für immer und ewig. Dort werde ich dich an mich ziehen, und wir werden uns wieder liebhaben. Wie könnte ich dich im Stich lassen? Ich könnte es selbst dann nicht, wenn du mich im Stich lassen würdest. Auch dann nicht, wenn du nichts mehr von mir wissen willst. Ich könnte das nicht übers Herz bringen.'"

57. Jesaja und Ahas

Weit oben im Norden war ein neues großes Kaiserreich entstanden: Assyrien. Die assyrischen Soldaten waren stark und zäh. Wohin sie auch kamen, sie eroberten alles. Sie wollten sogar Ägypten erobern. Doch dazu mußten sie zuerst einige Zwergstaaten unterwerfen: Damaskus, Israel und Juda.

Die Könige von Damaskus und Israel waren Angeber. Sie redeten dem König Ahas von Juda ein: „Wenn du mitmachst, können wir die Assyrer leicht besiegen. Wenn du nicht mitmachst, dann kommen wir und schlagen euch zusammen."

König Ahas wurde nervös und begann gleich, die Mauern von Jerusalem zu befestigen. Schließlich faßte er einen Plan, der ihm gefiel: Er wollte lieber einen äußerst notwendigen Vertrag mit dem assyrischen Kaiser schließen, statt zu kämpfen.

König Ahas besprach sich mit Jesaja, seinem ehe-

maligen Ratgeber. Der sagte dem König ganz offen, daß er den Plan für reichlich dumm hielte.

„Hab doch nicht solche Angst vor den Königen von Damaskus und Israel", ermunterte er ihn. „Die sind doch nur wie Holzscheite, die meinen, sie seien zusammen stärker als der Holzhacker, Assyrien. Du aber bist noch schlimmer. Du bist wie Holz, das gegenüber Assyrien groß tun will. Dann hackt er nicht, denkst du. Du solltest wirklich mehr auf Gott vertrauen. Wegen solchen Sachen solltest du keinen Krieg führen. So etwas paßt einfach nicht zu Jerusalem. Das ist keine Festung, die man verteidigen muß. Du kannst aus den Waffen ruhig wieder Spaten und Pflüge machen, dann wird in den Schulen kein Krieg mehr gelehrt."

„Gut", sagte der König. „Kannst du mir aber auch verraten, was ich tun soll. Schöne Worte mögen schön sein, die Wirklichkeit jedoch ist anders."

„Auf keinen Fall darfst du etwas für den Krieg tun", antwortete Jesaja. „Du mußt auf Gott vertrauen. Wenn du kein Vertrauen hast, gelingt dir nichts."

„Auf Gott vertrauen? Was habe ich denn davon? Soll ich etwa herumsitzen und warten, bis er uns durch ein Wunder rettet?"

Jesaja antwortete: „Wenn du dir nichts mehr von Gott versprichst, dann verspricht sich Gott auch nichts von dir. Doch er wird für eine ganz andere Art von Wunder sorgen, für eines, das du nicht erwartest. Eine junge Frau wird schwanger werden. Sie wird einen Sohn bekommen, und der wird König sein, durch den wirst du spüren, daß Gott bei uns ist."

So sprach Jesaja zum König. Dann ging er fort. Sie wollten sich nicht mehr sehen.

Kurze Zeit später ist es dann passiert. Die assyrische Armee war herangerückt und nahm Samaria und Damaskus ein. Es war furchtbar. Die Könige wurden getötet und viele Menschen nach Assyrien verschleppt. Die Zurückgebliebenen hatten nichts mehr, wovon sie leben konnten.

Jeder in Jerusalem und natürlich auch Jesaja hatte davon erfahren. Ihnen blieb jetzt nur noch eins übrig, sich den Assyrern zu ergeben.

Doch Jesaja wollte jetzt den Menschen Mut zusprechen. Er tröstete: „Es wird der Tag kommen, da wird es sich wieder gut leben lassen in dieser Stadt, und das werden wir auch in den Ländern um uns her zu spüren bekommen. Dann ist es vorbei mit den dröhnenden und stampfenden Soldatenstiefeln. Dann wird nicht mehr der Stärkste das Recht auf seiner Seite haben. Dann wird der böse Wolf mit den Schafen spielen. Ein bissiger Hund wird keinen mehr beißen. Die Katze wird mit Kindern und Vögeln herumtanzen. Die gruselige Schlange zeigt einem Baby, wie man einen Purzelbaum schlägt, und stell dir vor: Ein starker Bär sucht zusammen mit der Kuh nach Kleeblättern. So wird es zugehen unter dem neuen König."

58. Die Mäuse

In Jerusalem war Jesaja ein alter Mann geworden. König Ahas lebte nicht mehr. Jetzt war Hiskija König.

Jesaja und Hiskija kamen gut miteinander aus. Jesaja war eine Art Berater für Hiskija, und Hiskija gab sein Bestes, um ein guter König zu sein und auf Gott zu vertrauen.

„Nun ja", schwatzte man in Jerusalem, „unser König mag zwar einen sehr tiefen Glauben an Gott haben, aber damit hält man sich die Assyrer nicht vom Leibe." Und das stimmte eigentlich auch.

Alles Silber, alles Gold, selbst die goldenen Beschläge der Tempeltüren hatte Hiskija schon an den assyrischen Kaiser geschickt. Jetzt hatten sie nichts mehr zum Abliefern, und trotzdem war Assyrien nicht zufrieden.

Als das assyrische Heer einmal ein paar Monate lang nichts Wichtiges zu tun hatte, geschah es, daß die Soldaten mit ihren Zelten, Pferden und Kampfwagen rund um das kleine Jerusalem lagerten.

Drei Offiziere des Königs Hiskija zogen mit einer weißen Fahne vor die Stadtmauer, um von dem assyrischen General zu erfahren, was er wollte. Der sprach: „Glaubt doch dem Gerede eures Königs Hiskija nicht, daß Gott euch retten könne. Glaubt nicht an Gott, glaubt lieber an den Kaiser von Assyrien. Bei uns könnt ihr Arbeit bekommen. Bei uns bekommt ihr wenigstens ordentlich zu essen. Kein einziger Gott hat uns je von einem Plan abhalten können. Warum sollte es dann wohl der eure?"

Da war es totenstill auf der Mauer.

Die drei Soldaten kehrten mit Tränen in den Augen,

aber hocherhobenen Hauptes in die Stadt zurück und berichteten Hiskija, was ihnen gesagt wurde.

Da fragte Hiskija Jesaja um Rat.

Jesaja sprach: „Sie werden nicht in die Stadt kommen. Sie werden genauso zurückgehen, wie sie gekommen sind. Dafür wird Gott sorgen."

Viele Menschen waren darüber verärgert, daß Jesaja so etwas behauptete. „Wie kann Gott uns denn helfen? Sag uns das mal! Sollten wir uns nicht lieber ergeben?"

Vorläufig jedoch konnten sie nichts anderes tun als abwarten. Und draußen vor der Stadt hockten die Soldaten und warteten ebenfalls darauf, daß sich die Stadt vor Hunger und Durst würde ergeben müssen.

Sie wußten nur nicht, daß Hiskija in kluger Voraussicht eine geheime Wasserleitung hatte legen lassen, so daß in Jerusalem niemand unter Durst leiden mußte.

Die Soldaten hatten Zeit. Sie machten Spiele, und es war ihnen ganz recht, daß sie nicht zu kämpfen brauchten. Nur die Mäuse waren ihnen lästig, die sich immer wieder an ihre Vorräte heranmachten. Kompa-

niekatzen gegen Mäuse hatten sie nicht. Sie hatten nur Kampfpferde.

Und dann, nach einiger Zeit, geschah es.

Einer der Wächter auf den Stadttürmen von Jerusalem stand in der Morgenfrühe auf Posten und stellte fest, daß alles still war draußen im Feldlager.

Er rieb sich die Augen, weil er noch etwas schläfrig war, aber es war wirklich kein Soldat zu sehen. Er weckte ein paar Freunde, und dann liefen sie vorsichtig vor das Stadttor.

Ein paar zerrissene Zelte, einige zerstörte Wagen – das war alles! Es war nichts zu sehen, überall war es still. Man hörte nur ab und zu eine Maus, die ‚piep‘ machte.

Außer sich vor Freude rannten sie zurück. Das Heer der Assyrer hatte sich heimlich davongemacht! Ganze Scharen von Mäusen waren über ihre Vorräte hergefallen. Die meisten Soldaten waren krank geworden.

In Jerusalem sagten die Menschen zueinander: „Das waren Gottes Mäuse.‟

59. Jeremia

Ein junger Mann wanderte von dem Dörfchen, in dem er wohnte, in das nahegelegene Jerusalem. Er hieß Jeremia. In seinem Elternhaus wurde oft über Jerusalem und über den Tempel gesprochen.

Für Jeremia war Jerusalem eine schöne Stadt. Er hatte aber auch Angst, daß sich die politische Lage wieder verschlechtern könnte. Das große Assyrien spielte keine Rolle mehr. Ein anderes Land, Babylonien, hatte sich befreit und Assyrien besiegt.

Da wollte Jojakim, der König von Juda, in Jerusalem ebenfalls versuchen, so schnell wie möglich frei zu werden. Er schloß einen Vertrag mit Ägypten, um mit ihm zusammen gegen die Babylonier zu kämpfen.

Das war dumm von dem König. Jerusalem lag genau zwischen Babylonien und Ägypten. Und Ägypten dachte gar nicht daran, Hilfe zu leisten.

Dies alles ging Jeremia durch den Kopf, als er gerade an einem Bauernhof vorbeikam. Vor der Tür stand ein großer Topf mit kochendem Wasser. Daneben saßen zwei Vögelchen. Aber der Topf stand etwas schräg auf dem Feuer, und ab und zu schwappte das Wasser über. Die Vögel erschraken natürlich und flogen davon.

Als Jeremia das beobachtete, dachte er: So ist es eigentlich auch mit meinem Land. Wir sehen nur ruhig zu wie die Vögelchen. Wir tun so, als ob wir nicht wüßten, daß in der Nähe ein Topf mit kochendem Wasser steht. Wir tun so, als ob wir nicht wüßten, daß ein Heer unterwegs ist, das uns besiegen will. Das müßte doch einmal laut gesagt werden, dachte er. Die Menschen fühlen sich so sicher, sie sind so unbekümmert. Sie tun gerade so, als ob es ihre Stadt und nicht Gottes Stadt wäre. Und unser Gott will doch ein Gott für diese Menschen sein. Da ist niemand, der seinen Mund aufmacht, der warnt.

Einer muß es doch sagen, ganz gleich wer, selbst wenn ich es nur bin. Gott weiß, wer ich bin. Er kennt mich von klein auf. Ich finde es schrecklich, den Leuten sagen zu müssen, daß meine Stadt zugrunde gehen kann. Ich will nicht, daß das geschieht. Ich werde meinen Mund nicht halten.

60. Der Töpfer

In Jerusalem sah Jeremia die vielen Bettler, die von niemandem beachtet wurden. Er sah auch, wie die reichen Kaufleute auf dem Markt mit falschen Maßen und Gewichten hantierten, und keiner merkte es.

„Komm, setz dich ein wenig zu uns", riefen ihm Leute von der Terrasse einer Gaststätte zu. Der Wirt mußte jedem noch einmal einschenken.

„Alle Krüge voll?" fragte der Älteste, „nun, auf dein Wohl, Jeremia."

„Auf euer Wohl!" erwiderte Jeremia. Er kochte vor Wut. Er wollte nicht mit anstoßen. Er stieß seinen Krug so heftig gegen den des Nachbarn, daß die Scherben und der Wein den Tisch und den Boden bedeckten.

„So ist das", rief er, „so müssen wir alle dran glauben. Wenn die ganze Stadt hier voll und satt ist, dann heißt das bei Gott: Das Maß ist voll. Erst wenn alles zerschlagen ist, kann er neu beginnen. So hört doch, und begreift doch endlich! Muß ich mich denn allein darüber aufregen, was unserem Land Schlimmes bevorsteht?"

Jeder saß etwas verlegen da, nur der Wirt nicht. Er sagte: „Nicht so hitzig, junger Mann. Jetzt sorgst du zuerst mal dafür, daß neue Krüge auf den Tisch kommen", und er fing an, den Tisch zu säubern.

Jeremia hatte nichts mehr zu sagen. Er lief zum Töpfer, um neue Krüge zu kaufen.

Der Töpfer gab sich gerade mit einer schönen hohen Vase Mühe. Doch plötzlich drückte er sie wieder zusammen. „Schade", sagte er, „da war eine Luftblase oder so etwas drin. Da fängt man am besten wieder von vorne an, sonst wird es doch nichts."

Jeremia stand dabei und sah zu. Und wieder wurde ihm dieses Bild zu einem Beispiel. So war es auch zwischen Gott und den Menschen. Wenn Gott ganz neu beginnen wollte, müßte dann nicht auch zuerst alles in die Brüche gehen? Besonders schlimm ist so etwas, wenn eine Vase erst einmal fertig ist. Wenn sie schon im Ofen war und hart geworden ist und eine schöne Farbe hat und man stellt dann erst fest, daß sie einen Fehler hat, dann bleibt nichts anders übrig, als sie wegzuwerfen. Ob es wohl schon soweit ist, daß Gott seine Stadt mit solchen Augen sieht? Sollte das zugrunde gehen, was Gott selbst zusammen mit den Menschen aufgebaut hat?

61. Die Vase

Jeremia lief mit großen Schritten durch Jerusalem.
Auf seinen Armen trug er eine große, prächtige Vase,
die er beim Töpfer gekauft hatte. Jeder blickte ihm
nach.

„Komm nur mit", rief er jedem Vorübergehenden
zu.

So erreichte er das große Tempelgebäude.

„Ja", sprach er, „der Tempel hat wirklich schöne

Standbilder. Schon allein aus diesem Grund glauben die Menschen: Ein so mächtiger Tempel mit einem so tollen Gottesdienst, das ist die beste Garantie dafür, daß es ihnen gut geht. ‚Gott wird schon dafür sorgen, daß uns nichts zustößt', sagen sie und schauen dabei mit frommem Gesicht auf das Häufchen goldener und silberner Vogelscheuchen. Und so etwas ist ihnen Gott."

„Nun mal langsam", erwiderte einer von den Älteren, „wenn die Menschen das ernsthaft glauben, dann darfst du nicht einfach darüber spotten."

„Ich möchte", sagte Jeremia, „die Leute sollen begreifen, daß Gott ein solcher Gott nicht sein will. Kein Gott, der dafür sorgt, daß wir es bequem haben, sondern ein Gott, der will, daß wir unser Geld hergeben, um armen Menschen zu helfen, statt es für solchen Unsinn im Tempel auszugeben. Unser eigener schöner König ist von der gleichen Art. Er denkt, die Babylonier könnten Jerusalem niemals besiegen, weil er sich selbst für überaus tapfer hält. Er sagt: ‚Gott wird uns beschützen. Er wird uns zum Sieg verhelfen. Amen.' Ja, setz dich nur aufs Dach mit deinem Amen. Die Truppen werden kommen, um aus dieser Stadt einen Schutthaufen zu machen, wenn ihr so weitermacht. Diese Stadt ist genauso wie diese Vase. Sehr hübsch, das finde ich auch. Wenn sie aber einen Fehler hat, dann geht es ihr so wie jetzt."

Da zerschmetterte Jeremia die Vase, sie zersplitterte in tausend Stücke. Die Menschen standen dabei und sagten kein einziges Wort. Dann kam die Polizei und nahm ihn mit. Alle Umstehenden sahen ihn an und begannen, miteinander zu tuscheln. Niemand half ihm. Niemand trat für ihn ein. Er wurde mitgenommen zur Wache.

Nun saß Jeremia in seiner Zelle, und wie er so allein da saß, fing er an, alles laut zu sagen, was er Gott sagen wollte. Statt zu weinen, sprach er mit Gott: „Da hört man sie herumtratschen, die Menschen, die früher meine Freunde waren. Sie sind auf der Lauer, sitzen da und warten, daß es schiefläuft mit mir. Allmächtiger Gott! Wozu ist das gut? Ich will das alles ja gar nicht.

Ich will ein ganz normaler Mensch sein, der zu ihnen gehört. Wie of habe ich versucht, den Mund zu halten, aber ich konnte es nicht für mich behalten, und das ist deine Schuld. Du hast mich gepackt, und ich kann nicht dagegen an. Ich möchte, daß ich gar nicht da wäre. Ja, manchmal wäre ich lieber tot. Du mußt mir helfen, sonst schaffe ich es nicht mehr.“

62. Jeremias Brief

Jahre später zeigte sich, daß Jeremia richtig vorausgesehen hatte. Der neue Kaiser Nebukadnezar aus dem neuen Land Babylonien war gekommen und hatte gesiegt. Er verschonte die Stadt, setzte einen eigenen Statthalter in Jerusalem ein, und die Bewohner mußten Steuern an ihn zahlen. Sonst aber durften sie so weiterleben wie bisher. Auch der Tempel Gottes durfte stehenbleiben.

Doch die Reichsten und Vornehmsten, die Klügsten und die Geschicktesten unter den Bewohnern mußten in die Stadt Babylon ziehen. Leute, die den Ton angeben wollen, die hält man am besten in seiner Nähe, dachte Nebukadnezar. Sie hatten sich also auf den Weg gemacht, um sich in der fremden, riesigen Stadt Nebukadnezars niederzulassen. Sie bedauerten sich selbst am meisten. Sie träumten nur noch von Aufständen und davon, wie es wäre, wenn sie wieder siegten. Sie schafften es einfach nicht, dort ein normales Leben zu führen und das Beste daraus zu machen. Sie hockten nur traurig beieinander in der neuen Stadt und klagten: „Rings um uns wohnen überall Menschen, die nicht an unseren Gott glauben. Ist das nicht schrecklich?" So schrieben sie auch nach Hause: „Jeder lebt hier einfach drauflos. Sie grüßen uns nicht höflich, wenn wir über die Straße gehen. Früher waren wir doch nicht irgendwer. Ihr habt wenigstens den Tempel Gottes in eurer Nähe, wir leider nicht. Herzliche Grüße."

Und aus Jerusalem schrieben die Leute zurück: „Was müßt ihr es doch schwer haben! Aber haltet durch! Bleibt zusammen! Gebt euch nicht mit den Ba-

byloniern ab! Ein brüderlicher Händedruck aus Jerusalem!"

Auf diese Weise bekamen die Menschen in Babylonien noch mehr Mitleid mit sich selbst.

Jeremia konnte sich über so etwas aufregen. Deshalb schrieb er aus Jerusalem einen Brief an die Leute in der fremden Stadt Babylon: „Was Gott von euch dort will, ist, daß ihr dort Häuser baut; daß ihr die Erde bearbeitet, Gemüse anbaut und Obstbäume pflanzt. Gott will, daß ihr mit den Menschen dort zusammenlebt. Seid einfach Bürger der Stadt und nicht eine besondere Clique. Träumt nicht Sachen von früher, von zu Hause oder von anderen Dingen. Glaubt nicht den Leuten, die rufen, daß Gott euch da mal eben schnell heraushelfen wird. Doch glaubt auch nicht, daß Gott euch im Stich läßt."

63. Das Joch

Die Menschen, die in der großen, fernen Stadt Babylon festsaßen, weil Kaiser Nebukadnezar sie aus Sicherheitsgründen aus Jerusalem mitgenommen hatte, waren aufgebracht. Sie hatten den Brief von Jeremia erhalten.

„Mitmachen? Mitmachen mit den anderen Leuten in Babylonien? Die sind doch unsere Feinde! So etwas tut man doch nicht!" zeterten sie. „Das paßt doch nicht zu unserer Art!"

Natürlich kam den Leuten daheim in Jerusalem auch zu Ohren, was Jeremia nach Babylonien geschrieben hatte. In Jerusalem waren sie alle genauso böse darüber. Gerade versuchten einige Bürger, den Statthalter Zidkija zu bereden, gemeinsame Sache mit ihnen zu machen. Sie sprachen zu Zidkija: „Du willst doch sicher einmal ein richtiger König werden, ohne den Kaiser Nebukadnezar von Babylonien als Herrn über dir zu haben?" Einer der Bürger war Hananja. Der konnte besonders gut reden.

„Männer", flüsterte er, „wir werden wie *ein* Mann das babylonische Joch der Zwangsherrschaft von unseren Schultern abschütteln. Keiner wird mehr Herr über uns sein, wenn wir erst einmal Herr geworden sind."

Zidkija traute sich noch nicht so richtig, obwohl ihm die Worte zusagten, vor allem das mit dem Joch.

Den Brief, den Jeremia geschrieben hatte, fand er natürlich auch abscheulich.

„Laß ihn doch mal herkommen", rief Hananja, „dann werden wir ihm einmal gründlich auf den Zahn fühlen."

So mußte Jeremia beim Statthalter erscheinen. Er
machte sich auf den Weg, mit einem riesigen hölzernen Joch auf den Schultern.

„Seht mich nur genau an", dachte er, „sie müssen
doch merken, daß sie nicht darunter wegkommen
können."

So schlurfte er in den großen Palast. Vor dem Statthalter blieb er stehen. Jeder konnte es sehen: das Joch.

„Das ist für dich, Zidkija. Es soll dich daran erinnern, daß du tragen mußt, was dir aufgetragen ist,
nämlich ein Diener Kaiser Nebukadnezars zu sein. So
handle auch danach. Wenn du dich dagegen auflehnst,
wird dir hier im Palast etwas passieren. Du machst es
dann den Menschen in der Stadt noch schwerer. Gott
hat deine Aufstände nicht nötig. Stell dich nicht so
an!"

194

„Einen Augenblick", rief Hananja.

Er lief nach vorn, packte das riesige Joch von Jeremias Schultern und rief mit schmetternder Stimme: „Wahrlich, Gott wird uns beistehen! Mit dem Joch, das uns drückt, wollen wir so verfahren, wie ihr jetzt seht."

Da brach er das Joch einfach mitten durch. So stark war er.

Das fanden alle herrlich und beeindruckend. Jeremia zuckte nur mit den Schultern und verschwand.

Doch am nächsten Tag zog er wieder durch die Stadt, ganz gekrümmt unter einem furchtbar drückenden Joch, diesmal nicht aus Holz, sondern aus schweren Eisenträgern.

64. Im Brunnen

Schließlich war es soweit. Sie hatten einen Aufstand gegen den Kaiser von Babylonien gemacht.

Der Kaiser nahm das natürlich nicht hin. Er schickte seine Soldaten, und die sollten jetzt nicht mehr wie beim ersten Mal die Stadt, ihre Mauern und den Tempel verschonen. Sie sollten bei einem Sieg weit mehr Gefangene als je zuvor mitnehmen. Dies war die Lage: Der unbedeutende Statthalter Zidkija saß mit seinen Leuten in der Stadt Jerusalem fest, und rundherum lagerte das gesamte Heer des Kaisers. Niemand konnte mehr herein oder heraus.

Jeremia wurde nicht müde, immer wieder zu verkünden: „Nun seht ihr es selbst. Der Kaiser ist stärker. Ergebt euch doch, sonst wird die Stadt zerstört, und ihr werdet einfach abgeführt oder getötet. Habt den Mut, das endlich zu begreifen."

Die Männer, die mit Zidkija befreundet waren, hetzten: „Er ist ein Verräter. Wahrscheinlich wird er vom babylonischen Kaiser heimlich bezahlt, um uns Angst einzujagen. Wir wollen aber keine Angst haben, also laß ihn verschwinden, tief unten im Gefängnis."

„Ja, ja", brummte Zidkija, „wenn ihr meint, daß das nötig ist, dann soll es geschehen, aber meint ihr wirklich?"

„Selbstverständlich, das ist unbedingt nötig", riefen sie, und schon waren sie mit Soldaten unterwegs, um Jeremia zu holen. Einer lief ein wenig hinterher. Ebed-Melech hieß er. Der kehrte um die Mittagszeit wieder zu Zidkija zurück.

Er fragte ihn: „Weißt du, was sie mit Jeremia gemacht haben? Sie haben ihn in den Brunnen geworfen

im Hof des Gefängnisses. Dort unten gibt es kein Wasser, nur Schlamm. Darin wird er langsam versinken.
Statthalter, du weißt doch, Jeremia ist ein Prophet!"

„Ja, das weiß ich", erwiderte Zidkija, „nimm dir ein
paar Leute und rette ihn. Sieh zu, daß es niemand
sieht."

Da nahm Ebed-Melech ein paar Tücher und knotete
sie aneinander. Dann ging er mit drei anderen in den
Hof des Gefängnisses. Sie gingen zum Brunnen und
riefen hinunter. Sie konnten Jeremia noch hören.
Dann ließen sie die zusammengeknoteten Tücher
hinab und zogen ihn herauf. Sie nahmen ihn, schmutzig wie er war, mit zum Hause des Statthalters. Natürlich benutzten sie den hinteren Eingang.

Da saßen sie sich nun gegenüber: Jeremia und Zidkija.

65. Jeremia und Zidkija

„Hör zu, Jeremia", brach Zidkija das Schweigen. „Wir sind umzingelt. Die Stadt geht zugrunde. Was soll ich tun, Jeremia? Ich habe immer geglaubt, daß du ein Mann Gottes bist. Ich werde dafür sorgen, daß du im Gefängnis gut behandelt wirst. Jetzt will ich nur ganz offen mit dir reden."

Jeremia sagte darauf: „Ach was! Wenn ich dir die Wahrheit sage, läßt du mich bestimmt einen Kopf kürzer machen."

„Nein, Jeremia, auf gar keinen Fall!"

„Also gut", fuhr Jeremia fort, „ergib dich dem Kaiser. Sonst wird er die Stadt niederbrennen und dem Erdboden gleichmachen. Die meisten werden dann nach Babylonien gebracht oder getötet."

„Ich glaube, du hast recht", erwiderte der Statthalter, „aber ich kann nicht mehr anders. Wenn ich mich ergebe, halten sie mich für einen feigen Verräter. Sie werden mich ermorden, Jeremia! Ich habe keine Wahl mehr."

Jeremia hatte Mitleid mit Zidkija.

„Glaube mir", sagte er, „Gott will nicht von dir, daß du den Tapferen spielst. Er will, daß du lebst."

Sie sahen sich an und gaben sich die Hand. Dann gingen sie auseinander, Zidkija in den Saal des Palastes, Jeremia zurück ins Gefängnis.

Einige Zeit später war es aus mit Jerusalem. Die Babylonier eroberten die Stadt, und es geschah das Schlimmste, was geschehen konnte: Der Tempel wurde verwüstet. Alles wurde niedergebrannt. Zidkija wurde getötet. Die Mehrzahl der Bewohner wurde nach Babylonien zur Zwangsarbeit gebracht. Wahrscheinlich war es nur eine Handvoll Leute, die noch in den Ruinen der zerstörten Stadt bleiben durften. Einer von ihnen war Jeremia. Er war verzweifelt:

Er sprach: „Alles, was ich gesagt habe, hat nicht geholfen. Hat Gott mir geholfen? Hat er uns gerettet? Macht es ihm etwas aus, daß wir zugrunde gehen?

Ja, ich glaube schon.

Gott selbst wird noch mehr enttäuscht sein. Er hat gesehen, daß alles, was er mit den Menschen angefangen hat, zerstört wurde. Eines Tages jedoch wird er uns neue Hoffnung geben. Jetzt sind die Straßen Jerusalems leer, aber einst werden wieder die Stimmen von Jungen und Mädchen zu hören sein, sie werden singen und tanzen. Alte Männer und Frauen werden wieder auf den Plätzen sitzen, im Schatten eines Baumes. Dann werden wir ein Volk für ihn sein, und er wird ein Gott für uns sein."

66. In Babylonien

Es war ein trauriger Zug, der sich in den Straßen der prächtigen Stadt Babylon bewegte. An der Spitze marschierten stämmige Soldaten, dahinter schweren Schrittes die Juden, die sie mitgeschleppt hatten: Männer, Frauen und Kinder. Sie waren immer noch verängstigt. Sie hatten ja miterlebt, wie Jerusalem eingenommen und verwüstet wurde, auch der Tempel. Nun würden sie hier als Zwangsarbeiter für Nebukadnezar, den Kaiser von Babylonien, arbeiten müssen.

Am Straßenrand standen schon Leute, die früher aus Jerusalem nach Babylonien gebracht worden waren. Sie guckten, ob vielleicht Bekannte von ihnen dabei waren. Sie fragten, ob ihre Familie noch lebe. Sonst sagten sie nichts. Sie hatten ja so sehr gehofft, daß der Aufstand in Jerusalem gelingen würde. Dann hätten sie zurückgekonnt. Doch nun wußten sie: Es ist alles vorbei. Ihr Land, Juda, gab es nicht mehr. Nun würden sie überall in Babylonien zerstreut werden.

„He", riefen die Aufpasser-Soldaten. „Macht nicht so ein mieses Gesicht. Das ist doch heute ein Festtag,

wegen unseres Sieges. Los, singt mal etwas für uns. Ihr seid doch so musikalisch. Spielt mal etwas auf eurer Harfe."

Doch keiner konnte jetzt etwas Lustiges singen. Man hörte nur traurige Lieder wie dieses:

„Wir sitzen am Wasser und weinen.
Die Harfe hängt ungespielt am traurigen Baum.
Wir sitzen am Wasser und sehnen uns nach der
Stadt, die keiner jemals vergessen kann.
Eher würde jemand seine rechte Hand vergessen.
Jerusalem! Jerusalem!
Ich kann in diesem Land nicht singen.
Ich kann die Gotteslieder nicht singen,
die ich sang in Jerusalem.
O Jerusalem!"

So saßen die Juden dort traurig und ohne Trost beieinander.

„Es ist nichts mehr daran zu ändern", klagten sie. „Jesaja hat das schon immer gesagt. Auch Jeremia hat das schon immer gesagt: wir haben es falsch gemacht. Unsere Väter, unsere Großväter und unsere Urgroßväter: sie alle taten immer nur das, was Gott nicht wollte. So werden wir wohl auch nicht viel taugen.

201

Daß wir jetzt hier sitzen, ist unsere eigene Schuld. Wir sind sehr schuldig geworden.

Unsere Kinder werden genauso schlecht sein wie wir. Da ist wohl nichts dran zu ändern."

„Nein", unterbrach da einer, „so dürft ihr nicht reden. Gott will nicht, daß ihr euch immer nur schuldig fühlt. Gott will, daß ihr lebt. Habt Mut. Verliert die Hoffnung nicht. Laßt nicht alles so bleiben, wie es jetzt ist: so traurig, so mutlos, so zerquält. Versucht euch vorzustellen, wie alles sein könnte, wenn Gott wieder neu mit uns beginnt. Für Gott ist ja jeder Mensch wieder völlig neu, ganz anders als seine Eltern oder seine Großeltern. Gott beginnt mit jedem wieder aufs neue."

Der Mann, der das wußte, war Ezechiel.

67. Ezechiel

Die Juden, die man aus Jerusalem nach Babylon verschleppt hatte, erzählten denen, die schon früher dorthin gebracht worden waren, wie das alles war, als Jerusalem eingenommen und verwüstet wurde.

„Da waren Reiter mit Pfeil und Bogen", erzählten sie. „Und jeder Reiter hatte hinter sich noch einen Burschen, der die Pfeile trug. Und gleichzeitig mit ihnen kamen von links..."

„Ich weiß schon", sagte einer von den Leuten, die schon länger in Babylon saßen, „das waren die Fußsoldaten, die vor sich eine Mauer auf Rädern hatten. Die schützte sie vor Geschossen, so daß sie immer näher herankommen konnten."

„Ja", erwiderte der andere, „woher weißt du das?"

„Na ja, genauso hat es uns Ezechiel berichtet. Ein paar Wochen ist das jetzt her. Ich sehe es noch vor mir", sagte er, „die Stadt eingenommen, der Tempel verwüstet."

„Wer ist denn dieser Ezechiel?" fragten die anderen.

„Das ist ein ganz besonderer Mann", antworteten sie.

„Auch ein ganz gescheiter Mann. Er erzählt immer von ungewöhnlichen Träumen, die er hat. Früher war er Priester im Tempel."

Sie suchten ihn auf, und andere folgten ihnen. Sie waren ja alle so niedergeschlagen. Sie wußten: Es ist alles vorbei. Sie würden in diesem fremden Land überall verstreut wohnen. Sie würden nicht mehr zusammengehören. Sie würden kein Volk mehr sein. Von Jerusalem würde nur ein Schutthaufen übrigbleiben, und nie, nie würde dort wieder ein Tempel ste-

hen. Was Ezechiel damals vorausgesagt hatte, war
eingetreten.

Alle waren niedergeschlagen, nur Ezechiel nicht. Er
sprach den Menschen neuen Mut zu.

„Ich habe gesehen, was unser Gott uns zeigen will.
Früher waren wir hilflos wie ein kleines Mädchen. Wir
brauchten ihn. Er sorgte für uns. Er beschützte uns.
Dann wurden wir groß und stellten etwas dar. Wir
fühlten uns selbständig und glaubten, ohne ihn auskommen zu können. Wir ließen ihn im Stich. Und nun
läuft alles schief. Wir sind geschlagen, gedemütigt und
verschleppt. Wir glauben, es ist alles vorbei. Häßlich,
arm und alt sind wir jetzt. Wir glauben, das ist unsere
eigene Schuld. Aber Gott sagt: Es ist nicht vorbei. Gerade jetzt will ich neu mit euch anfangen. In einer so
schwierigen Zeit wie jetzt lernen die Menschen und
Gott sich erst richtig kennen. Nun können wir spüren,
was wir aneinander haben. Der Tag wird kommen,
da werden wir wieder mit Gott ein Volk sein, auch
wenn wir jetzt überall verstreut sind.

Ich sehe im Geist ein Bild vor mir: Da ist ein Tal,
und überall links und rechts liegen Knochen herum
und Totengebein, und plötzlich werden die alle wieder

zusammengefügt. Das Ganze paßt genau ineinander,
und es entstehen neue lebendige Menschen.

Und auch der Tempel wird wieder da sein, ganz neu,
größer und schöner, als er je gewesen ist. Seht nur,
hier, die Entwürfe habe ich schon gemacht."

Alle sahen sich das an. Es war wirklich großartig.

Sie unterhielten sich schon darüber, wie alles werden würde. Sie wagten wieder zu träumen, wie es später sein würde.

Da zog Ezechiel weiter, um auch mit anderen Menschen zu sprechen.

„Es ist unglaublich", sagte jemand, als er weg war.
„Er hat uns wieder Freude und Hoffnung gemacht.
Ausgerechnet er! Ihr müßt nämlich wissen: Gestern
ist seine Frau gestorben…"

68. Wie es anfing

Die Menschen damals in Babylon besaßen überhaupt nichts mehr. Auch keinen Tempel. Sie hatten nur noch ihre Geschichten über Gott und die Menschen. Diese Geschichten erzählten sie sich immer wieder, die Geschichten lebten in ihnen. Und sie halfen den Menschen, den Mut nicht zu verlieren.

Auch darüber machten sie sich in dieser Zeit Gedanken, wie alles angefangen hatte: mit Gott und der Erde, und wie es kommt, daß Menschen schlecht sein können, obwohl Gott doch wollte, daß sie gut sind und Gutes tun. Auch darüber gab es bei ihnen Geschichten.

Eine davon erzählten sich die Leute damals so: Am Anfang war nichts, überhaupt nichts. Alles war finster. Selbst wenn es schon Licht gegeben hätte, hätte man noch nichts sehen können. Kein Himmelsgewölbe und keinen Erdboden, nur schmutzigen Schlamm. Da kam in einem Sturm Gott über das Wasser und sprach: „Es liegt alles noch im Dunkeln. Jetzt muß alles ans Licht kommen."

So sprach er, und was er spricht, das gilt, das geschieht dann auch.

„Gut so", sprach Gott. „Ist es dunkel, dann soll es ‚Nacht' sein. Ist es hell, dann ist es ‚Tag'."

So geschah es. Der Abend kam, die Nacht ging vorüber, und es wurde wieder Morgen: das war ein Tag.

Doch nach diesem Tag kam wieder ein Tag.

Gott sprach: „Nun muß es ein ‚Oben' geben für alles, was ‚unten' ist." Unten war damals die Erde, und darüber machte Gott ganz behutsam ein großes, rundes, blaues Dach. Das war die Lufthülle. Es gab dann auch Wolken. In ihnen befand sich das Wasser der Lufthülle.

Das Dach nannte Gott „Himmel", also war es jetzt der Himmel. Bald wurde es schon wieder dunkel. Der Abend kam, die Nacht. Danach wurde es wieder Morgen. Das war der zweite Tag.

Gott sprach: „All das Wasser soll in einem riesigen Becher zusammenfließen, und all das Trockene soll herauskommen. Und so geschah es. Das Trockene nannte Gott „Land", und da war es Land, unser Land.

Das zusammengeflossene Wasser nannte Gott „Meer", da war es das Meer.

„Gut so", sagte Gott, und dann sagte er: „Das Land soll vielerlei wachsen lassen."

So entstanden das Gras und die Gänseblümchen und die Butterblumen, die Anemonen und der Löwenzahn. Bäume wuchsen. Die Buchen brachten Bucheckern und die Kirschbäume Kirschen hervor.

Dazu hatte Gott das Land bestimmt. „Gut so", sprach Gott. Der Abend kam, dann wurde es wieder Morgen. Das war der dritte Tag.

Da sprach Gott: „Ich will den Tag noch schöner machen, und die Nacht ist mir auch noch zu dunkel. Ich werde Lampen machen, um das Land zu beleuchten."

Und so geschah es.

Gott machte zwei Lampen: eine große für den Tag, das war die Sonne; und eine kleine Lampe für die Nacht, das war der Mond. Dann machte er all die Sterne, wovon es so viele gibt, daß niemand sie zählen kann. Und alle Lampen – die Sonne, den Mond und die Sterne – befestigte er am Himmelsdach.

Als er damit fertig war, sah sich Gott das Ganze an. An diesem Abend leuchtete zum ersten Mal der Abendstern. Auch der Vollmond und alle anderen Sterne schienen am Himmel.

Als am nächsten Morgen die Sonne aufging, war das der vierte Tag. Doch Gott machte weiter. Er sprach: „Das Wasser im Meer darf nicht so sein, daß man es fürchten muß. Es ist mir noch zu leblos. Es soll sich anfüllen mit Fischen, die lustig hin und her schwimmen."

So geschah es. Die Fische schwammen und schossen pfeilgeschwind durch das Wasser. So gehört es sich für Fische. Doch schwebten nun auch Vögel in der Luft und flatterten gegen den Wind an, wie es sich für Vögel gehört. Selbst die riesigen Wassertiere und auch die Krabben und die Quallen hat Gott gemacht. Und als er sie allesamt sich bewegen sah, sprach er: „Gut so. So muß es weitergehen. Es sollen noch immer mehr dazukommen."

Der Abend lagerte sich über dem Wasser. Der Himmel wurde dunkel. Vögel und Fische gingen schlafen.

Das war der fünfte Tag.

Dann sprach Gott: „Im Meer gibt es Fische. Am Himmel gibt es Vögel, nun muß es noch Tiere auf dem Land geben." So geschah es.

Gott machte wilde Tiere, auch den Löwen. Auch die Tiere, die auf dem Boden kriechen, die Eidechsen und die Schlange. Auch die Kuh. Und die Katze.

„Gut so", sagte Gott, „und nun kommt der Mensch an die Reihe, aber er soll mir gleich sein."

So machte Gott den Menschen. Er machte die Menschen so, daß sie ihm gleich sein konnten. Er machte sie als Paar, als Mann und Frau. „Denn", so sagte Gott, „so wie ich sie liebe, so können sie sich auch untereinander lieben, dann sind sie mir gleich."

Dann standen sie da, die Menschen, mitten im Land. Sie sahen sich ihre Umgebung an. Da sprach Gott sie an: „Seht euch erst einmal alles richtig an, denn dies alles gehört euch. Dies alles habe ich gemacht, und erst als alles fertig war, habe ich euch gemacht, und ihr dürft für alles sorgen. Seht, hier ins Meer habe ich Fische gesetzt, und dort am Himmel fliegen Vögel, und all die Tiere, die hier umherlaufen, gehören euch auch. Kümmert euch um sie."

Weiter sprach Gott: „Seht, die Früchte an den Bäumen, die Kirschen da, könnt ihr essen, und das Gemüse am Boden dürft ihr essen. Das alles ist für euch."

Zusammen mit den Menschen sah Gott alles, was er gemacht hatte. Es war alles wirklich sehr gut.

Der Abend kam, und dann wurde es wieder Morgen. Das war der sechste Tag.

Himmel und Erde waren nun fertig. Auf dem Land wohnten Menschen und Tiere und Fische im Meer. In der Luft und in den Bäumen wohnten die Vögel.

Der siebte Tag war der Tag Gottes. Gott sah herab auf das, was er gemacht hatte, und er ruhte sich aus.

Und diesen Tag bekamen die Menschen von Gott als ihren freien Tag, als ihren Feiertag, weil Gott sich ausruhte von allem, was er gemacht hatte.

210

69. Die ersten Menschen

Es gibt noch eine zweite Geschichte, mit der die Leute damals erzählten, wie es angefangen hat mit Gott und den Menschen.

In dieser Geschichte wird von Gott erzählt wie von einem Menschen, der zu Besuch kommt und sich mit dem ersten Menschen unterhält.

Natürlich wußten die Menschen, die die biblischen Geschichten erzählten, ganz gut, daß niemand genau sagen kann, wie Gott aussieht. Aber sie hatten die Hoffnung, daß die Menschen Gott ein wenig ähnlich sehen. Und um dies zum Ausdruck zu bringen, erzählten sie die Geschichte ihren Kindern einfach so:

Ganz am Anfang, da bückte sich Gott auf den Erdboden herunter. Er nahm etwas von der Erde und machte einen Menschen.

Dann nahm Gott den Kopf des Menschen in seine Hände. Er pustete ihm in die Nase. Das war der erste Atem des Menschen. Er atmete tief. Er machte seine Augen auf und blickte ganz erstaunt.

Er sah in die Runde. Ihm wurde schwindelig von alldem, was er da sah. Gott hatte alles gemacht, um es ihn sehen zu lassen. Gott sprach: ,,Alles ist für dich. Geh nur, sieh nur'', und Adam ging zu den Bäumen. Er pflückte Birnen und Kirschen. Er probierte und fand sie lecker. Gott aber dachte: Er ist allein. Er muß eine Frau haben, mit der er zusammen ist, mit der er reden kann.

Dann machte Gott die Tiere.

Er brachte sie zu dem Menschen und war neugierig, wie er sie nennen würde.

So sagte der Mann zum Beispiel ,,Löwe'', und von da

an war der Löwe ein Löwe. Oder er sagte „Hund" zum Hund. So erfand er immer wieder neue schöne Namen: „Krokodil", „Känguruh", „Elefant" und noch viele andere. Aber er wurde müde davon. Er war immer noch allein. Es gab kein Tier, das ihm glich. Es gab kein Tier, das ganz zu ihm paßte und mit dem er sprechen konnte.

Schließlich setzte er sich hin und schlief ein.

Gott sprach: „Nun, ganz gut ist es noch nicht. Es ist nicht gut, wenn ein Mensch allein ist."

Und in dieser Nacht hat Gott das gemacht, wonach der Mann sich sehnte. Ein Mensch, der ihm helfen konnte, der mit ihm zusammensein konnte. Gott hatte aus einem Menschen zwei Menschen gemacht.

Die Sonne ging wieder auf. Die beiden wurden wach, und das erste, das sie sahen, war der andere. Er sprach: „Ja, das ist die Richtige. Die ist aus mir selbst gemacht. Die nenne ich ‚sie'. Du bist meine Frau."

Und sie sprach: „Ja."

Sie lachten einander an und hatten sich gern.

70. Der Baum und die Schlange

Die Frau hieß Eva. Der Mann hieß Adam.

Gott hatte für sie einen Garten angelegt, in dem sie wohnen konnten. Sie spielten mit den Tieren. Sie aßen die Früchte, die sie fanden. Sie hatten noch keine Kleider an, aber sie fanden nichts Schlimmes dabei. Eva hörte, als sie Brombeeren für das Abendessen suchte, plötzlich eine Stimme: „Ist es richtig, daß ihr nichts berühren dürft?"

Eva antwortete: „Nein, wieso?"

Sie blickte sich um und sah auf einmal die Schlange.

Die Stimme der Schlange fuhr fort: „Dann habe ich mich sicher geirrt. Ich dachte: Gott habe gesagt, daß ihr keine Früchte der Bäume essen dürft."

„Wir dürfen alles essen", erwiderte Eva und steckte sich eine Brombeere in den Mund. „Das heißt: Es gibt da einen großen, mächtigen Baum, der dort hinten allein steht. Gott hat gesagt: Ihr braucht vor einem solchen Baum keine Angst zu haben. Aber seine Früchte dürft ihr nicht essen. Haltet euch an mich, hat Gott gesagt."

Sie zuckte mit den Schultern und ging weiter Brombeeren suchen.

Die Schlange kicherte. „Natürlich", sagte sie, „Gott will nicht, daß ihr so werdet wie er. Außerdem ist es ein schöner Baum."

Es war schon irgendwie ein seltsamer, ein ganz besonderer Baum. Das fand auch Eva.

Und auf einmal, da pflückte Eva eine Frucht von eben diesem Baum, und sie kniete bei dem Baum nieder, als ob sie ihm danken wollte.

Sie biß hinein. Sie rief Adam. Adam kam herbei. Sie gab ihm auch so eine Frucht. Er aß auch.

Als sie dann aber wieder den Baum ansahen, beka-

men sie Angst. Sie wußten nicht, warum. Sie verkrochen sich unter dem dichtesten Strauch, wo es dunkel war.

Gott ging im Garten spazieren. Tagsüber war es warm gewesen, aber jetzt am Abend war es herrlich kühl.

Aber Adam und Eva gingen ihm nicht entgegen.

„Adam", rief Gott, „wo bist du?"

Es kam keine Antwort.

Noch einmal rief Gott: „Adam, wo bist du?"

Adam und Eva konnten jetzt nicht mehr so tun, als ob es Gott nicht gäbe. Sie kamen hervor. Sie schämten sich und sahen vor sich hin.

Adam sagte: „Ich habe von der Frucht gegessen, die Eva mir gab." Er zeigte auf Eva.

Und Eva sagte: „Die Schlange sagte, daß ich sie pflücken sollte."

Gott rief: „Mit der Schlange will ich nichts zu tun haben. Aber ihr, was soll ich mit euch machen? Ich kann es euch nicht zumuten, hier in der Nähe des Baumes zu bleiben. Wo ihr doch selber so sein wollt wie Gott! Und wo euch das doch niemals gelingt! Ihr wollt mehr sein als andere einfache Menschen. Das gelingt auch nicht mit einem solchen Baum. Davon werdet ihr nur traurig oder ängstlich. Seid einfach Menschen, lebt ohne einen solchen Baum. Und geht weg von hier."

So gingen Adam und Eva aus dem Garten, hinein in die Welt. Da fühlten sie alle beide ein warmes Fell um ihre Schultern. Gott hatte es ihnen für den Fall gegeben, daß es nachts kalt würde.

Und Gott sprach zu Adam und Eva: „Ich gehe mit euch. Ich werde bei euch bleiben. Ihr könnt nicht ohne mich leben, und ich will nicht ohne euch sein."

216

71. Kain und Abel

Adam und Eva mußten nun alles selber tun. Sie suchten sich aus, wo sie wohnen konnten. Sie bauten zusammen eine Hütte und machten sich Feuer. Morgens
zog Adam los auf die Jagd. Sie lebten mehr schlecht als
recht. Beide arbeiteten hart, sie ruhten zusammen aus,
und wenn es nachts kalt war, schmiegten sie sich eng
aneinander.

Noch im selben Jahr geschah etwas Großes: Adam
und Eva bekamen ein Kind, einen Sohn.

Stolz sagte Eva: „Es ist ein Mann, und bekommen
haben wir ihn von Gott."

Sie nannten ihren Sohn: Kain.

Es wurde auch noch ein zweiter Sohn geboren. Den
nannten sie Abel. Kain wurde Bauer. Abel wurde
Hirte.

217

Manchmal bekam Kain mit Abel Streit, zum Beispiel, wenn eine der Ziegen wieder im Gemüsegarten
am Salat geknabbert hatte.

Kain dachte oft: „Ich bin der Älteste. Gott geht mit
mir mit."

Er nahm eine große Schale und legte von allem, was
er auf den Feldern geerntet hatte, etwas darauf. Er
sagte: „Ich gebe dies an Gott zurück. Er soll sehen, daß
ich dankbar bin."

Abel meinte: Das ist eine gute Idee, und er machte es auch so. Er legte etwas Fleisch von den Tieren, die er geschlachtet hatte, auf eine Schale.

Da hatte Kain das Gefühl: Gott sieht Abel lieber zu als mir. Kain wurde wütend. Er preßte seine Hände zusammen und blickte zu Boden.

Gott fragte: „Warum schaust du denn so finster? Sieh mich an, sonst wirst du am Ende noch etwas Böses tun."

Doch Kain lief fort, drehte sich noch einmal um und sagte schroff zu Abel: „Komm her!"

Als sie zusammen auf dem Feld waren, geschah es. Kain erschlug Abel. Er stieß ihn nieder und schlug ihn tot.

Von da an aber wußte Kain nicht mehr, wohin er gehen sollte. Er wollte zu niemandem mehr gehören, auch nicht zu Gott.

Doch Gott rief ihm entgegen: „Kain, wo ist Abel?"

Kain sagte: „Ich habe doch nichts mit meinem Bruder zu schaffen!"

Gott sprach: „Aber sicher hast du das. Was hast du getan, Kain? Es liegt Blut auf der Erde. Wie kann ich jetzt weiter mit dir gehen?"

Da ging Kain weg; weit weg wollte er fliehen. Aber selbst jetzt noch sorgte Gott für ihn. Gott sagte nämlich: „Niemand darf einen Menschen umbringen, weil er einen anderen umgebracht hat." Kain durfte leben. Die Verantwortung dafür trug Gott.

Adam und Eva bekamen noch ein Kind: Set. Weil Set geboren wurde, konnte die Geschichte Gottes mit den Menschen weitergehen.

72. Noah

Seit Adam und Eva gelebt hatten, war viel Zeit vergangen. Inzwischen gab es viele Menschen auf der Erde.

Aber Gott merkte, daß es immer mehr Menschen gab, die stark sein wollten, indem sie auf anderen Menschen herumtraten. Es gab auch immer mehr Menschen, die reich sein wollten, indem sie andere arm machten.

Da tat es Gott leid, daß er die Menschen erschaffen hatte. Er war traurig. Er wußte sich keinen Rat mehr. Er dachte: „Sie lassen die Welt, die ich ihnen gab, verkommen. Was habe ich da nur gemacht? Was soll ich jetzt anfangen? Für diese Menschen kann ich nicht länger Gott sein. Gibt es denn niemanden, für den ich Gott sein kann?"

Auf der ganzen Erde war nur noch ein einziger Mann, auf den Gott sich verlassen konnte. Und weil es diesen einen Mann gab, wandte sich Gott nicht von den Menschen ab. Es war Noah.

Gott ging zu ihm. Er sprach: „Noah, so wie jetzt kann es nicht mehr weitergehen. Die Menschen wollen nichts mehr mit mir zu tun haben. Das ist schlimm. Dann wird es hier auf der Erde wieder so furchtbar wie vor der Zeit, als ich alles erschuf. Land, Wolken, Wasser: Alles wird wieder durcheinandergeraten. Nichts wird dann bleiben. Ich will nur das Allerwichtigste retten, was noch zu retten ist: dein Leben, das Leben deiner Frau, deiner Kinder und deiner Tiere – nur dies."

Noah erschrak. Was würde geschehen? Was sollte er tun? Gott fuhr fort und sprach: „Fürs erste tust du genau das, was ich dir sage, klar?"

Und Gott zeichnete mit Holzkohle auf die Wand. Er zeichnete ein großes Boot. Er sagte: „Vom Vordersteven bis zum Hintersteven: 200 Meter, außen gemessen. Die größte Breite: 35 Meter. Vom Kiel bis zum Deck: 25 Meter, außen gemessen. Ein Schiff mit drei Decks und überall Ställe. Du baust es hier, auf dem Land, hinter dem Haus. Am besten benutzt du Zypressenholz. Dann von außen und von innen mit Pech abdichten. Einen großen Eingang hier an der Seite. Kannst du das machen?"

Noah dachte nach und sah sich die Zeichnung noch einmal gründlich an. Er antwortete: „Wenn du es sagst, dann tu ich es."

Aber Noah bekam es nun doch mit der Angst zu tun. Darum fragte er: „Warum muß ich das Boot eigentlich machen? Was soll denn geschehen?"

Da sagte Gott es ihm offen: „Wasser wird kommen, Noah. Das Wasser wird nicht mehr in den Flüssen bleiben. Es wird das Land überschwemmen."

Dann ging Gott fort und ließ Noah zurück.

Noah saß da und sah um sich. Das würde ja ein schreckliches Unglück werden! Würde wirklich nichts und niemand übrigbleiben auf der Welt ringsum? Würde alles zugrunde gehen? Das ist doch nicht möglich! Er mußte etwas tun. Das Wichtigste sollte gerettet werden. Das hatte Gott gesagt.

Er stand auf und machte sich an die Arbeit. Die ganze Familie wurde zusammengeholt. Die Männer mußten große Zypressen umlegen und Balken und Bretter daraus machen. Zwei Pferde halfen beim Heranschaffen der Balken. Sie würden auch auf das Schiff gehen dürfen, wenn es fertig war. Und die Jungen halfen beim Teeren und Anstreichen.

Die Kinder spielten und waren schon dabei, Tiere einzusammeln. Sie hatten schon zwei Frösche und zwei Mäuse gefangen. Zwei Tauben hatten sie auch schon und zwei Kaninchen sowie den Bock und die Ziege. Sie zeigten das alles Noah.

„Schön", sagte Noah, „das ist ein guter Anfang."

73. Die Arche

Allmählich glich Noahs Bauwerk einem riesigen Schiff. Es war so hoch, daß es schon über die Bäume hinausragte. Die Menschen fanden das Ganze seltsam. Was sollte der Unsinn: ein Schiff auf dem Trockenen? Und dann war ihnen das große Ding da auch ein wenig unheimlich.

„Man stelle sich vor", dachten sie, „ein solches Schiff würde man einmal brauchen, bei einer Überschwemmung oder so. Aber warum an so etwas denken? Uns geht es doch ganz gut."

Nur Noah dachte: „Dieses Schiff, das sollte euch lieber Angst einjagen. So kann es doch nicht mehr weitergehen. Begreift doch endlich." Doch die Menschen ließen Noah links liegen. Sie führten ihr Leben weiter in einer Art, wie Gott es nicht gemeint hatte.

Eines Tages kam ein Wetterumschwung. Wolken zogen auf. Die Sonne schien nicht mehr. Es wurde dunkel auf der Erde. Die ersten Tropfen fielen schon. Der Regen kam und wurde immer stärker, es goß. Das Wasser peitschte auf die Erde. Jeder flüchtete in sein Haus. Die Abflußrinnen in den Straßen quollen über. Die Straßen wurden zu Bächen, zu Flüssen, die Flüsse zu Strömen. Und die großen Flüsse und Ströme im Land traten über die Ufer und überspülten die Deiche. An manchen Stellen brachen die Deiche, und das Wasser überspülte das Land. Es brandete gegen die Häuser. Überall kam das Wasser schon hin. Es toste über die Häuser hinweg. Es schäumte die Berge hoch.

Am Hang eines Berges lag schon die ganze Zeit über das Schiff Noahs und wartete auf seine Ladung. In dem Schiff wartete Noah mit seiner Frau, seinen Kindern und seinen Enkelkindern. Sie saßen dicht beieinander mit den zwei Hunden, Kater und Katze, Hahn und Huhn, Stier und Kuh und den zwei Pferden. Die hatten ja beim Bau des Schiffes geholfen.

Plötzlich fing die Kuh an, ganz ängstlich zu muhen: im Gang standen ein Löwe und seine Frau. Als sie her-

einsprangen, waren sie so naß und so verängstigt, daß sie nichts Böses im Sinn hatten. Dann kamen auch die Bären, mit zwei Kaninchen auf dem Rücken, dann zwei Schweine und zwei Wildschweine, zwei Spatzen mit zwei Pfauen, die versuchten, trotz allem schön auszusehen. Das Schiff krachte in allen Fugen, als zwei ausgewachsene Elefanten ankamen.

Die großen starken Söhne Noahs – Sem, Ham und Jafet – brachten alle Tiere in ihre Ställe. Die Esel mußten sie schubsen, denn sie trauten sich nicht, obwohl sie eigentlich hinein wollten.

Nachdem auch die Schnecken hineingekrochen waren, schloß Gott sorgfältig die Tür hinter ihnen zu.

Das Wasser floß um das Schiff herum, hob es hoch, und dann fing es an zu treiben.

Drinnen im Schiff weinte Noahs Frau leise vor sich hin. Noah versuchte, sie zu trösten. Er selbst mochte auch nicht daran denken, was draußen von den Menschen und der Erde, die er so geliebt hatte, übrigblieb.

Vierzig Tage lang lebte Noah mit seiner Familie in dem Schiff, mit allen Tieren, die er bei sich hatte. Jeder half mit, die Tiere zu versorgen. Die Kinder brachten die Milch für die Katze. Sie kümmerten sich darum, daß sie die Mäuse in Ruhe ließ, denn die waren ja nicht für die Katze da.

Der Ziege und dem Bock brachten sie Salat. Die Vögel fraßen Maiskörner aus ihrer Hand.

Sem und Jafet, die größeren Söhne Noahs, gaben den Löwen Brotkrusten. Die Elefanten bekamen Heu. Ab und zu reichten sie mit ihren Rüsseln etwas von ihrem eigenen Heu den Kaninchen, die eine Etage höher untergebracht waren.

An einem der Tage saß die Familie wieder am großen Tisch. Plötzlich fielen einige hintenüber, andere
gegen den Tisch. Die Milchbecher fielen um und rollten über den Tisch. Mutter Noah wollte schon böse
werden, aber Noah saß da und lachte. Zum ersten Mal
seit vierzig Tagen lachte er wieder.

„Das Schiff ist schuld", rief er, „das Schiff hat ge-
wackelt, das Schiff ist an Land gestoßen."

Jetzt merkten sie, daß der Regen gar nicht mehr auf
das Dach trommelte.

74. Der Regenbogen

Alle rannten sie jetzt nach oben. Dort hatte Noah beim
Bau eine Luke angebracht: ein Oberlicht, aber sie hatten noch nie gewagt, nach draußen zu sehen. Langsam
ging die Luke auf. Das Licht flutete herein.

Jeder wollte gucken. Sie steckten ihre Köpfe nach
draußen: Wolken und Wasser, aber noch kein Land in
Sicht.

Da sprach Noah zu einem Jungen, neben dem eine
Taube saß: „Komm, wir lassen sie frei. Dann kann sie
alles auskundschaften."

Sie ließen die Taube frei und schauten ihr nach. Der
Junge blieb vor der Luke hocken.

Am Abend rief er plötzlich: „Da ist sie! Sie kommt zurück!" Ganz müde kam sie angeflogen. Sie konnte fast nicht mehr. Sie hatte nirgendwo einen Platz auf der Erde gefunden. Überall war noch Wasser.

Noah wußte jetzt Bescheid. Er streckte seinen Arm aus. Die Taube setzte sich darauf und wurde hereingeholt.

Eine Woche später, als die Taube ausgeruht war, ließen sie sie wieder fliegen, und auch an diesem Abend sahen sie sie zurückkommen. In schönem Bogen segelte sie heran. Dann stürzte sie regelrecht hinein zu ihrem Freund, der anderen Taube. Alle rannten hinter ihr her.

„Sie hat etwas im Schnabel", rief der Junge. Jetzt sah Noah es auch: Die Taube hatte ein Zweiglein, einen frischen Olivenzweig. Sie hatte also ein paar Baumwipfel gefunden. Das Wasser begann also zu sinken. Ganz aufgeregt redeten jetzt alle durcheinander und sangen vor Freude. Sie tanzten um die Taube herum,

die mit ihrem Zweiglein da hockte. Sie wollte schon ein Nest damit bauen, aber mit einem einzigen Zweig kommt man da nicht weit.

An diesem Abend durften die Tauben als Ehrengäste mit am Tisch essen. Der kleine Zweig stand in einer Vase mitten auf dem Tisch. Jeder fand ihn schöner als die wunderbarste Blume, die er früher gesehen hatte.

Noah wartete noch sieben Tage. Dann ließ er die Taube erneut frei. Sie hatte ein Stückchen Land gefunden. Die Erde begann trocken zu werden.

Am nächsten Morgen öffnete Noah ganz langsam die Luke. Mit blinzelnden Augen standen sie im ersten Sonnenlicht: er und seine Frau. Seine Söhne standen neben ihm.

„Nirgendwo ein Mensch oder ein Tier zu sehen", sprach Mutter Noah.

„Aber wir sind jetzt da, und wir haben die Tiere bei uns", sagte Jafet.

„Alles Schlamm, überall nur Schlamm", bemerkte Ham.

„Aber es ist Land. Wir müssen an die Arbeit", rief Sem.

229

Die zweite Taube flog aus der Arche und suchte ihren Freund, der schon längst irgendwo draußen herumschwirrte. Der Junge winkte ihr nach.

„Sieh mal da", rief er. „Was ist das?"

Sie sahen den ersten Regenbogen mit allen seinen Farben.

Da sagte Noah: „Das ist eine Brücke und bedeutet: Gott verspricht, daß er nie, nie mehr so etwas Schreckliches geschehen lassen will. Immer wenn der Regen kommt und danach wieder die Sonne scheint, wird man die Farbenbrücke sehen. Dann wissen wir wieder: Nie mehr wird so viel Wasser zwischen Gott und die Menschen kommen. Nie mehr werden Gott und die Menschen wieder so weit auseinandergeraten."

75. Der Turm

In Babylonien stand ein eindrucksvolles, mächtiges Gebäude, das man für den Gott der Babylonier errichtet hatte. Es war ein klobiger Stufenturm. Wenn jüdische Kinder ihre Väter fragten: Was ist das für ein Turm?, dann lachten die spöttisch, und sie erzählten ihnen die folgende Geschichte:

Vor langer, langer Zeit kamen die Menschen aus den Bergen und ließen sich im Flachland nieder. Damals sprachen sie untereinander: „Los, wir wollen einen Berg bauen, einen Berg bis hoch in die Wolken. Oben drauf soll unser Gott wohnen."

Andere meinten: „Ja gut, dann werden wir berühmt und bleiben auch leichter nahe beieinander, so rund um den Turm, auf dem unser Gott wohnt. Das ist so wie daheim. Wir fühlen uns dann sicher miteinander.

Sie machten sich an die Arbeit. Der Chef der Baustelle hatte schon einen großen Plan. Er steckte auf dem Boden ein riesiges Viereck ab von ungefähr hundert mal hundert Metern. Die Steine aus Lehm, die sie in der Sonne hatten trocknen lassen, wurden von Eselchen auf kleinen Karren angeschleppt. In Körben wurden dann die Steine nach oben gezogen. Oben machten sie heißen Teer, um die Steine gut miteinander zu verkleben. Dann stampften sie den Boden fest für die nächste Stufe. Immer höher. Sie brachten Gerüste und Flaschenzüge an. Da ging es noch schneller. Jeder mußte mitmachen. Es gab Arbeiter fürs Heben, Arbeiter fürs Steinetragen und Arbeiter fürs Bauen. Die Frauen brachten Essen und Trinken. Der Baumeister kletterte immer höher. Er war an seiner hohen Mütze zu erkennen und spornte jeden an.

„Der Turm muß eine Treppe werden", rief er, „eine Treppe zu Gott. Los!"

Gott selbst jedoch hatte den Turm in dieser seltsamen Stadt noch kaum beachtet. Er sah sich einmal um, und schließlich fand er das Türmchen, mit dem die Menschen so sehr angaben. Er dachte: Warum machen die Menschen nicht das, was sie tun müssen: Häuser bauen, in denen sie wohnen können, füreinander sorgen? Warum müssen sie nur ein so vornehmes Gebäude errichten? Vielleicht meinen sie am Ende noch, daß ich dort tatsächlich wohnen werde. Glauben sie wirklich, daß dies das Beste für sie ist, um nahe beieinander zu bleiben? Das kann doch nur schiefgehen.

Die Menschen waren all die Jahre hindurch so sehr mit ihrem Turm beschäftigt, daß sie vergaßen, miteinander zu reden. Die Bauleute verkehrten nicht mehr mit den Steinträgern, die Heber nicht mehr mit den Eseltreibern. Der Baumeister war alt geworden und überließ alles seinen Stellvertretern. Für jede Gruppe gab es einen. Jede Gruppe hatte ihre eigene Art, miteinander zu reden. So kam es, daß die Menschen bei all ihrer Arbeit am gleichen Turm sich schließlich kaum mehr verstanden.

Eines Tages ließ einer der Stellvertreter zum Beispiel einen Balken nach unten werfen. Vorher rief er: „Achtung! Dienstvorsteher meldet: Auf Posten A fallendes Material" oder so ähnlich.

Doch der Steinträger unten verstand nicht, was der oben damit meinte, und bekam den Balken genau auf den Kopf. Er brüllte nach oben: „Du Schwachkopf!" oder so ähnlich, denn das war in seiner Sprache ein schlimmes Schimpfwort. Das wiederum verstand der alte Chef nicht. So bekamen sie Streit miteinander.

Solche Dinge passierten immer wieder. Es wurde

immer schlimmer. Es liefen immer mehr Leute wütend davon. Der Turm wurde nie fertig. Als der Regen die Mauern rissig machte, besserten sie die Risse nicht einmal mehr aus. Bald wuchs Gras zwischen den Steinen. Und übrigblieb nur noch ein Haufen Steine.

76. Jona

Sie wollten einander Mut machen und trösten. Darum saßen die Juden in Babylonien immer nahe beieinander. Sie wollten sich auch nicht zuviel mit den Menschen im Lande abgeben, die keine Juden waren. Sie wollten bleiben, wie sie waren, und hatten recht damit.

Manchmal dachten sie aber auch: Unser Gott ist nur für uns, für unsere eigene kleine Gruppe da, und nicht für alle Menschen, nicht für die ganze Welt, wie es die Propheten immer wieder gesagt hatten.

Darum ist es gut, daß es auch eine Geschichte über einen Propheten gibt, der das nicht so recht begriffen hatte. Er lebte vor langer Zeit. Sein Name war Jona.

Jona lebte in einem winzigen Städtchen, und jeden Samstagabend saß er im Gasthaus am Markt. Er schimpfte über alles, was er nicht gut fand, und das tat er so schön, daß die Leute ihn einfach „Prophet" nannten. So hatten sie in ihrer kleinen Stadt wenigstens einen eigenen Propheten.

An einem Abend gingen Scharen von Menschen vorbei, denn das Wetter war heiter, und die Mädchen hatten sich besonders hübsch gemacht.

„Da stolziert wieder eine daher, die sich so städtisch aufgeputzt hat", meckerte Jona, „na, ich bin froh, daß ich streng erzogen bin. Dieser ganze Firlefanz, der kommt nur aus der großen Stadt Ninive. Immer nur Tanzveranstaltungen und Vergnügungen; überall Luxusgeschäfte und dieses teure Modezeug. Dabei leben die Leute doch völlig aneinander vorbei."

„Ja, ja", murmelte der Wirt. Ein anderer aber sagte: „Du solltest nicht herumnörgeln! Du brauchst uns das nicht zu erzählen. Du solltest besser in diese Stadt gehen und es selbst den Leuten dort erzählen."

„Fällt mir nicht ein, dahin zu gehen", erwiderte Jona, „da halte ich mich 'raus. Diese Stadt wird ganz bestimmt bald untergehen." Darauf der andere: „Wenn du ein Kerl wärst, würdest du die Leute dort wenigstens warnen, oder? Bist du ein Prophet, oder bist du es etwa nicht? Ja, wenn du mir nicht glaubst, dann soll dir eben Gott sagen, was du von mir nicht annehmen willst."

„Schenk dem Herrn mal ein Gläschen ein auf meine Rechnung", sagte Jona zum Wirt. Er wollte der Sache ein Ende machen. Doch es kam ganz anders.

Am nächsten Tag war Jona schon frühmorgens im Gasthaus. Er hatte einen großen Mantel an und eine große Tasche bei sich. Er bestellte schwarzen Kaffee.

„Gehst du auf Reisen?" fragte der Wirt. „Fährst du doch in die große Stadt?"

„Ach, weißt du, das ist nichts für mich", antwortete Jona. „Ich fahre in die andere Richtung, ins Ausland."

Jona sagte das nur so dahin, aber es steckte viel mehr dahinter. Seit dem vorigen Abend hatte er immer mehr das Empfinden: Gott will wirklich, daß ich in der großen Stadt auftrete und sage, es würde mit ihnen allen noch ein schlimmes Ende nehmen. Wenn er das jetzt nicht tun würde, wäre er eigentlich nur ein ganz ge-

wöhnlicher, langweiliger, nutzloser Mann. Das wußte er wohl. Doch am liebsten wollte er auch nur ein ganz einfacher, langweiliger Mann bleiben. Ihm war es ziemlich egal geworden, was er aus seinem Leben noch machen konnte. Er wollte nur eins: weit weg, genau in die entgegengesetzte Richtung, als es Gott wollte.

Es war staubig, und das konnte Jona sowieso schlecht vertragen. Schon deshalb hatte er schlechte Laune.

So ging er an Bord eines Schiffes, ganz vorsichtig über die Laufplanke. „T ... T ... Taue los! Los!" brüllte der Kapitän. Er war immer nervös, weil er abergläubisch war. Dann verließen sie, den Wind im Rücken, den Hafen, Richtung Nord-Nordwest.

Jona stand den Seeleuten immer ein wenig im Weg. Er war eben eine Landratte und fand es eigentlich unheimlich auf dem weiten Meer. Er zog sich deshalb in den Vorderraum zurück. Dort lag er im Bauch des Schiffes und wurde schön geschaukelt. Behaglich rollte er sich in seinem warmen Nest aus Tauen zusammen und schlief bald darauf ein. Er hatte ja in der vorigen Nacht so schlecht geschlafen.

77. Der Sturm

Der Kapitän war an diesem Abend sehr nervös. Es würde Sturm geben. Jona aber lag da und schlief, unten im Schiff. Dann brach der Sturm los, und es wurde gefährlich auf dem Meer. Die Wellen gingen hoch, höher als das Schiff. Es krachte in allen Fugen.

„Es fehlt nicht viel, und das Schiff bricht mitten durch", rief der Bootsmann. „Dann wirf die Ladung über Bord", rief der Kapitän zurück, und schon flogen die ersten Kisten mit Apfelsinen ins Wasser.

Der Kapitän wußte nicht, was er tun sollte. Der Bootsmann starrte die ganze Zeit auf sein Maskottchen, das er am Ruder hängen hatte. Er dachte: Das bringt Glück. Der Matrose hielt seine Würfel fest. Beide murmelten Stoßgebete, aber das nützte nichts mehr: Das Unwetter war da.

238

Da suchte und fand der Kapitän Jona. „He! Aufwachen!", rief er, „wir gehen unter. Wir versaufen, und du liegst hier herum und schläfst. Gott steh uns bei! Wir sind verloren!"

„Welcher Gott?", fragte Jona.

„Wissen wir nicht", antwortete der Kapitän, „wir versuchen es schon die ganze Zeit bei unserem eigenen Gott, jeder bei dem seinen, aber das hilft nicht. Tu du jetzt auch mal was: Bete zu deinem Gott."

„Am besten ist, wir würfeln darum", rief der Matrose. „Das Los gibt an, wer schuld an allem ist. Das ist am ehrlichsten." Jeder mußte würfeln. Wer die niedrigste Zahl werfen würde, der ist dran.

Jona war alles egal.

„Das Ganze hier wird wohl meine Schuld sein", dachte er. „Immer wieder will mein Gott mich haben."

Jona warf den letzten Würfel: eine Eins. Alle ande-

ren hatten zufällig die Sechs gewürfelt – und das konnte kein Zufall sein, fand der Kapitän.

Sie blickten alle auf Jona.

„Ja", stöhnte Jona. „Es ist meine Schuld. Ich bin ungehorsam gewesen. Ich bin ein Jude. Unser Gott ist der wahre Gott, der Himmel und Erde, Land und Meer erschaffen hat. Doch genau das ist mein Problem. Jetzt reicht es mir. Ich bin nur ein Nichtsnutz. Werft mich über Bord. Ich will tot sein." „Tja", meinte der Kapitän, „wenn dieser Herr so darum bittet…"

Zusammen mit dem Matrosen packten sie Jona und schleuderten ihn so eins, zwei, drei ins Meer hinein.

„Gott soll ihn haben", rief der Kapitän. Jona war kaum ins Meer gefallen, da spürten sie auch schon eine merkwürdige Veränderung: Die Wellen wogten langsamer, der Sturm ging in eine andere Richtung, sie kamen in ruhigeres Fahrwasser.

Sie waren alle verblüfft.

Inzwischen sank Jona ins Meer, und von unten aus der Tiefe tauchte der häßlichste Fisch auf, den Gott je gemacht hat. Aber der Fisch tat, was Gott von ihm wollte: Er schnappte Jona und verschluckte ihn.

78. Der Fisch

„Hilfe!" brüllte Jona. Er hatte noch gar nicht begriffen, daß er schon lange hätte ertrunken sein müssen. Doch jetzt hockte er im Bauch des Fisches. „Hilfe!" schrie er noch einmal (und das klang ganz verrückt dort in dem Bauch).

Erst langsam verstand Jona, was geschehen war, und immer noch keuchend, fand er langsam die Sprache wieder: „Man hat mich ins Meer geworfen. Überall Wasser, das mir gegen die Ohren und Augen drückte. Unter Wasser trieb ich herum. Überall Seetang, der einem zwischen den Haaren klebte. Ich meinte, daß ich ertrinken würde. Doch Gott hat mich aufgefischt, obwohl ich mich so weit von ihm entfernt hatte. Ich wollte rufen und konnte schon nicht mehr. Doch Gott hat auf mich gehört, obwohl ich nicht ein einziges Mal auf ihn gehört habe. Ja, wenn jemand mich gerettet hat, dann ist es Gott."

Es dauerte drei Tage, dann spuckte der Fisch den Jona in hohem Bogen aufs Trockene.

Da ging Jona nach Ninive. Es blieb ihm nichts anderes übrig. Zuerst kam er in die Vororte. Dort, an einem Platz mit vielen Kaufhäusern, fing er an zu reden. Was sollte er sagen? Daß das alles nichts für ihn war, dieses Großstadtleben, über das er zu Hause immer so geschimpft hatte. Sie lachten ihn aus, als er so anfing. Da sagte er nur das, was er in der Schule über die Propheten Amos, Jesaja und Jeremia gelernt hatte: „Es kann so nicht weitergehen! Es wird gar nicht mehr lange dauern, dann bricht euer ganzes Stadtleben zusammen! Die Stadt wird zerstampft werden von den Füßen derer, die von euch erniedrigt und zertreten wurden! Eure Könige und Herrscher wird man vertreiben, weil sie nur sich selbst bereichern und dabei die Armen vergessen!"

Das rief Jona über den Platz. Er war überrascht: Alle hatten zugehört. Sie redeten jetzt ziemlich durcheinander und meinten: „Er hat recht. Das geht nicht gut so. In dieser Stadt kann keiner mehr menschenwürdig leben."

Sie gingen mit Jona, der nun weiter stadteinwärts zog. In der Stadtmitte gab es dann einen riesigen Menschenauflauf. Der Verkehr stockte. Bald riefen alle: „So kann es nicht weitergehen! Die Stadt geht zugrunde! So kann es nicht weitergehen! Die Stadt geht zugrunde!"

Die Polizei ging zum König, um zu berichten, was Jona gesagt hatte.

„Wir können nichts dagegen tun. Was die Beamten sagen, stimmt", sagte der Polizeihauptmann.

Der König war gleicher Meinung. Ohne Turban und Krone ging er auf den Balkon hinaus und sprach: „So kann es nicht weitergehen. Alles, was in dieser Stadt lebt, muß zur Besinnung kommen: Wir müssen sparsam leben und sollten unglücklich sein über die Stadt, so wie sie jetzt ist. Vielleicht gibt es dann noch einen Ausweg."

So geschah es. Jeder dachte nach und zeigte seine Sinnesänderung, indem er schwarze Kleider trug oder ein schwarzes Band um den Arm.

Jona freute sich sehr darüber. Auf diese Art wollte er schon gern Prophet sein. Die Menschen waren alle tief beeindruckt von dem, was er sagte. Er ging auf einen Berg, der nahe bei der Stadt lag. Von dort konnte er gut sehen, welch ein böses Ende es mit dieser Stadt nehmen würde.

79. Der Baum

Dort oben auf dem Berg, mit seiner schönen Aussicht über die Stadt, saß Jona gut: hoch und trocken.

Da geschah etwas Eigenartiges. Genaugenommen geschah nämlich gar nichts mit der Stadt. Es ging nichts schief, sie nahm kein böses Ende. Die Menschen in Ninive versuchten ja ernsthaft, anders zu leben, als sie es bisher getan hatten. Das große Unglück, von dem Jona die ganze Zeit gesprochen hatte, kam nicht.

„Das wäre ja noch schöner", rief Jona wütend. „Habe ich es nicht gesagt? So was hat man nun davon, wenn man einen Gott hat, der barmherzig, verzeihend und voll Mitleid ist. Den einen Tag ist es so und den anderen Tag wieder ganz anders. Und wer ist der Dumme dabei? Ich natürlich wieder, der kleine Mann. Ach, laß mich doch tot umfallen. Das ist immer noch besser, als so zu leben."

Einen Augenblick lang blieb es still. Jona war erschrocken über seine eigenen Worte. Er wollte das aber nicht vor Gott merken lassen. Ganz grimmig sah er vor sich hin. Doch um Jona wieder in gute Laune zu versetzen, ließ Gott hinter ihm einen Baum wachsen. Mit seinen Blättern sorgte er für kühlen Schatten. Jona hatte den Baum vorher nicht bemerkt, aber jetzt dachte er doch: „Ich danke dir, Gott! So gehört es sich auch für einen Propheten!"

Doch am folgenden Tag kamen Raupen, die fraßen alle Blätter vom Baume. Da brannte die Sonne wieder auf Jonas Glatze. Seine gute Laune war im Nu verschwunden. „Ach, laß mich doch tot umfallen. Das ist immer noch besser, als so zu leben", wütete Jona wieder. Und da war es Gott, der ihn merken ließ: „Jona, glaubst du jetzt, daß du recht hast? Meinst du wirklich, was du sagst?"

„Und wie ich das meine", rief Jona. Das Schlimme war: Er meinte es tatsächlich so.

Da redete Gott ihm zu: „Warum bist du darüber verärgert, daß ich eine Stadt retten wollte? Ich habe dich doch auch gerettet. Nach deiner Meinung dürfte also ein Gott so etwas nie tun? Du bekommst so ohne weiteres einen schattenspendenden Baum und wolltest den auch gern behalten. Dürfte ich da nicht auch Ninive gern behalten? Darf das deiner Meinung nach ein Gott nicht tun? Du bist Jona, und ich bin Gott! Das ist der ganze Unterschied. Du willst den schattenspendenden Baum behalten. Gut. Ich zeige dir, daß du recht hast. Ich will, daß du zeigst, daß ich der Gott der Menschen bin, auch der Gott der vielen tausend Menschen in Ninive. Ja, ich bin sogar der Gott von so einem Männchen wie du. Jona, Jona, kannst du eigentlich die Menschen lieben?"

80. Ester

Nach und nach wohnten die Juden nicht nur in Babylon, sondern auch in vielen anderen Städten der damaligen Welt. Die Mitbewohner hielten die Juden für schlechtere Menschen. Wenn man so eine Gruppe von Fremden bei sich in der Stadt hat, wird man leicht mißtrauisch oder ängstlich oder gar böse gegen sie. Das passiert zuweilen auch heute noch. Damals war es genauso. Juden wurden oft gequält, verdächtigt, gefangengenommen und manchmal sogar getötet. Darum waren sie froh, daß sie die Geschichte von Ester kannten. Dadurch wußten sie wieder: Wir sind gar nicht so, daß wir immer Ärgernis geben müßten.

Es lebte einmal ein reicher und mächtiger Kaiser. Er hieß Xerxes.

Als er drei Jahre lang Herrscher war, meinte er, das sei schon ein Jubelfest wert. Er veranstaltete daher in seinem Park ein großartiges Fest.

Überall standen Zelte: blaue Gardinen, purpurrote Säulen, silberne Knöpfe. Es gab Wein aus goldenen Bechern. Es gab Musik von den besten Musikkapellen. Es war ein Fest, wie es sich für so einen Kaiser gehört.

Die Kaiserin hatte einen eigenen Festsaal für Damen. Da gab es Gebäck und Fruchtsaft.

Der Kaiser selbst trank inzwischen mit jedem. Er wurde davon immer fröhlicher und unverschämter. „Wetten, daß meine Frau schöner ist als all eure Frauen zusammen?" rief er den Höflingen zu, die ihn umringten. Und obwohl ihm keiner zu widersprechen wagte, sagte er: „Gut, dann wetten wir also."

Die Diener gingen fort, um die Kaiserin zu holen, aber sie kamen ohne sie zurück. Die Kaiserin, Waschti

hieß sie, dachte nicht daran, sich vor einem Schwarm betrunkener Herren zur Schau zu stellen. „Sag, daß Seine Durchlaucht mir den Buckel herunterrutschen kann", hatte sie gesagt, und diese Botschaft gaben die Diener tatsächlich weiter.

Der Kaiser wurde vor Zorn noch röter, als er immer schon war. Er überlegte sofort mit seinen Fürsten, was da zu machen wäre.

Einer der Schlauesten sagte: „Hoheit! Das ist nicht nur eine Beleidigung, das ist auch eine Gefahr. Wenn auf der ganzen Welt herumerzählt wird, die Kaiserin verweigert dem Kaiser den Gehorsam, dann werden sich überall die Frauen gegen ihre Männer auflehnen. Das dürfte in vielen Familien zu Streit führen." Der Kaiser begriff: Ich muß jetzt streng auftreten. Die Kaiserin wurde entlassen und in ein fernes Land verjagt.

Nun mußte eine neue Kaiserin kommen, noch schöner als die erste und außerdem auch noch lieb.

Darum befahl der Kaiser, einen Schönheitswettbewerb zu veranstalten. Überall im Land suchten die Beamten nach geeigneten Bewerberinnen. Die wurden in einen Salon des Palastes gebracht. Dort wurden sie so schön wie möglich herausgeputzt.

In den Stallgebäuden beim Palast arbeitete ein Mann mit Namen Mordechai. Er sorgte auch für die Erziehung seiner Nichte Ester, deren Eltern vor Jahren gestorben waren. Seit jener Zeit kümmerte sich Onkel Mordechai um sie. Sie war zu dieser Zeit bereits ein großes Mädchen geworden.

Er besprach sich mit Hegai, dem Vorsteher des Schönheitssalons, und meinte: „Ist meine Ester nichts für euch?"

Als Hegai sie sah, war er sofort ganz hingerissen. „Klar", strahlte er. „Laß sie morgen kommen."

81. Das Attentat

Mordechai hatte zu seiner Nichte gesagt: „Verrate dem Kaiser nicht, daß du Jüdin bist. Sonst kriegst du nur Schwierigkeiten."

Endlich war für Ester der Tag gekommen. Sie sollte in den Palast, um den Kaiser zu treffen. Sie bekam die schönsten Kleider an und wurde so schön gemacht wie möglich.

Sie ging in den Palast und wurde in einen großen Saal geführt. Da war kein Mensch außer einem Mann, der hinter einem kleinen Tisch saß.

„Entschuldigung, mein Herr", sagte sie. „Ich bin hier noch neu. Können Sie mir sagen, wie ich zum Kaiser komme? Was für ein Mann ist er? Ist er nett?"

„Das will ich meinen", erwiderte der Mann. „Ich bin es selbst." Er sah sie lachend an, und sie sah ihn erschrocken an, und in diesem Augenblick verliebten sie sich. Er machte sie zur Siegerin im Wettkampf. Er nahm sie zur Kaiserin. Sie lernten sich mit der Zeit immer besser kennen, und sie liebten sich immer mehr.

Nun hatte Kaiser Xerxes auch Feinde. Mordechai war eines Tages in den Ställen beschäftigt, als er draußen am Tor zwei Menschen reden hörte:

„Und dann stellst du dich hierhin und hältst die Kutsche schnell an, wenn sie vorbeikommt. Dann springe ich von der anderen Seite in die Kutsche hinein und steche ihn nieder, und dann..."

Mordechai schaute um die Ecke. Da standen zwei Männer vom Palast: der Rittmeister und der Zahlmeister! Die wollten ein Attentat auf den Kaiser ausführen!

Schnell ließ er Ester über ein Dienstmädchen Bescheid geben, sie solle in den hinteren Garten kommen, um ihn zu sprechen. Dort erzählte er ihr die Geschichte.

Ester erschrak und eilte zum Kaiser.

Doch Xerxes sagte nur: „Ach, schon wieder so ein Attentat. Mach dir keine Sorgen! Ich werde das schon zu vereiteln wissen. Im übrigen finde ich es sehr nett von deinem Onkel, daß er uns gewarnt hat."

In die Kutsche setzten sich dann an Xerxes' Stelle ein paar Soldaten. Am Tor sprangen sie heraus und nahmen Rittmeister und Zahlmeister gefangen.

„Siehst du", sagte Xerxes. „Das war's. Nun setzt es auch groß in die Zeitung. Dann weiß jeder sogleich, daß ich mich nicht so einfach ermorden lasse."

82. Haman

Kaiser Xerxes hatte einen Ersten Minister namens Haman. Der Mann war überaus fleißig, um von jeder Provinz die Steuern einzutreiben. Er konnte so gut große Büros einrichten, daß Kaiser Xerxes ihm soviel Arbeit wie möglich überließ. So wurde Haman einer der mächtigsten Männer im Land. Wenn er in seinem Wagen durch die Stadt fuhr, verbeugten sich alle Leute tief, sobald er herankam.

Nur einer blieb immer gerade stehen. Dieser Mann war Mordechai.

„Ich verneige mich und knie nun einmal nicht vor Menschen", lautete sein Grundsatz. „Das tue ich nur vor meinem Gott. Ich mag zwar nur ein armer Jude sein, aber auf jeden Fall bin ich ein echter Jude."

Haman bekam darüber einen mächtigen Wutanfall.

Er arbeitete immer so viel, weil er stets fürchtete, die Staatsgeschäfte würden nicht gut genug betrieben. So kam es, daß er sich schon bei der geringsten Kleinigkeit aufregen konnte. „Was glauben die wohl, was sie sind, die faulen Juden?" brüllte er. „Ich werd' sie alle umbringen! Alle! Und Mordechai als ersten! Macht den Galgen nur schon fertig."

Am nächsten Morgen ging Haman mit einem langen Brief zu Kaiser Xerxes.

„Wollen Sie eben unterzeichnen?" fragte er.

„Worum geht's denn?" fragte Xerxes.

„Ach nichts", murmelte Haman. „Nur um ein paar lästige Leute, die beseitigt werden müssen!"

Der Kaiser setzte seine Unterschrift darunter, und so erging ein Befehl: Alle Juden sind am Ende des Monats festzunehmen. Auch Mordechai hörte davon. Er war ganz verzweifelt. Nicht nur seinetwegen, sondern auch wegen all der anderen Juden, Frauen und Kinder, die davon betroffen sein würden.

Er grübelte lange nach. Dann setzte er sich an seinen Tisch und schrieb einen Brief an seine Nichte Ester: „Du darfst nicht denken, daß du als einzige von allen Juden entkommen wirst, weil du zufällig die Frau des Kaisers bist. Vielleicht wollte Gott gerade deswegen, daß du Kaiserin wurdest, damit du uns jetzt helfen kannst. Geh und sprich mit dem Kaiser. Es geht um die Menschen, zu denen auch du gehörst. Herzliche Grüße! Dein dir verbundener Onkel Mordechai."

Ester las den Brief, zerknüllte ihn und dachte lange nach. Sie wußte, daß ihr Onkel recht hatte. Sie traute sich aber nicht so richtig.

Schließlich zog sie ihr schönstes Kleid an und ging klopfenden Herzens in den Ratssaal des Kaisers. Der Kaiser war froh, sie zu sehen.

„Sag mal: Kann ich etwas für dich tun?" fragte er. „Ach", tat sie, „ich würde liebend gern einmal für dich und Haman ein leckeres Essen geben. Ihr habt so hart gearbeitet. Laßt mich auch einmal etwas für euch tun." – „Oh", strahlte Xerxes, „gerne. Ich verspreche dir, daß wir morgen abend kommen. Einverstanden?"

Kaiser Xerxes konnte in der nächsten Nacht nicht schlafen. So etwas kam bei ihm schon einmal vor. Darum las er ein wenig in alten Zeitungen. Das tat er immer in solchen Fällen. Wenn etwas über ihn darin stand, fand er das als angenehm. Wenn etwas Langweiliges darin stand, wurde er von Müdigkeit überfallen. Da stieß er plötzlich auf den folgenden Bericht: „Attentat vereitelt! Mit Hilfe von Mordechai! Verhaftungen vorgenommen!" Und so weiter.

„Das stimmt", dachte er, „der Mordechai hat mir
doch damals das Leben gerettet. Hat der Mann eigentlich je eine Belohnung bekommen? Muß ich doch
morgen mal nachfragen..."

Der Erste Minister Haman war am folgenden Morgen schon früh auf den Beinen. Er ließ auf dem Marktplatz einen Galgen von ungefähr fünfzig Metern Höhe
errichten. Er haßte alle Juden, vor allem den Mordechai. Er hielt die Juden für stolz, sie waren ihm nicht
gehorsam genug. Davor fürchtete er sich. Er war für
den Abend vom Kaiser zum Essen eingeladen, und
darauf freute er sich riesig. Doch vorher wollte er den
Mordechai noch aufhängen lassen. Das würde seine
Laune noch verbessern.

Er wurde zum Kaiser gerufen. „Setz dich, Haman", sagte jener. „Sag mal, wie würdest du jemanden belohnen, der mir einen großen Dienst erwiesen hat?"

„Nun ja." Haman begann zu strahlen, denn er dachte, daß es um ihn selbst gehe.

„Ich würde sagen", erwiderte er, „ein Umzug mit zwei Musikgruppen und mit vielen Polizisten, das wäre genau das Richtige. Dann ein Wagen mit einem hohen Minister und einem Ansager, der bekanntgibt, daß der große Held kommt. Dann der große Held selbst und dahinter möglichst noch eine Schar reizender junger Mädchen."

„Eine wirklich ausgezeichnete Idee", lobte der Kaiser. „Ausgezeichnet! Sieh, hier in einer alten Zeitung steht etwas über einen gewissen Mordechai. Er hat vor einiger Zeit mein Leben gerettet. Er müßte noch seine Belohnung erhalten. Würdest du so nett sein und noch heute den Umzug für ihn anordnen? Mach du selbst doch den Ansager! Einverstanden? Ist was, Haman?"

„Nein, nichts, Kaiser", murmelte Haman. Er war bleich vor Wut und Neid.

An jenem Mittag zog dann ein merkwürdiger Zug durch die Stadt. Ein Minister, der immerzu mürrisch ausrief: „Hoch lebe der Mann, der dem Kaiser geholfen hat!"

Am Abend gab es dann das große Festessen bei Kaiserin Ester. Sie hatte ein prächtiges Mahl mit herrlichen Weinsorten zubereiten lassen. Und Kaiser Xerxes trank seinen Wein und war selig. Er mußte Ester immer wieder ansehen. Was für schöne Augen sie doch hatte! Er war wieder ganz toll verliebt.

„Liebste", hauchte er, „sag einen Wunsch. Was du auch willst: Ich werde dir alles geben."

Ester blickte ihn an, dann brach sie in Tränen aus.

„Ich will es ja sagen", schluchzte sie schließlich.

„Ich bin eine Jüdin. Ich habe es nie zu sagen gewagt, aber jetzt will ich meinen Mund nicht halten. Unser ganzes Volk hier soll umgebracht und ausgerottet werden."

„Aber wieso denn?" fragte Xerxes. „Wer in Gottes Namen will denn dein Volk ermorden?"

„Der da", rief sie. „Der da: Haman!"

„Waaas willst du, Haman?" fragte Xerxes, und er sah an Hamans Gesicht, daß es stimmte.

Auf der Stelle wurde Haman ins Gefängnis geworfen. Der Galgen, den Haman für Mordechai hatte aufbauen lassen, war nun für ihn selbst.

Und Mordechai durfte überall Ansager ausschicken,
um mitteilen zu lassen: Niemand darf es wagen, gegen
die Juden auch nur einen Finger zu erheben. Der Kaiser
will, daß sie in einem solchen Fall zurückschlagen
dürfen.

Mordechai war stolz auf seine Nichte Ester, die Kaiserin. „Als es nötig war, hast du gezeigt, wer du bist",
lachte er.

83. Ein zweiter Jesaja

In einem jüdischen Schulhäuschen, irgendwo im riesigen Babylonien, war der Lehrer gerade dabei, die Kinder abzuhören. Eines der klügsten Bürschchen war gerade an der Reihe.

Der Junge leierte genau und richtig seinen Text herunter: „Als Gott, der Herr, Mose und sein Volk durch das Meer geführt hatte, führte er sie durch die Wüste. Aber das Volk wurde immer wieder ungehorsam. Darum hat unser Gott uns bestraft, und darum sitzen wir hier."

Das war nicht falsch. Trotzdem war der Lehrer nicht zufrieden, das heißt, er war mit sich selbst nicht zu-

frieden. Er dachte: Sie lernen hier nur Abschnitte auswendig. Ihre Eltern meinen, daß sie das wissen müssen. Doch was haben sie eigentlich davon?

„Denkst du", fragte er, „daß so etwas wie damals mit Mose auch heute noch geschehen könnte?"

Der Junge sah ihn erstaunt an. Er fand: Das ist aber eine komische Frage. Er zuckte mit den Schultern.

„Ich werde euch mal was sagen", sprach der Lehrer. „Wenn Gott solch einen Weg quer durch das Meer machen kann, wird er dann nicht auch uns helfen können? Denkt nicht: Das war früher, und es ist lange her, so was passiert nicht mehr. Wenn Gott einmal angefangen hat, dann werden wir auch merken, daß er weitermacht. Denkt an meine Worte: Gott wird einen Weg bahnen durch die Wüste schnurstracks nach Jerusalem! Wenn es auf dem langen Weg zu trocken ist, so sorgt er für Flüsse zum Trinken und zum Baden. Wenn es unterwegs wilde Tiere gibt oder Schakale oder Strauße: Die werden sich tief vor uns verneigen! Das hat er ihnen beigebracht."

Die ganze Klasse war still. Es war auf einmal eine ganz andere Geschichtsstunde geworden.

„Na ja", sagte der Lehrer, „das ist wohl genug für heute. Geht nur nach Hause."

Am Abend gab es in dem Schulgebäude eine Gedenkfeier. Es war schon wieder so viele Jahre her, seit das geliebte Jerusalem erobert worden war und sie hier nach Babylonien verschleppt worden waren.

Der Vorsitzende begann: „Wer hat die Nachkommen von Abraham und Jakob an die Soldaten ausgeliefert? Wer hat unser Land den Räubern überlassen? Ist das nicht der Herr, unser Gott? Um uns zu bestrafen für unsere Sünden? Denn wir haben uns nicht an seine Gesetze gehalten."

Das ging so noch eine ganze Weile weiter. Der Lehrer, der hinten saß, wurde immer ärgerlicher.

Plötzlich stand er auf und rief: „Ihr Angsthasen! Gott ist doch gar nicht so! Er kann uns auch jetzt befreien, wie er uns damals aus Ägypten befreit hat. Wir sind kostbar in seinen Augen. Wir werden schon wieder zurückkehren. Nein, ich rede keinen Unsinn. Wir wissen alle, daß das Babylonische Reich in der letzten Zeit keine große Bedeutung mehr hat. Wir wissen alle, daß die Perser mit ihrem neuen Kaiser Cyrus kommen werden. Gott wird sie hierher schicken, um uns zu erlösen!"

„Was für ein Unsinn!" rief ein anderer in den Saal. „Die Kaiser sind doch alle gleich. Es ist doch einerlei, ob der eine Kaiser ist oder der andere. Warum sollte er uns überhaupt helfen? Er hat doch nicht einmal von unserem Gott gehört." – „Gott wird den großen Kaiser für sich arbeiten lassen", sagte der Lehrer. „Er ge-

braucht ihn einfach wie einen kleinen nützlichen Knecht, wirklich. Es ist nicht vorbei mit uns. Es fängt erst richtig an. Wir werden zurückkehren nach Jerusalem. Dort werden wir einen neuen Anfang machen. Schon Jesaja hat gesagt: Aus dem gefällten Baum wird ein neuer Zweig grünen und..."

„Du immer mit deinem Jesaja", meckerte der andere.

„Du scheinst wohl so etwas wie ein zweiter Jesaja zu sein."

Von dieser Zeit an wurde der Lehrer „der zweite Jesaja" genannt.

84. Der Auszug

Cyrus, der Kaiser der Perser, war Sieger geworden. Mit einer großen Parade zog er in Babylon ein.

Cyrus aber war ein ganz anderer Kaiser als die Kaiser vor ihm. Er steckte keine Gebäude in Brand, er vertrieb nicht massenhaft die Menschen aus ihren Häusern. Jeder durfte sich an seinen Gott halten. Jeder, der früher einmal verschleppt worden war, durfte jetzt in sein Heimatland zurückkehren. Es kam so, wie der Mann, der „der zweite Jesaja" genannt wurde, gesagt hatte: Die Juden durften nach Jerusalem zurückkehren!

Natürlich war der Lehrer begeistert und glücklich. Die Klasse, in der er unterrichtete, bekam einen freien Tag. „Wir gehen doch nun alle zurück", jubelte er, „auf Wiedersehen in Jerusalem! – Jerusalem! Jerusalem! Wach auf! Schüttele den Staub von dir ab, und mach dich schön! Jerusalem, wir sind unterwegs!"

Er sprach bei all seinen Freunden vor. „Gehst du mit?" fragte er. „Nächste Woche ziehen wir los."

Nun ja, sie wohnten allerdings nun schon so viele Jahre in Babylonien. Der Schuhmacher hatte inzwischen ein richtiges Geschäft für Damenschuhe eingerichtet, der Schneider ein Modeatelier. Der Metzger hatte gerade sein Geschäft umgebaut, und der Lumpenhändler verkaufte jetzt „Antiquitäten". Als nun der Lehrer vorbeikam, um sie zu fragen, ob sie mit zurück nach Jerusalem gingen, sagte der eine: „Wie leid mir das tut! Ich habe gerade ein Stück Land gekauft, um einen kleinen Betrieb aufzubauen. Doch wenn der einmal richtig läuft und ich etwas Geld gespart habe, dann kannst du sicher mit mir rechnen."

Der nächste hätte gerade zwei Ochsen gekauft, um seinen Pflug von ihnen ziehen zu lassen.

Der dritte sagte: „Ja, Junge, weißt du, ich habe gerade ein nettes Mädchen hier aus Babylonien geheiratet..."

Es war fast niemand zu finden, der mit wollte. Der Lehrer, den sie den „zweiten Jesaja" nannten, war darüber furchtbar enttäuscht. Er hatte sich so viele Hoffnungen gemacht. Er hockte in seinem Zimmer und schluchzte.

In der Woche darauf waren frühmorgens so etwa zwölf Leute reisefertig, um mit dem „zweiten Jesaja" nach Jerusalem zu ziehen. Es war nur ein Grüppchen, und es gab auch nicht viele, die hinter ihnen herwinkten. Sie hatten ihn schließlich satt, diesen zweiten Jesaja. Der hatte sie als Feiglinge hingestellt, weil sie nicht mitgingen, wo es doch jetzt möglich war. Früher hatten sie immer über ihr Heimweh nach Jerusalem geklagt.

Doch es kam noch ein Mann zu der kleinen Gruppe hinzu, nämlich der älteste Lehrer der Stadt, eigentlich der Leiter der Schule, in der „der zweite Jesaja" tätig war. Er verbeugte sich und sagte: „Ich bin zwar älter als du, aber du bist mutiger. Ich kann nicht mitgehen. Ich will bei unseren Leuten bleiben. Doch ich will dir Kraft wünschen. Sei stark und mutig. Hier, dies ist für dich: ein Steinsplitter, aus der Mauer von Jerusalem. Mein Urgroßvater hatte ihn seinerzeit mitgenommen. Wir haben ihn in der Familie immer gut aufgehoben. Du sollst ihn nun dahin zurückbringen, wohin er gehört."

Sie umarmten sich und nahmen Abschied voneinander.

„Ihr seid das wahre Israel", rief der alte Lehrer ihnen noch nach. „Es ist nur ein kleiner Rest, der zurückkehrt. Doch ihr seid es: Knechte Gottes."
Er winkte ihnen noch lange nach.

85. Stadt des Friedens

Nach einem langen Marsch sahen sie es endlich in der Ferne liegen: Jerusalem! Der „zweite Jesaja" und seine Freunde waren nun dort angekommen, wohin sie wollten. Sie schlugen sich auf die Schultern und stießen Freudenschreie aus.

„Jerusalem! Daraus werden wir eine Stadt des Friedens machen. Es soll nicht nur eine Stadt für uns Juden werden. Es soll eine Stadt werden, von der jeder etwas hat, gleich aus welchem Land."

Singend zogen sie den Hügel hinunter zur Stadt. Sie würden für Gott wieder einen Tempel bauen.

Dann kamen sie immer näher an die Stadt, über die sie soviel von ihren Eltern und Großeltern gehört hatten. Doch je näher sie kamen, um so mehr waren sie

enttäuscht. Von den Mauern und Türmen waren nur noch ein paar bröckelige Häufchen übrig. Überall standen die Häuser leer, die meisten waren verfallen. Brennesseln und kahle Sträucher wuchsen durch die Trümmer. Es wohnten fast keine Menschen mehr dort. Man sah nur ein paar Ziegen, einen Hund. Die wenigen Menschen, die es noch gab, oder die, die vorbeikamen, trauten den Neu-Ankommenden nicht.

„Was tun die Eindringlinge hier?" fragten sie.

„Wir sind Juden!" sagte der „zweite Jesaja" zu ihnen. „Wir kommen, um Jerusalem wiederaufzubauen!"

„So'n Quatsch", erwiderten sie. „Ihr kommt sicher, um unser Land wegzunehmen. Daraus wird nichts. Los, macht daß ihr wegkommt!"

So wurden die Heimkehrer aus Babylonien immer wieder fortgejagt, ausgeschimpft, geschlagen. Jedesmal, wenn ein Trupp Hirten vorbeikam oder eine Karawane, dann bekamen sie es zu spüren. Wenn sie etwas aufgebaut hatten, wurde es wieder eingerissen. Das machte sie fast wahnsinnig. Doch sie hielten durch. Vor allem ihr Leiter, der „zweite Jesaja", wurde oft zusammengeschlagen und getreten, ohne daß er sich wehren konnte. Das Ganze nahm schließlich ein böses Ende. Einmal stand der „zweite Jesaja" nicht mehr auf. Man hatte ihn ermordet.

Die Juden, die in Babylonien zurückgeblieben waren, hörten natürlich, wie es dort in Jerusalem zuging.

„Siehst du wohl", sagten sie. „Dort klappt es nicht. Das habe ich schon immer gesagt. Er ist selbst schuld, der sogenannte ‚zweite Jesaja'."

Aber es gab dort einen, der war der älteste Lehrer der Stadt. Er hatte den „zweiten Jesaja" gut gekannt. Er hatte Tränen in den Augen, als er hörte, was dort in Je-

rusalem geschehen war. „Eigene Schuld! Wenn ich so
etwas höre!" sagte er. „*Er* kriegt die Schläge, die *wir*
verdienen. *Wir* sind ja nicht mit nach Jerusalem gegangen. *Unsere* Schuld nimmt *er* auf seine Rechnung.
Er war hier kein berühmter und mächtiger Mann. Wir
wollten nicht viel von ihm wissen. Doch worum *wir*
uns hätten kümmern müssen, das hat *er* auf sich genommen. Er ist zusammengeschlagen worden und gestorben. Doch gerade er ist viel eher ein Knecht Gottes
als wir. Durch ihn werden die Menschen einst in Frieden leben können. Er war eine Art König. Er war viel
mehr König als alle Könige zusammen. Ich glaube:
Einmal wird einer kommen, der auf diese Art König
sein wird. Der wird uns dann befreien."

Zweiter Teil

Erzählungen zum Neuen Testament

„Sehr geehrter Theophilus! Ich habe mich entschlossen, Ihnen so wahrheitsgetreu wie möglich über
das zu schreiben, was sich bei uns ereignet hat. Ich
hoffe, daß Sie dann glauben werden: Was Sie gehört
haben, ist wahr."

Dies schrieb Lukas. Ein Freund von ihm, Theophilus, hatte mancherlei Geschichten über einen Mann
gehört, der Jesus hieß, und nun wollte er mehr über ihn
wissen. Lukas dachte: ‚Wie kann ich ihm klarmachen,
daß Jesus für die Menschen mehr bedeutet als alle berühmten Kaiser und Generäle aus den Geschichts-
büchern? Ich werde ihm die Geschichten von den
Leuten erzählen, die Jesus erlebt haben.‘

1. Josef und Maria

Maria wohnte in Nazaret. Nazaret liegt in Galiläa.
Galiläa liegt in Israel.

Sie war ein Mädchen. Sie war jung, und sie war
schön. Jedenfalls fand Josef das. Josef war ihr Verlobter.
Er war ein junger Schreiner. Maria ging zu Josef und
verriet ihm etwas.

„Weißt du was?" sagte sie. „Ich bin schwanger. Ich
werde ein Kind bekommen."

Josef ließ vor Schreck die Bretter fallen, die er gerade hielt. „Und was machen wir jetzt?" stöhnte er. „Was werden die Leute wohl sagen?"

„Das ist mir gleich", antwortete sie. „Darum geht es überhaupt nicht. Stell dir vor: ich bekomme ein Kind. Für dieses Kind werde ich sorgen. Vielleicht wird es jemand, von dem die Menschen etwas haben. Vielleicht wird es jemand, mit dem etwas Neues anfängt. Es hat schon so lange in der Bibel gestanden, daß einmal so einer kommen würde. Wenn Gott das wirklich will, mag es gern geschehen, wie er es gesagt hat.

Das macht mich so froh. Was werde ich Gott dankbar sein! Er beachtet ein kleines armes Mädchen wie mich, denn von nun an werden sie wissen, daß ich auch noch da bin. Von nun an müssen sie zugeben: Gott liebt Menschen, die sich an das halten, was er will.

Von nun an müssen sie zugeben: Gott ist stärker, als sie dachten. Bald werden sie es spüren, all die hohen Herren, wie sie durcheinandergeraten, wenn mein Sohn erscheint. Dann werden sie vor Schreck von ihren kostbaren Stühlen herunterfallen.

Dann kommen die einfachen Leute endlich zu ihrem Recht. Dann bekommen die Leute, die arm sind, das, worauf sie ein Recht haben. So wird es einmal sein in unserem Land. Das hat Gott schon lange versprochen."

Josef sah Maria sprachlos an, als sie das alles gesagt hatte. Er hatte nie von ihr gedacht, daß sie so etwas sagen würde. Sie war immer ein ziemlich stilles Mädchen gewesen.

Doch Josef war einverstanden: „Gut, ich glaube dir. Ich laß dich nicht allein. Ich gehöre zu dir und zu deinem Kind. Ich bleibe bei dir."

2. Jesus wird geboren

Da war ein Kaiser, der hieß Augustus. Er war der Herr über alle Könige, die er nur kannte.

Da waren auch zwei einfache Leute, Josef und Maria. Sie hatten nicht viel, aber sie hatten sich. Sie wußten, daß sie ein Kind bekommen würden.

Kaiser Augustus schrieb einen Brief an alle seine Könige. „Ich will wissen, über wieviel Menschen ich herrsche", stand darin. „In allen Ländern will ich von jedem Name und Wohnort erfahren. Dann weiß ich, wie viele mir Geld bezahlen können. Dann weiß ich, wie viele für mich Soldat werden können."

Auch Herodes, einer der Könige, bekam solch einen Brief. Er sorgte dafür, daß in seinem Land jeder tat, was der Kaiser verlangte. Josef und Maria mußten darum ihren Namen und ihre Wohnung angeben. Sie mußten deswegen zu dem Ort, aus dem ihre Familie stammte. Josef und Maria wohnten jetzt in Nazaret, im Norden. Und sie mußten nach Betlehem, in den Süden, dorthin, wo König David geboren war. Mit dem König David nämlich waren sie entfernt verwandt. Sie machten sich auf den Weg.

Solch einen König wie damals David, so einen richtigen, gab es nicht mehr im Land. Es gab jetzt die Soldaten des Kaisers Augustus. Es gab wohl Herodes, aber der war ein nachgemachter König. Der durfte nur den Herrscher spielen, wenn er tat, was Kaiser Augustus

sagte. Herodes hatte Angst, er würde seine Herrschaft verlieren. Darum war er streng. Die Menschen waren nicht frei. Die Menschen waren unglücklich. Junge Menschen waren darüber böse. Doch sie konnten nichts machen gegen Augustus, den Kaiser, oder gegen Herodes, den König.

Überall waren nun Leute unterwegs. Nur weil der Kaiser das so wollte. Es war oft schwierig, eine Unterkunft für die Nacht zu finden. Josef und Maria fanden in Betlehem einen Platz in einer kleinen Scheune hinter dem Hotel. Dort ist ihr Sohn geboren.

Währenddessen saß Herodes zufrieden in seinem Palast. Er meinte: „Ich bin ganz froh, daß der Kaiser jeden aufschreiben läßt. So kann auch ich besser darauf achten, daß sie alle mir gehorsam sind. Es gibt ja welche, die glauben, an meine Stelle werde ein neuer, anderer König kommen. Aber es darf einfach niemand an meiner Stelle König werden. Daraus wird nichts. Dafür sorge ich. Im Palast sitze ich! Ich werde ein Fest geben."

In der kleinen Scheune bei Josef und Maria gab es auch eine Art Fest. Sie waren selig: Sie hatten einen Sohn bekommen. Es kamen Leute vorbei, die in dieser Nacht hatten arbeiten müssen: Hirten und Nachtwächter. Mädchen, die in der Gastwirtschaft gearbeitet hatten. Landstreicher, die kein Geld und kein Bett hatten. Sie kamen gratulieren. Sie sagten: „Wir haben erfahren, hier ist ein Sohn geboren worden. Wir wollten ihn gern sehen. Es könnte ja sein, daß er der wird, nach dem wir verlangen: der neue König, der die Welt verändern wird.

Der, der Gott den Menschen nahebringen kann. Kaiser und Könige wissen davon nichts. Es geht sie auch nichts an. Uns ist dieser Sohn mehr wert als die

alle zusammen. Für ihn singen und spielen wir. Und unsere Musik kommt von Herzen."

Der Name des Kindes war Jesus.

3. Johannes der Täufer

Da war ein Mann, der kam überall im Land herum und
sprach die Leute an. Er sagte ihnen: „Ihr seid keine
Größen. Ihr stellt nichts dar. Wenn ihr ehrlich seid,
wißt ihr das. Dann wißt ihr auch, daß ihr genauso wie
die allerersten Juden seid. Die hatten nichts und flohen aus Ägypten. Sie mußten durch das Wasser hin-

durch, durch das Meer. Darin waren sie zuerst fast ertrunken. Doch sie kamen durch, und erst dann waren sie frei.

Wenn ihr ehrlich seid, wißt ihr: ihr seid genauso, genauso wie die ersten Juden. Dann macht es aber auch wie sie. Kommt ins Wasser. Kommt hierher ins Wasser! Kommt! Danach habe ich euch noch mehr zu sagen. Kommt!"

Es gab immer wieder Leute, die ihn anhörten und ihn verstanden. Sie gingen in das Wasser und ließen sich von diesem Mann taufen. Er hieß: Johannes, der Täufer. Er führte die Leute durchs Wasser hindurch, und wenn sie durch und durch naß waren, rief er:

„Ihr seid arm. Ihr könnt nichts anfangen. Ihr habt nichts zu sagen. Aber achtet auf meine Worte: Einmal kommt ein König, der wird mächtige Herrscher von ihrem Thron stoßen. Er wird ein König sein für arme Leute, die nichts haben. Mit ihm zusammen könnt ihr etwas anfangen!"

Das rief Johannes, als er mit den Leuten am Wasser zu tun hatte.

Einer von denen, die zu ihm kamen, blickte ihn lange an. Johannes sah ihn und dachte: ‚Ist er der Mann, an den ich denke? Kann er der König sein, von dem ich sprach?'

Darum sagte er: „Wenn du es bist, von dem ich sprach: was tust du dann hier? Dann gehörst du nicht hierhin. Hier sind ein paar arme Leute, nichts weiter. Du darfst nicht so einer wie wir sein. Du mußt ein König für uns sein."

Doch der Mann sagte: „Laß nur. Ich will auch hindurchgehen." Dann führte Johannes auch ihn durch das Wasser.

Jeder, der dabei war, jeder, der es sah, merkte: Der –

das ist einer, mit dem
etwas Neues
anfangen könnte.
Er kam aus Nazaret.
Sein Name war Jesus.

4. In der Wüste

Jesus wanderte im Lande umher, eine ganze Zeit lang.
Am Ende kam er auf einen hohen kahlen Berg. Er
wollte allein sein.

Stimmt es, was die Leute sagten: daß er ein neuer
König werden könnte? Wenn das stimmt, was müßte
er dann tun?

Darüber wollte er nachdenken, als er in der Wüste
allein war. Nun stand er auf dem Berg in der Wüste
und sah in die Ferne zu all den Ländern, wo die Menschen wohnen.

Er wußte genau:

„Wenn du ein König bist und noch dazu ein neuer
König Gottes, ein König, der alles kann, dann mußt
du doch einmal etwas zeigen. Dann mußt du so zaubern können, daß du einfach aus Steinen ein Brot

machst, weil es sich für einen König nicht gehört, Hunger zu haben. Dann mußt du so zaubern können, daß du hier aus der Höhe springen und schweben kannst. Das finden die Menschen herrlich, wenn sie da zugucken können. Dann glauben sie erst an dich. Dann erst schauen sie zu dir auf. Dann erst werden sie sagen: ‚Das ist der Richtige. Den müssen wir haben.'

Dann werden die Menschen anfangen, dich zu verehren.

Dann werden reiche, mächtige Leute kommen, und die werden dir helfen wollen.

Sie werden alles für dich in Ordnung bringen. Wenn sie dir helfen wollen, dann kannst du der Herrscher über die ganze Welt werden.

Dann kannst du alles bestimmen. Du kannst alles so machen, wie du es für richtig hältst.‟

„Nein, nein, nein!" schrie Jesus laut. „Solch ein König will ich nicht sein. Wenn ich so stark bin, daß ich alles kann, dann gehöre ich nicht mehr zu den Menschen, die nicht so stark sind. Dann gehöre ich nicht mehr zu den Menschen, die nicht reich sind.

Nein, wenn ich so einfach mein eigenes Brot herbeizaubern kann, dann weiß ich nie, was Menschen fühlen, die Hunger haben.

Nein, nein, nein! Ich will nicht, daß Menschen an mich glauben, weil ich stark bin und mächtig und reich. Ich will, daß die Menschen glauben: Ich gehöre zu ihnen. Ich will, daß sie glauben: Gott gehört zu ihnen. Ich will zu den Menschen, ich will hier weg."

So ging Jesus zurück zu den Menschen, zu denen er gehören wollte. Er war entschlossen: Wenn er König werden sollte, sollte es anders sein, als Menschen es von einem König erwarten.

281

5. Die Fischer

Da war ein Mann, der hieß Simon. Er hatte schon von Jesus gehört, von jenem Mann, der in sein kleines Dorf gekommen war, um mit den Leuten zu reden.

Doch Simon machte da nicht mit. Er war beschäftigt. Er hatte ein Boot und Netze. Er hatte viel Arbeit mit dem Fischen. Davon lebte er.

Einmal kam dann Jesus zu ihm und fragte: „Hast du heute schon etwas gefangen?"

Simon sah auf und sagte: „Heute nacht um zwei

Uhr bin ich aufgestanden. Nacht und Tag habe ich durchgearbeitet. Nichts, überhaupt nichts gefangen. Nur einen alten Schuh und eine kleine Sardine. Davon kann man kaum leben, wenn man Fischer ist. Aber man muß wohl, daran ist nichts zu ändern."

Jesus mußte lachen. Er sagte: „Ich fahre bei dir mit. Fahre in tiefes Wasser. Wirf dann noch einmal dein Netz aus, an der anderen Seite des Schiffes."

„Ausgeschlossen", sagte Simon. „In tiefem Wasser geht das Fischen noch schlechter. Auch kann man das Netz schlecht an der anderen Seite auswerfen, es verfängt sich dann im Ruder."

Unbeirrt sah Jesus ihn an. Schließlich meinte Simon: „Na, gut, diesmal will ich es machen. *Du* hast es gesagt." So fuhren sie aus.

Simon warf seine Netze aus, wie Jesus es gesagt hatte. Nach einer Weile wollte er sie wieder einholen. Doch das ging nicht so einfach.

‚Es sieht so aus, als ob es irgendwo festhängt', dachte er. Doch das Netz saß nirgendwo fest. Es war voll! Als sie zurückfuhren, lag das Boot tief im Wasser. So voll war das Boot mit Fischen.

Bis über die Knie standen sie in den Fischen. Jesus und Simon. Sie winkten zu Simons Brüdern und Freunden hin. Die hatten gewartet. Sie wollten wissen, wie es ausgegangen war.

An der Anlegestelle sah Simon noch einmal sein Boot an. Simon sagte: „Es ist nicht zu glauben."

Jesus sagte: „Wenn du es glaubst, verstehst du es. Und wenn du es verstehst, dann ist noch viel mehr möglich. Den ganzen Tag mit Netzen arbeiten, dein ganzes Leben mit Fischen: das ist noch nichts.

Wenn es dir gelingt, Menschen zu fischen, das erst ist etwas. Menschen, denen es schlecht geht, Men-

schen, die traurig sind. Menschen, die an nichts mehr glauben mögen. Menschen helfen: das erst ist richtige Arbeit. Willst du mit mir gehen? Geh mit mir. Dann kannst du mitmachen."

284

Simon machte sein Boot fest. Er ging mit Jesus mit. Auch seine Brüder und seine Freunde ließen ihre Arbeit liegen und gingen mit Jesus mit.

6. Die Blumen auf dem Feld

Sie waren mit Jesus unterwegs: Simon, sein Bruder Andreas, dazu Jakobus, Johannes, Philippus, Bartolomäus, Mattäus und Tomas. Ferner ein anderer Jakobus, des Altäus Sohn, auch ein anderer Simon, der Zelot. Schließlich Judas, des Jakobus Sohn, und Judas Iskariot.

Sie machten eine Wanderung, um ungestört miteinander zu reden und zu diskutieren. Unterwegs blieb Andreas einen Augenblick zurück. Dann beeilte er sich und holte die anderen wieder ein. Er hatte Brombeeren gepflückt. Für jeden zwei. Jakobus und Johannes nahmen sich Ähren. Sie rieben zwischen ihren Fingern die Körner heraus und aßen sie. Philippus und Bartolomäus suchten unter den Blättern des Feigenbaumes nach Feigen.

Mattäus und Tomas fanden einen Weinstock. Die Trauben hingen hoch. Tomas sagte: „An die kann ich niemals heranreichen." „Ich wohl", rief Mattäus, „du mußt mich nur hochheben." Er kletterte auf Tomas' Schultern und pflückte eine Handvoll Trauben.

Jeder fand irgendetwas. Judas schöpfte aus einem Brunnen Wasser. Dort ließen sie sich nieder und aßen, was sie gefunden hatten.

„Wann werden wir anfangen?" Diese Frage richtete Simon an Jesus. „Wir wollten schon lange festlegen, wie alles sein soll, wenn du der neue König bist?"

„Wir müssen dafür sorgen, daß du der neue König wirst. Wir müssen auch dafür sorgen, daß Geld zur Verfügung steht, ebenso müssen wir für Arbeit, für Essen und Kleider sorgen. Das ist zunächst nötig", sagte ein anderer.

287

„Anfangen? Wir haben doch schon begonnen. Stimmt es wirklich, daß man zuerst für alles sorgen muß, bevor man beginnen kann? Sieh dir nur einmal so eine Blume an. Hast du je eine Blume gesehen, wie sie mit einer Tasche unter dem Arm auf dem Weg zu ihrer Arbeit war? Hast du je gesehen, wie eine Blume vor dem Spiegel stand und nachgrübelte, wie sie an schöne Kleider kommen könnte? So eine Blume ist schon mit ganz wenig zufrieden; etwas Erde, etwas Regen genügt. Wenn sie das hat, kann sie tun, was das Allerwichtigste für sie ist: blühen in schönen Farben. Die sind schöner als die Kleider des reichsten Königs. Nimm dir ein Beispiel an den Blumen und an den Vögeln. Sie sorgen sich um nichts. Es sieht so aus, als ob Gott für sie sorgt. Und das ist für sie genug."

7. Auf die Früchte kommt es an

Feigenbäume haben große Blätter. Man muß genau hinsehen, um die Früchte zu finden. Das wußte auch Jesus.

Er und seine Freunde waren damit beschäftigt, Feigen zu pflücken. Doch Jesus war an einen Baum geraten, der keine Früchte trug.

„Dieser Baum heißt zwar Feigenbaum", sagte Jesus, „aber wenn er keine Feigen hat, dann ist es für mich kein Feigenbaum, sondern nur irgendein Baum. Davon hat man nichts. Man kann ihn genausogut fällen."

Dann pflückte er wieder einige Ähren, um die Körner herauszureiben. Die konnte man wenigstens essen. Davon teilte er aus.

So kamen sie in ein Dorf. Auf dem kleinen Marktplatz saß ein Mann, den alle für den Gescheitesten hielten. Er fand das selber auch. Er wußte nämlich am meisten von Gott zu erzählen. Er sagte zu Jesus und seinen Freunden:

„Ich habe euch gesehen: Ihr habt Körner herausgerieben und aufgegessen. Aber das darf man heute nicht. Dieser Tag gehört Gott ganz allein. Da muß man ehrfürchtig sein. Da darf man nicht arbeiten, auch keine Körner aus den Ähren reiben, um ein Essen vorzubereiten. Das habt ihr heute getan. Pfui!"

„Das verstehst du falsch", entgegnete Jesus. „Gott hat diesen Tag nicht für sich vorbehalten. Gott bestimmte vielmehr einen Tag in der Woche, an dem die Menschen nicht arbeiten sollten, um frei zu sein, um mit anderen Menschen zusammen zu sein. Einander helfen und einander Essen geben darf man immer. Gerade heute."

Dann ging Jesus weiter und ließ den Mann stehen. Ein Stück vom Dorf entfernt saß am Wegrand ein Mann mit einer kranken Hand, vor der sich alle Leute ekelten. Mit einer solchen Hand konnte er nicht arbeiten. Er lebte von dem, was er bettelte. Die Leute ließen ihn nicht ins Dorf. Seine Krankheit war anstekkend.

An jenem Tag kümmerten sich die Leute aus dem Dorf überhaupt nicht um ihn. Es war ja der Tag Gottes. Da gehörte es sich, nichts zu tun. So meinten sie.

Jesus sah ihn. Jesus gab ihm die Hand. Der Mann war seit Jahren von keinem Menschen mehr berührt worden. Die Freunde Jesu setzten sich dazu. Sie teilten das Essen, das sie gefunden hatten, mit ihm. Der Mann wußte nicht, wie ihm geschah. Er traute dem Ganzen zuerst nicht.

Die meisten Menschen hatten auch ihm nie vertraut. Diese aber redeten und lachten mit ihm. Sie halfen ihm aufstehen und brachten ihn zu frischem Wasser.

Als sie dann weitergingen, winkte er ihnen nach. Er fühlte sich besser.

Jesus sprach zu den anderen: „Von Menschen, wie er einer ist, von denen haben wir etwas. So einer, der von nichts weiß, den habe ich doch lieber als den Alleswisser auf dem Marktplatz. Der glich dem Feigenbaum von eben. Der sah zunächst auch gut aus. Wenn man aber nachsieht, ob er auch Früchte bringt, weiß man, was der Baum wert ist. Genauso ist es mit dem Alleswisser.

Erst wenn man sieht, was so einer tut, weiß man, ob seine großen Worte ernst gemeint sind. Wenn sie groß über Gott reden, aber den Menschen nicht helfen, dann lügen sie."

8. Ein Haus auf Sand

Jesus sagte zu seinen Freunden: „Ich habe eine hübsche Geschichte für euch. Da waren einmal zwei Menschen, die sich beide ein eigenes Haus bauten. Der eine baute ein schönes, breites Haus mit einer prächtigen Vorderseite. Der andere brauchte viel länger fürs Bauen, und es wurde auch nicht ein so großes Haus. Dann ging der Sommer vorüber, und es kam Herbst. Es gab oft Regen und immer Wind. Der erste Mann saß schön warm in seinem großen Haus. Auf einmal dachte er: Nanu, mein Bild hängt ja schief. Doch sein Bild hing nicht schief, sondern sein Haus war nach einer Seite abgesackt. Es kamen Risse in die Wände. Das Haus versank immer tiefer im Schlamm. Das machte der Regen.

Das Häuschen des zweiten hatte zwar ein undichtes Dach und sonstige Fehler, aber es blieb gerade stehen. Auch wenn es stürmte. Auch wenn es in Strömen regnete. Wißt ihr, woran das lag? Der Mann des zweiten

Hauses hatte dafür gesorgt, daß er für sein Häuschen einen festen Untergrund hatte. Deshalb war es auch so standfest, wie es aussah.

Das andere Haus wirkte nach außen viel wetterfester, als es in Wirklichkeit war. Es war eine Art Haus, das einen zum Narren hält."

Soweit die Geschichte, doch Jesus fuhr fort: „Wir kommen mit Menschen zusammen, die dem großen Haus gleichen. Sie werden alles, was ich sage, ganz nett finden. Doch wenn sie nicht auch für andere Menschen tun, was ich sage, dann kann man nicht auf

sie bauen. Dann sind sie wie das schöne Haus auf
schlechtem Boden.

Ich will den Menschen damit sagen: Habt nicht nur
solche gern, die euch sowieso schon gern haben. Liebt
auch die Menschen, die euch noch nicht lieben. Gebt
nicht nur dann etwas, wenn ihr viel dafür zurückbe-
kommt. Gebt auch einmal mehr, als einer erwartet.
Wenn Gott soviel für die Menschen gibt, könnt auch
ihr viel für die Menschen geben.

Und Gott will ja mit Menschen zu tun haben: mit
Menschen, die arm sind; mit Menschen, die Hunger

haben; mit Menschen, die traurig sind; mit Menschen, die man quält; mit Menschen, die man gefangenhält. Diese Menschen können noch wirklich nach einer Zeit verlangen, in der es einen König Gottes für die Menschen geben wird.

Das müssen wir immer wieder allen Menschen verkünden. Es gelingt aber nur, wenn wir auch selber tun,
was wir sagen. Wenn wir selber zeigen, daß es wichtig
ist, was wir sagen, dann erst spüren die Menschen, was
für ein Segen es ist, wenn es einen König Gottes für uns
Menschen gibt."

„Laßt uns gehen", sprach Jesus, „wir wollen in die
Tat umsetzen, wovon wir gesprochen haben."

Und sie machten sich auf den Weg.

9. Der Hauptmann

„Vorwärts Marsch! Rechts schwenkt! Marsch, zwei,
drei, vier...! Marsch zwei, drei, vier! Auf der Stelle,
Marsch! Still gestanden! Rührt euch!"

So kommandierte der römische Hauptmann des
Dorfes seine Soldaten. Der Kaiser von Rom war näm-

lich Herr über die ganze Welt. An jedem Ort, auch im Land Israel, hatte er einen Hauptmann, der auf den Kaiser hörte. Und ein Hauptmann hatte Soldaten und Knechte, die auf ihn hörten. Sie taten, was er befahl.

Jetzt eilt der Hauptmann vom Dorfplatz nach Hause. Er fragt in der Küche, wie es dem Knecht Onesimus geht. Onesimus, sein bester Knecht, ist krank. Er kennt ihn gut. Sie wissen, was sie aneinander haben. Doch nun ist er krank, und niemand weiß, was er hat. Er liegt im Bett. Es geht ihm schlecht, sehr schlecht. Der Hauptmann will nicht, daß sein bester Knecht stirbt. Er weiß aber keinen Rat. Soldaten kann man gehorchen lassen, aber zu kranken Leuten kann man nicht sagen: „Los, besser!" oder so etwas.

An diesem Tag kommt Jesus durch das Dorf.

Der Hauptmann hört davon und geht zu ihm.

Er spricht: „Ich gehöre nicht zum Volk Israel. Ich bin nicht einer von eurer Religion. Ich bin hier der Herr, und mein Herr ist der römische Kaiser. Ich brauche hier nur zu sagen: Geh, und alle meine Leute gehen. Ich brauche nur zu sagen: Komm, und alle meine

Leute kommen. Auf mein Wort hier geschieht alles, was ich will. Auf diese Weise überlasse ich vieles auch meinem Knecht Onesimus. Doch der ist jetzt krank. Sehr, sehr krank. Ich möchte ihn jetzt nur dir überlassen. Hilf ihm! Wenn du etwas sagst, dann geschieht wirklich etwas: dann geschieht viel mehr, als wenn ich etwas sage."

Jesus sah ihn ganz überrascht an und sagte zu seinen Freunden: ,,Habt ihr das gehört? Er ist nicht aus unserem Land. Er gehört auch nicht zu unserem Tempel, und doch glaubt er, daß es bedeutsam ist, was ich sage. Er glaubt es mehr als die meisten von uns."

Jesus sagte dann zu dem Mann: ,,So, wie du geglaubt hast, so soll es auch geschehen. Geh nach Hause! Sieh nach, ob es ihm esser geht! Geh!"

Der Mann ging. Der Knecht ist wieder gesund geworden.

10. Ein ekelerregender Mensch

Jesus und seine Freunde kamen in ein kleines Dorf.
Dort sahen sie beim Friedhof einen Mann, der ganz
steif und zusammengeduckt dasaß. Er hatte keine
Kleider an. Er sah böse aus und unheimlich. Der Mann
lebte am Friedhof in einer Höhle. Er war wirr im Kopf.
Oft benahm er sich ganz komisch. Manchmal wurde
er wild, daß es die Menschen mit der Angst zu tun bekamen. Er war dann gefährlich. Sie hatten ihn sogar
schon einmal mit Seilen und Ketten gefesselt. Er

konnte sich aber immer wieder mit Gewalt losreißen und floh dann in die Berge. Jetzt machten die Leute einen großen Bogen um ihn.

Simon und Johannes fanden diesen Mann ekelerregend. Was kann man eigentlich für so einen noch tun?, dachten sie. Jesus wollte zu ihm.

Doch plötzlich begann der Mann zu schreien und mit Steinen zu werfen und zu trampeln. „Verschwinde!" brüllte er. „Verschwinde! Du bist gut. Du bist von Gott. Da hast du hier nichts zu suchen! Weg mit dir! Ich bin nichts! Ich bin nichts für dich! Bitte, bitte: Geh weg!"

Jesus ging näher auf ihn zu.

Er fragte! „Wie heißt du eigentlich?"

„Alles!", rief der Mann. „Alles durcheinander! Was weiß ich!"

Er sprang auf, und im selben Augenblick wurde er ganz starr und fiel zu Boden. Sein ganzer Körper zuckte. Der Schaum stand ihm vor dem Mund.

„Komm nur", sprach Jesus ihn an.

Er schüttelte ihn kräftig. „Nun muß es vorbei sein! Hörst du! Du kannst nicht dagegen an. Aber du sollst wieder gesund sein. Du bist ein Mensch. Ich gehöre ebensogut zu dir wie zu jedem anderen Menschen auch. Glaub das nur."

In diesem Augenblick gab der Mann einen fürchterlichen Schrei von sich und blieb dann bewegungslos liegen. Die Leute um Jesus erschraken. Sie dachten: Nun ist er tot.

Doch Jesus packte ihn am Arm und stellte ihn auf die Füße. Und auf einmal begann der Mann an Jesu Schultern zu schluchzen. Er weinte sehr lange. Als er sich ausgeweint hatte, war er müde.

Sie gaben ihm zu essen und zu trinken. Sie machten

ihn zurecht. Sie gaben ihm von ihren eigenen Kleidern.
Nun sah der Mann ganz anders aus. Er strahlte über das
ganze Gesicht. Er lachte sie an.

„Wie heißt du?" fragte Jesus wieder.

„Ich heiße Adam", sagte der Mann.

11. Das todkranke Mädchen

Jesus zog wieder weiter mit seinen Freunden. Sie ruderten in einem Boot an die andere Seite des Sees zu einem Dörfchen. Da lag in einem Haus in der Dachkammer ein krankes Mädchen.

Jesus und seine Freunde machten das Boot fest und stiegen die Uferböschung hoch. Sofort kamen viele Menschen angelaufen. Sie hatten schon so viel von Jesus gehört, nun wollten sie ihn endlich einmal sehen und ihn aus der Nähe erleben und ihn berühren.

Da kam ein Mann auf Jesus zu, der hieß Jairus. Er war bekannt in dem Dorf. Das Mädchen, das so krank war, war sein Töchterchen. Es hieß Talita. Er hatte Angst, es könnte mit ihr zu Ende gehen. Darum wollte er zu Jesus, der sollte ihm helfen. Es war viel Betrieb in den engen Sträßchen des Dorfes. Bei Jesus sein, das wollte jetzt jeder. Jairus drängte sich nach vorne zu Jesus und flehte ihn an:

„Bitte! Talita, mein Töchterchen! Meine einzige! Ich will sie nicht verlieren. Komm in mein Haus! Dort ist sie. Wenn du sie hältst, wird es gutgehen. Dann wird sie weiterleben. Das glaube ich. Da bin ich ganz sicher."

Da kam ein Mann aus dem Haus herausgerannt, der Knecht des Jairus. „Laß es! Laß es!", rief er. „Es ist zu spät. Es ist verlorene Mühe. Damit kannst du Jesus nicht mehr lästig fallen!"

„Verlorene Mühe?" fragte Jesus.

„Ja, so muß ich wohl sagen. Sie ist tot. Hörst du? Tot!"

„Komm mit", sagte Jesus kurz. Er schritt auf das Haus zu.

„Das geht nicht", sagte er scharf. „Ich will es nicht. Ihr alle dort drinnen. Das geht nicht. Los, aus dem Haus! Ihr alle. Jammert hier nicht herum. Heult hier nicht. Ihr sollt nicht glauben, daß sie tot ist. Ich will es nicht. Ich will, daß sie ganz einfach schläft."

„Schlafen? Daß ich nicht lache!" spottete da einer. „Das ist doch kein Schlafen mehr."

Jesus ist dann ganz alleine nach oben gegangen. In das Zimmer, wo das Mädchen lag.

Als er wieder nach unten kam, lief Talita hinter ihm her. Da sprach Jesus zu dem Vater und zu der Mutter: „Hier. Ihr bekommt dieses Mädchen zurück. Gebt ihm etwas zu essen. Es wird Hunger haben."

12. Der Sturm

„Wir sollten wieder zum anderen Ufer fahren", meinten Jesus und seine Freunde. „Hier werden wir nicht
in Ruhe gelassen. Es kommen immer mehr Menschen,
um uns zu sehen. Dabei gibt es an uns nichts zu sehen."

Da stiegen sie wieder ins Boot und fuhren ab. Es war Abend. Das Boot schaukelte auf den Wellen. Der Wind straffte die Segel, und Jesus schlief ein.

Auf einmal zogen dunkle Wolken auf. Die fielen von den Bergen auf den See herab. Das machte Wind. Das machte Sturm. Da wurden Wellen zu haushohen Wogen. Ganz plötzlich, noch ehe man es recht wußte.

Das Wasser schlug ins Boot. Der Mast mit dem Segel ächzte. Die Männer im Boot bekamen Angst. Nur Jesus nicht. Er schlief noch immer, er schlief in dem nassen, schlingernden Schiff. Simon schrie ihn an. Wild und aufgeregt stieß er ihn mit den Füßen. „Willst du nicht endlich wach werden!" rief er. „Wir gehen unter! Alle! Wir ertrinken! Wir können nichts mehr machen!"

Jesus war sofort hellwach. „Nein", rief er. „Das darf nicht sein. So einfach darf das Wasser uns nicht haben. Ihr Wellen, glättet euch! Los!"

Der Sturm fegte über das Boot hinweg, weg in die Ferne, immer weiter weg. Das Wasser glättete sich.

Als der Sturm vorbei war, sagte Jesus: „Glaubt doch nicht bei jeder Gefahr, daß ihr sterben müßt. Sonst könnte es tatsächlich geschehen: das Sterben."

Vor Schreck waren sie alle sprachlos. Sie waren wie gelähmt, jetzt, wo es gut gegangen war.

Als sie das Ufer wieder sicher erreicht hatten und beisammensaßen, fragte Jesus: „Was denkt ihr: was meinen die Leute wohl, für wen halten sie mich?"

„Nun ja, für einen Propheten, so wie es früher Männer gab, die umherzogen und mit den Menschen redeten", erwiderte einer. „Ja", meinte ein anderer, „so einer wie der Johannes, der die Menschen mit Wasser tauft und sagt, daß sie ein neues Leben beginnen sollen."

„Oder so einer wie der Elija aus der Bibel", sagte ein anderer, „der besondere Dinge herbeizaubern konnte. Der sogar Königen die Wahrheit knallhart ins Gesicht sagte."

„Ja, ja", nickte Jesus, „aber ihr selber, was denkt ihr selber?"

Da gestand Simon: „Ich habe schon viel mit dir miterlebt. Kranke Menschen werden gesund. Traurige Menschen werden getröstet. Arme Menschen wollen dich hören, und es sieht so aus, daß du sogar Macht über den Tod hast. Und selbst die Wogen des Meeres machten, was du wolltest. Ich weiß nicht, aber immer, wenn in der Bibel von Gottes König die Rede ist, verstehe ich das erst, wenn ich dich sehe. Wenn es diesen König überhaupt gibt, dann bist du es. Davon bin ich überzeugt. Da bin ich ganz sicher."

„Das ist gut", antwortete Jesus. „Auf dich kann ich mich verlassen, nicht wahr? Ich will dich von jetzt an lieber Petrus nennen. Das paßt besser zu dir. Der Name klingt wie Fels. Einen Mann mit so einem felsenfesten Glauben werde ich sehr gut gebrauchen können."

13. Das Senfkörnchen

Unterwegs fragte Simon Petrus einmal: „Wie soll das eigentlich mit uns weitergehen? Wir sind so wenige. Nur eine Handvoll Menschen, und es gibt so viele andere, die von dir noch nichts wissen. Es gibt so viele Menschen, die finden das, was wir glauben, uninteressant. Wenn wir so wenige sind, warum sollen wir uns so abstrampeln?"

Da sagte Jesus: „Schau mal her, auf meinen Finger. Da liegt etwas. Ein winzig kleines Pünktchen, das Samenkörnchen einer Senfpflanze. Und dann sieh dort die Festung. Die ist doch unwahrscheinlich viel stärker als so ein Körnchen. Senfkörnchen werden jedoch manchmal vom Wind fortgetragen. Manchmal fliegt eins an solch eine dicke Festungsmauer. Dort bleibt es liegen. Die Soldaten in der Festung achten nicht dar-

auf. Die marschieren. Doch inzwischen beginnt das
winzige Senfkörnchen zu wachsen. Es wird eine kleine
Pflanze.

Mit seinen Wurzeln macht es einen Riß in die
Mauer. Dann wird es ein Bäumchen, das noch mehr
Pflänzchen hervorbringt. In allen möglichen Löchern
der Festung. Dann entstehen noch mehr Risse, größere
Risse. Darin können noch mehr Pflänzchen wachsen.
Am Ende wird dann vielleicht die ganze Festung in
sich zusammenstürzen. Durch all die vielen Pflänzchen. Dann wohnen dort keine Soldaten mehr. Dann
wohnen dort Vögel in den Senfsträuchern.

So geht es immer mit dem Unkraut. Es ist so winzig
klein, und man sieht es kaum. Doch am Ende ist es

stärker als dicke Mauern. Das ist das Schöne am Unkraut, es gibt uns zu denken: So wie das Senfkörnchen
in der Geschichte, so soll euer Glaube sein.

Wir haben nun schon so viel zusammen erlebt.
Macht euch jetzt einmal selbst auf den Weg. Ohne
mich.

Nehmt keine schweren Koffer mit oder Geld oder zusätzliche Kleidung. Geht einfach so, wie ihr seid. Geht, und redet mit den Menschen. Helft den Kranken. Sprecht armen Menschen Mut zu. Tröstet die Traurigen. Besucht die Menschen, die einsam sind. Geht nur. Ihr müßt es jetzt allein versuchen. Kommt in vierzehn Tagen zurück. Ich bin neugierig, wie es euch gehen wird. Das ist jetzt erst ein kleiner Anfang. Genauso wie bei dem winzigen Pflänzchen, das noch viel kleiner anfing."

14. Brot austeilen

Die Freunde Jesu waren überall herumgekommen. Sie
hatten erzählt, was Jesus tat und was er wollte. Als sie
zurückkamen, wollten sie Jesus berichten, was sie erlebt hatten. Es kamen aber viele Menschen mit ihnen,
um Jesus zu hören, wohl mehr als tausend.

Da ging Jesus zu all den Menschen und redete mit ihnen. Er sagte: „Wenn ein neuer König kommt, dann muß er vor allem für die Armen dasein. Die jetzt hungern, sollen dann satt werden. Die jetzt traurig sind, werden dann fröhlich sein."

So sprach Jesus. Die Leute faßten wieder Mut und neue Hoffnung, daß es ihnen besser gehen würde. Sie freuten sich wieder, da sie spürten, daß sie zusammengehörten.

„Nun müßten sie aber allmählich nach Hause", warf Johannes ein. „Sie können doch nicht einfach hier im Freien übernachten. Wir sind hier weit weg von allen Dörfern. Müssen sie nicht etwas essen? Was werden sie wohl sagen, wenn wir nicht für sie sorgen?"

„Was haben wir eigentlich bei uns?" fragte Jesus.

„Nun", antwortete Mattäus, „das ist schnell gezählt: fünf Brote und zwei Fische."

Da sprach Jesus zu allen: „Leute, hört einmal zu. Wir sitzen hier so schön beieinander und haben nicht einmal gemerkt, daß es schon Abend geworden ist. Wir haben aber nur wenig zu essen für euch. Ich würde aber gerne noch länger mit euch allen zusammenbleiben. Wir teilen also einfach aus, was wir haben, und das muß reichen. Einverstanden?"

Dann sprach er wie immer vor dem Essen: „Gott, unser Vater! Laß dein Königreich kommen. Laß geschehen, was du willst. Gib uns jeden Tag unser Brot. Amen."

Dann gingen die Freunde Jesu hin und teilten aus, was sie hatten. Hinterher wunderte sich Johannes: „Was ist geschehen? Wie ist das möglich? Vorhin so wenig, und jetzt gibt es für alle genug! Es ist sogar noch etwas übrig! Wie ist das nur möglich?" Und alle Leute staunten.

15. Das Unglück am neuen Turm

Es war etwas Schlimmes passiert.

In dem Ort Schiloach war beim Bau eines Turms etwas schiefgegangen. Der Turm stürzte ein. Achtzehn Arbeiter waren unter den Trümmern begraben. Tot. Jeder in der Gegend war entsetzt darüber. Jeder wollte darüber reden. Auch in dem Ort, durch den Jesus und seine Freunde jetzt kamen.

Mitten im Dorf stand ein Mann und rief: „Ja, ja, das ist schon eine traurige Sache. Aber es war ja auch ihre eigene Schuld. Es müssen schon üble Leute gewesen

320

sein, diese Arbeiter. Es sind überhaupt alles schlimme
Leute in diesem Dorf. Ein Haufen Gottloser. Die glau-
ben nämlich nicht; die glauben nicht, was ich glaube.
Doch Gott läßt nicht mit sich spotten. Nein, jetzt hat
Gott sie gestraft. Da sieht man es. Ha! Jetzt hat Gott
es ihnen gegeben! Ich habe es ja schon immer gesagt.
Gott hat mir recht gegeben."

Die Leute waren ganz still bei dem, was der Mann
gesagt hatte. Und sie waren auch ganz still bei dem,
wie er es gesagt hatte.

Der Mann schritt ganz feierlich in sein Haus zurück
und ließ alle stehen.

„So, so", bemerkte Jesus, „das war ja allerhand. Was
ist denn eigentlich geschehen?"

„Nun ja", erzählte ihm einer, „wie das so geht. Sie
waren am Bauen. Sie waren dabei, Steine nach oben zu
heben. Sie wollten gerade eine kleine Mauer oben auf

dem Turm fertigmachen. Doch dann muß etwas mit dem Boden an der Vorderseite nicht gestimmt haben. Weil der Turm durch das Mäuerchen obendrauf so schwer wurde, stürzte er ein. Das Gerüst, auf dem die Arbeiter standen, krachte und fiel zusammen.

Sie fielen mit herunter. Und dann fielen auch noch die Steine auf sie herab. Achtzehn Tote. Was soll man dagegen machen? Solche Dinge passieren nun mal. Am besten, man findet sich damit ab. Am besten, man wartet ruhig ab, was mit einem im Leben geschieht. Angst haben hilft doch nicht."

„Ich begreife dich nicht", sagte Jesus, „tust du denn in deinem ganzen Leben nichts anderes als darauf warten, daß du stirbst? Ich weiß nicht, ob ich das könnte: so ruhig weiterleben, wie du das kannst. An einem solchen Unglück merkt man doch: Die Welt ist noch nicht fertig. Sie ist noch nicht so, wie Gott sie gern hätte. Muß man dann nicht auch daran denken, daß es genug schlimme Dinge gibt, die man ändern kann und bei denen man anderen Menschen helfen kann? Denk lieber so, statt die Hände in den Schoß zu legen und aufs Ende zu warten."

„Aber es war doch ihre eigene Schuld", warf ein anderer ein. „Es ist eben eine Strafe Gottes, wenn einem ein solches Unglück zustößt. Es waren ja ganz üble Leute. Das sagte doch der Mann von vorhin."

„Vor solch einem Mann", erwiderte Jesus, „müßt ihr euch in acht nehmen. Der will, daß ihr Dinge glaubt, die nicht wahr sind. Er benutzt das Wort ‚Gott‘, um selbst recht zu bekommen. Das ist schlimm. Was bildet der sich eigentlich ein? Daß er besser ist als die Männer, die da unter den Turm geraten sind? Denkt er, Gott tue so etwas? Denkt er, Gott wolle so etwas? Denkt er, die Männer seien vor Gott weniger wert als die klügsten Menschen in Jerusalem? So ist Gott nicht. Wenn Gott wirklich Gott ist, dann weiß er sogar, wenn ein Vögelchen stirbt. Schon darüber ist er bekümmert. Und wenn mit Menschen etwas geschieht, was er nicht will, dann ist er erst recht bekümmert."

16. Der reiche junge Mann

Eines Tages stand Jesus vor einem Straßencafé und
unterhielt sich mit den Leuten. Da kam ein junger
Mann herangeritten. Er saß auf einem prachtvollen
Pferd mit einem Sattel, von dem viele Figürchen und
goldene Fransen herabhingen. Vor dem Straßencafé
stieg er ab.

Jesus merkte an der Art, wie die Leute Platz machten, daß sie ihn kannten und daß er reich war. Man
merkte es auch ein wenig an der Art, wie er sprach: so
vornehm. Der junge Mann sagte: „Ich nehme an, du
bist Jesus von Nazaret. Mein Name ist Jakobus. Darf
ich dir etwas zu trinken anbieten? Alle anderen dürfen
auch etwas zu trinken bestellen. Ich bezahle. Ich freue
mich, dich kennenzulernen. Ich höre so viel Gutes
über dich von den Leuten, die bei mir arbeiten.

Jetzt, wo ich dich selber treffe, glaube ich es auch:
Du bist wirklich ein guter Mensch. So gut wie du
möchte ich auch sein. Ehrlich, darum bin ich nämlich
gekommen. Ich möchte dich fragen: Wie kann ich
werden, wie du bist?"

„Tja", erwiderte Jesus. „Findest du, daß ich gut bin?
Du mußt nicht so werden wie ich. Wenn du nur ganz
einfach das tust, was du tun solltest, dann ist das für
einen Menschen gut genug."

„Aber was ist das denn, wenn ich fragen darf?"

„Das weißt du doch! Ehre deinen Vater und deine
Mutter! Nicht töten! Nicht stehlen!"

„Ja, das weiß ich natürlich", sprach der junge Mann
und fiel Jesus ins Wort:

„Klar, das sind die Zehn Gebote unseres Gesetzes.
Daran habe ich mich immer gehalten. Aber schau: Ich
lebe ziemlich anständig, und doch habe ich das Gefühl, ich habe noch nie etwas getan, was wirklich der
Mühe wert ist."

Jesus sah ihn an. Der junge Mann war mit sich selbst noch nicht zufrieden. Das sah er wohl. Er war ihm sympathisch, er mochte ihn. „Ich glaube, ich weiß es", sprach Jesus. „Du besitzt zuviel, um das zu tun, was dich wirklich zufrieden macht. Erst wenn man wenig hat, hat man genug, um das zu tun, was man will. Ich meine, du hast jetzt noch zuviel am Hals. Verschenk doch alles. Gib alles auf, und fang ein ganz anderes Leben an."

„Ich alles verschenken?" fragte der junge Mann.

„Ja, mach bei uns mit. Komm zu uns. Geh mit uns mit."

„Ich? Und ihr könnt mich wirklich gebrauchen?" Der junge Mann konnte das fast nicht glauben.

„Ja natürlich", antwortete Jesus. „Dann können wir Freunde werden. Einverstanden? Jetzt sofort."

Da fing der junge Mann an, über die Worte nachzudenken. Sein Gesicht wurde immer trauriger. „Ich kann nicht", stöhnte er. „Ich, ich möchte so gern. Aber es tut mir leid. Ich kann nicht. Mir gehört so viel, um das ich mich kümmern muß.

Ich habe Bauernhöfe.

Ich habe Knechte. Ich habe Geld.

Wenn ich das alles nicht hätte, wüßte ich nicht, was ich anfangen sollte. Ohne das alles würde ich nicht ein noch aus wissen. Es tut mir leid. Ich kann nicht. Ich kann wirklich nicht." Der junge Mann lief davon, das Pferd hinter ihm her.

„Schade", seufzte Jesus. „Er wollte wohl, aber er konnte nicht. Geld macht Menschen bequem. Das wird bei ihm wohl auch so sein. Wenn man wirklich reich ist, ist es ganz schwer, anders zu werden, denke ich. Wenn man nichts hat, ist es besser, dann hat man keine Angst mehr, etwas zu verlieren. Dann wagt man es, anders zu leben. Aber wenn man viel hat und sich so ändern will, daß man wirklich etwas tun kann für das, was Gott will, das geht fast nicht.

„Ja aber", fragte Simon Petrus, „gibt es dann keine Hoffnung für die, die reich sind?"

„Ach", meinte Jesus, „selbst wenn die Menschen nicht mehr glauben können, daß die Reichen gut werden können, Gott glaubt es immer noch."

17. Zachäus im Baum

Zachäus zählte in seinem kleinen Notizbuch noch einmal alles zusammen. Er hatte heute viel Geld eingenommen. Das war sein Beruf: Geld für den Kaiser einnehmen.

In jedem Land, gegen das der Kaiser den Krieg gewonnen hatte, mußten ihm die Menschen Steuern zahlen. In seiner Heimatstadt Jericho durfte Zachäus dieses Geschäft besorgen. Und er trieb etwas mehr für den Kaiser ein, als nötig war. Dieses Geld behielt er für sich, und damit war er reich geworden. Die Leute in der Stadt haßten ihn: „So ein Lump! Er arbeitet für den Kaiser, der doch unser Feind ist. Und er fordert viel mehr Geld, als nötig ist, weil er soviel für sich selbst übrigbehalten will."

Zachäus machte es nicht viel aus, daß sie ihn nicht leiden mochten und daß er in der Stadt eigentlich nicht mehr dazugehörte. Er verdiente gut, und darum ging es ihm. Er wollte heute einmal früh Feierabend machen. Er hatte gehört, daß Jesus in die Stadt kommen würde, und das wollte er sich einmal ansehen. Als er sich mittags umsah, war viel Betrieb in der Stadt. Jeder sprach von Jesus, und jeder war neugierig.

Der vornehmste Mann der Stadt hatte in seinem vornehmen Haus ganz vornehm den Tisch decken lassen. Er wollte Jesus zu einem Festmahl einladen. Er wollte einmal von Jesus selbst hören, was er denn so alles behauptete.

Es war später Nachmittag, als Jesus in die Stadt kam. Die Menschen drängelten sich um ihn. Sie hatten schon so viel über ihn gehört. Nun konnten sie ihn endlich mit eigenen Augen sehen.

Das Gedränge war nichts für Zachäus. Er war ein kleiner Mann und konnte nicht über die Schultern der Leute hinwegsehen. Die Leute gingen natürlich für ihn nicht auf die Seite, sie mochten ihn ja nicht.

Zachäus aber war nicht dumm. Er eilte der Menge voraus. Vor dem Haus des vornehmsten Mannes der Stadt stand ein alter Feigenbaum. Da kletterte er hinauf. Er dachte sich: Hier wird Jesus vorbeikommen, und dann habe ich von meinem Plätzchen aus eine tolle Aussicht.

Als Jesus dann vorbeikam, sah er einen Schuh unter einem Feigenblatt herausbaumeln.

„He", rief er, „habt ihr hier aber komische Vögel, oder ist das eine neue Sorte Feigen?"

Sie sahen alle nach oben: Dort hockte mit feuerrotem Kopf Zachäus, ihr widerlicher Steuereintreiber.

„Laß den Mann nur", meinte jemand zu Jesus, „der gehört nicht zu uns. Er ist nichts für dich. Er nimmt uns zu viel Geld ab und arbeitet für den Kaiser."

„Ist der Mann so unbeliebt?", fragte Jesus. „Dann ist er gerade richtig für mich. – He, du da! Komm einmal runter! Ich will dich besuchen."

„Mich?" fragte Zachäus, „meinst du mich?" Er war so verblüfft, daß er fast von seinem Ast herunterfiel. Und schon stand er vor Jesus.

„Ja", sagte Jesus lachend, „ich möchte dein Gast sein."

„Aber wieso denn?", fragte Zachäus, „ich bin doch überhaupt kein guter Mensch oder so. Ich..."

„Ja, wenn du es selbst sagst, wird es wohl stimmen", meinte Jesus. „Darüber können wir uns ja gleich unterhalten. Geh du jetzt nur schnell nach Hause, und stell Stühle bereit. Ich bin bald da."

Zachäus blieb noch einen Augenblick verdutzt stehen, dann rannte er auf seinen kurzen Beinen nach Hause.

Er sprang und sang und jauchzte:

„Er kommt zu *mir!* Er wußte, wie er mich finden würde." Schnell schleppte er alles, was es in seinem Hause Gutes zu essen und zu trinken gab, ins Wohnzimmer. Als Jesus und seine Freunde dann kamen, wurde es ein gemütliches Fest.

„Achtet nur nicht auf das Durcheinander hier", bat Zachäus noch. Doch das störte nicht.

„Ich bin auf einmal wie von einer Zentnerlast befreit", gestand er. „Ich dachte immer: Mit mir ist nichts anzufangen. Ich bin nun einmal ein unbeliebter, verhaßter Mensch. Dann will ich eben auch so bleiben. Doch jetzt, wo ihr in meinem Hause seid, denke ich: Ich brauche nicht so zu bleiben. Ich werde es anders machen. Ich zahle jetzt jedem zurück, was ich ihm zuviel abgenommen habe. Ich werde die Hälfte von dem, was ich habe, an Menschen geben, die es nötig haben. Dann fange ich ganz von neuem an. Einverstanden?"

Draußen standen verärgerte Menschen und sahen auf das Haus des Zachäus. „Wie ist das nur möglich?" fragten sie. „Jesus ist doch ein anständiger Mensch, und jetzt besucht er ausgerechnet so einen wie diesen Zachäus."

Drinnen saß Jesus und feierte. Es war ein Wunder geschehen. An Zachäus.

18. Der verlorene Sohn

Draußen standen noch manche herum, die taten beleidigt und wollten nicht mitmachen beim Fest des Zachäus. Sie beschwerten sich: „Stellt euch vor. Wir haben noch nie etwas verkehrt gemacht. Wir haben uns an alles gehalten, was sich gehört. Aber dieser Zachäus da – woran hält der sich, und was macht der nicht alles verkehrt? Warum besucht Jesus nun ausge-

rechnet ihn? Wir sind doch für ihn viel bessere Menschen?"

Inzwischen war Jesus nach draußen gegangen und hinter sie getreten. Er war da stehengeblieben und hatte alles mitangehört. Schließlich meldete er sich: „Ich werde es euch erklären. Hört einmal zu.

Es war einmal ein Vater. Er hatte zwei Söhne. Der Jüngste meinte: ‚Wenn du einmal tot bist, kriegen mein Bruder und ich jeder die Hälfte von dem, was dir gehört. Kann ich nicht schon jetzt bekommen, was mir zusteht?' Der Vater fand das in Ordnung. Er sprach: ‚Was mir gehört, gehört dir.'

Der Junge zog weit fort. In einer Stadt kam er an einen Platz. Da wurde Flöte gespielt, und die Leute tanzten. Der Junge lud sie alle ein zum Trinken und Essen. Er hielt sie frei.

Nun fiel in jenem Jahr dort kein Regen. Die Erde blieb trocken. Die Straßen wurden staubig. Der Boden wurde rissig. Das Getreide konnte nicht wachsen. Das Brot wurde zu teuer. Die Menschen bekamen Hunger.

Das Geld des Jungen war ausgegeben. Er konnte jetzt nichts mehr anbieten. Er hatte auch für sich selbst nichts mehr. Und von anderen Leuten bekam er auch nichts. Die hatten nämlich selbst so wenig. Sie gaben ihm schmutzige und stinkende Arbeit, die niemand anders tun wollte und die ihn anekelte. Er mußte die Schweine hüten.

Er aber saß da und dachte: Ich bin eigentlich nichts mehr wert. Ich passe nicht mehr zu Menschen, die so sind wie mein Vater. Bei meinem Vater könnte ich höchstens ein unbedeutender und kümmerlicher Knecht sein. Sein Kind kann ich nicht mehr sein. Aber ich hätte da wenigstens Arbeit und zu essen.

Er stand auf und machte sich auf den Weg nach

Hause. Mit stinkenden Kleidern, ohne einen Pfennig. Er war weit weg von seinem Vater. Er beeilte sich, lief nur, hastete und blickte nicht um sich.

So stieß er fast mit jemandem zusammen. Es war sein Vater. Der hatte ihn schon gesehen, als er noch weit weg war, und war ihm entgegengekommen.

‚Ich komme nur, um zu arbeiten', stotterte der Junge. ‚Ich bin nicht gut genug, um noch dein Sohn zu sein.' Doch der Vater machte ihm klar: ‚Du gehörst zu mir, du bist mein Sohn.' Er nahm ihn mit nach Haus. Er gab ein großes Fest. Es wurde Flöte gespielt. Alles tanzte, alles bekam zu essen.

Draußen jedoch stand ein Mann. Es war der ältere Bruder des Jungen. Der war wütend und machte nicht mit. Er beschwerte sich: ‚Ich denke, mein jüngster Bruder hat mit dem Geld ganz nichtsnutzige und schlechte Dinge getan. Aber ich? Die ganze Zeit über habe ich hart gearbeitet. Immer habe ich getan, was sich gehört, und nie kam ich zu spät nach Hause. Doch nie gab es für mich allein ein Fest.'

Unterdessen war der Vater nach draußen gekommen, um ihn zu suchen. Er war hinter ihn getreten und stehengeblieben. Er hatte alles gehört.

Er antwortete dem Älteren: ‚Was mir gehört, das gehört auch dir. Auch du gehörst zum Fest. Dein Bruder war weit fort. Er hätte auch tot sein können. Nun ist er wieder lebend zu Hause. Er war verloren, und nun ist er wieder da.'"

19. Das Fest, das dennoch stattfand

Es wurde allmählich voll im Hause des Zachäus.
Zachäus sprach zu Jesus: „Meinst du, daß dies hier

immer noch ein richtiges Fest ist? Jeder denkt, er darf
jetzt einfach so bei mir hereinlaufen. Es sind auch
fremde Menschen da. Es sind auch Mädchen gekommen, solche, von denen die Leute sagen, sie seien nicht
anständig. Doch nun sind sie hier und haben sich da-

zugesellt. Meinst du, daß es immer noch ein richtiges Fest ist?"

Jesus lachte: „Ja und ob! Kennt ihr übrigens die Geschichte von dem Mann, der reich geworden war und nun ein tolles Fest geben wollte?"

„Kenn ich", rief eins der Mädchen, „das war doch der Mann, der reich wurde, weil er für den römischen Kaiser arbeitete? Er ging dann bei allerlei netten Leuten vorbei, weil er sie für ein richtiges nettes Fest einladen wollte. Doch der eine hatte eine Ausrede, er sagte: ‚Ich bin so reich, ich habe gerade Land gekauft. Ich muß endlich einmal nachsehen, was ich da eigentlich gekauft habe. Ich habe keine Zeit!' Der nächste sagte: ‚Ich habe so viel Land, daß ich mindestens fünf Ochsen brauche, um das alles für mich pflügen zu lassen. Die habe ich gerade gekauft, die muß ich erst ausprobieren. Es tut mir leid.' Und der dritte – und das war besonders schön – hatte gerade geheiratet. Der sagte: ‚Ich habe mich gerade erst mit meiner Frau verheiratet. Sie kann noch nicht ohne mich sein. Es tut mir leid.' Er machte die Tür zu. So kam es, daß niemand zu dem Fest bei dem reich gewordenen Mann gekommen war. Da mußte er alles allein aufessen", erzählte das Mädchen, und jeder mußte lachen über diese Geschichte.

Da sprach Jesus: „Ich kenne es noch schöner. Ich werde die Geschichte weitererzählen:

Derselbe Mann war sehr verärgert darüber, wie man ihm mitgespielt hatte. Er sagte zu allen Kellnern und Köchen, die er hatte kommen lassen: ‚Los, geht jetzt in die Stadt, aber in die engen Gassen. Bringt solche Leute mit, die selbst nichts haben. Bringt solche Leute mit, vor denen sich andere ekeln. Mir macht das nichts aus.'

Alle diese Leute kamen.

Die Kellner aber meldeten: ‚Es sind noch Plätze frei. Es können noch mehr dazu.‘

Da sagte der Mann: ‚Dann geht noch einmal in die Stadt. Holt noch mehr Leute zusammen. Überredet sie, hierher zu kommen. Ganz gleich, wer es ist. Wenn nur mein Haus zum Platzen voll wird. Dann erst ist es ein Fest!‘‘‘

Als Jesus seine Geschichte zu Ende erzählt hatte, war es zu Hause bei Zachäus genauso wie in der Geschichte. Alle möglichen Leute, die sonst nie zu einem solchen Fest kamen, waren da.

20. Die zwei Schwestern

Jesus war mit seinen Freunden ins Nachbardorf gekommen. Während er sich mit den Leuten dort unterhielt, kam jemand auf ihn zu und sagte: „Frau Marta
fragt an, ob du zu ihr zum Essen kommst. Jeder hier
kennt sie. Sie ist eine ordentliche Frau, die weiß, was
Arbeit ist. Du kannst ruhig hingehen."

Am späten Nachmittag ging Jesus dann in das Haus
der Frau Marta. Marta kam sofort aus der Küche gelau-
fen. „Willkommen", rief sie. „Willkommen, setz dich
doch. Nimm diesen Stuhl, der ist bequemer. Ich kann

dir noch nicht die Hand geben, meine Hände sind noch
naß vom Gemüseputzen. Was kann ich dir anbieten?
Eine Kanne Wasser und einen Krug Wein? Sieh nur
nicht auf die Unordnung hier. Das kommt von meiner
Schwester. Auf die brauchst du nicht besonders zu
achten. Ich muß jetzt eben in der Küche nachsehen,
wie es mit dem Fleisch ist."

In der Ecke saß ein Mädchen.

„Wie heißt du?" fragte Jesus.

„Maria", antwortete sie.

„So heißt meine Mutter auch", sagte Jesus. „Ein
schöner Name."

„Ja", erwiderte sie. „Aber was hat man schon von
einem schönen Namen?"

„Was willst du noch mehr?" fragte Jesus.

„Ich weiß es nicht", antwortete sie, „ich wollte, ich
wüßte es."

„Soll ich es hierhin setzen?" sprach Marta dazwischen.

Sie kam mit Wasser und Wein herein. Sie lief um Jesus herum und ging wieder in die Küche.

„Gibt es etwas, was du besonders gern möchtest,
Maria?" fuhr Jesus fort.

„Nein", antwortete Maria. „Es gibt andere, die tun
alles, um gute Menschen zu sein. Die tun immer alles
so, wie es sich gehört. Die sind gut zu ihrer Familie."

„So jemand wie deine Schwester?" fragte Jesus.

„Ja", erwiderte Maria, „aber ich bin nicht so. So
kann ich das nicht."

„Laß es nicht kalt werden", redete Marta wieder dazwischen. „Sonst schmeckt es nicht mehr."

Sie brachte eine dampfende Schüssel mit Essen herein.

„Ich bin sofort wieder da", rief sie. „Wenn die mir

da wenigstens etwas helfen wollte." Dann verschwand sie wieder in ihrer Küche.

„Ach", meinte Jesus zu Maria, „manche Menschen glauben, daß sie schon alles wissen. Die wissen, wie man Essen zubereitet. Wie man für das Haus sorgt. Wie man sich benimmt. Die haben keine Zeit mehr, nach etwas Neuem zu suchen. Nach einer neuen Art, die Welt so zu gestalten, daß alles redlicher zugeht.

Wenn man das wirklich versucht, dann findet man immer etwas Neues. Dann spürt man: Ich kann jetzt auf einmal etwas, wovon ich bisher nicht wußte, daß ich es konnte. Das Haushalten und das Essen: das kommt dann fast von allein in Ordnung."

„Ob ich so etwas könnte?" fragte Maria.

Dann kam Marta wieder vorbei, mit Tellern und Schüsseln. Bevor sie aber in die Küche zurückging, blieb sie stehen. Ganz unvermutet sagte sie: „Ja, siehst du, ich stehe dauernd allein vor der ganzen Arbeit. Meine Schwester sitzt nur herum. Sie tut gerade so, als ob sie deine großen Worte begreifen würde. Das ist doch nichts für ein Mädchen. Ein Mädchen soll seinen Mund halten und fürs Essen sorgen. Kannst du ihr nicht einmal beibringen, daß sie mir helfen soll? Auf mich hört die nicht mehr, vielleicht hört sie auf dich."

Jesus sprach zu Marta:

„Es ist schön, wenn es leckeres Essen gibt. Dann kann man nämlich auch besser miteinander reden. Wenn aber das Zubereiten des Essens so viel Zeit braucht, daß ich mich nicht einmal mit euch unterhalten kann, dann ist das nicht richtig. Setz dich doch zu uns!"

Da nahm Marta ihre Schürze ab. Sie setzte sich zu ihnen, und sie unterhielten sich bis spät in den Abend. Am Ende halfen Jesus und Maria beim Spülen. Und dort in der Küche konnten sie noch gut weiter miteinander reden.

21. Das Geld,
das nicht gebraucht wurde

„Kommt", sagte Jesus zu seinen Freunden. „Wir müssen wieder weiter. Wir kommen immer näher nach Jerusalem."

„Wenn wir nach Jerusalem kommen", fragte Simon Petrus, „wird die Stadt dann so, wie Gott es vorhat: eine Stadt voll Frieden?"

„Denkt ihr, das geht so einfach?" fragte Jesus. „Meint ihr das wirklich? So etwas, denke ich, hängt auch von den Menschen ab."

„Dafür muß Gott doch sorgen", stieß Johannes hervor. „Das können doch die Menschen nicht."

,Ob Gott es ohne die Menschen könnte?' dachte Jesus. ,Würde man etwas von Gott spüren, wenn es keine Menschen gäbe, die etwas von ihm spüren lassen?'

Da erzählte er seinen Freunden die folgende Geschichte:

Es war einmal ein reicher Mann, ein König. Der hatte drei Diener. Dieser Mann zog für eine Zeit in ein fernes Land. Vorher gab er jedem der drei Diener einen Hundertmarkschein.

Der erste strahlte. Der zweite strahlte auch. Der dritte stierte nur auf den Geldschein.

„Ich werde zwei Schafe kaufen", jubelte der erste. „Die kosten 45 Mark das Stück. Und Holz für einen Schafstall. Das kostet mich 10 Mark."

„Ich werde ein Eselchen kaufen", jubelte der zweite. „Das kostet 75 Mark. Und noch einen kleinen Wagen dazu. Ich weiß einen für 25 Mark."

Der dritte sagte: „Ich mache da nicht mit. Bei einem so reichen Mann, da weiß man nie! Der ist sicher streng. Verschenken, das paßt nicht zu ihm. Ich lasse

das Geld am besten liegen. Ich werde es nicht angreifen, nichts davon aufbrauchen. Dann kann er mich auf keinen Fall ausschimpfen, wenn er nach Hause kommt und fragt: ‚Was hast du mit meinem Geld gemacht?'"

Der erste Diener kümmerte sich also um seine Schafe. Sie bekamen jeweils zwei Lämmer. Für sie sorgte er auch gut. Als sie groß waren, verkaufte er sie auf dem Markt.

Und er schor seine Schafe, als es warm war. Die Wolle verkaufte er auf dem Markt. Nun hatte er ungefähr 200 Mark zusammen (4 mal 45 pro Schaf und 20 von der Wolle).

Der zweite fuhr mit seinem Eselchen umher. Er half den Leuten, Äpfel und Melonen zum Markt zu bringen. Er half den Leuten beim Umzug. Er verkaufte Brennholz, das er einsammelte, und sein Eselchen trug es. So verdiente er etwas. Schließlich hatte er ungefähr 100 Mark.

Da kam der reiche Mann, der König, zurück.

„Laßt einmal sehen", sprach er, „was ihr gemacht habt."

„Schau mal in den Garten", sagte der erste, „da stehen meine Schafe. Und sieh mal, was ich hier in meiner Hand habe: aus den 100 sind 200 Mark geworden."

„Bravo", lobte der König, „wenn du mit wenig Geld so viel schaffst, kannst du sicher noch mehr. Du darfst von mir aus Bürgermeister in einer meiner Städte werden."

„Sieh mal auf den Hof", sagte da der zweite. „Da steht mein Esel. Sieh, was ich mit ihm verdient habe: 100 Mark dazu!"

„Bravo", lobte der König. „Du darfst auch Bürgermeister werden. Von einem Dorf."

Der dritte Diener brummte nur: „Hier ist das Geld. Ich dachte: er wird sicher streng sein. Ich dachte: er wird sicher zurückhaben wollen, was er gibt. Und das, was ich hinzuverdient hätte, auch noch."

Der reiche Mann erwiderte: „Wenn du meinst, daß ich streng bin, will ich es auch jetzt wieder sein. Du bist einer, der schafft nichts mit dem, was ich gebe. Gib es den anderen beiden. Die haben wenigstens etwas davon.'

Wenn man Geld bekommt, muß man etwas damit tun. Wenn man die Möglichkeit erhält, die Welt so zu gestalten, wie Gott sie will, dann muß man die Gelegenheit auch nutzen.

Auch wenn es nur ein klein wenig ist."

22. Ein Mensch, der helfen wollte

Sie hatten schon einen langen Weg hinter sich und
waren in der Nähe von Jerusalem angekommen. In einem Dorf kam ein Mann auf sie zu.

„Du bist Jesus", redete er ihn an, „von Nazaret oder
so? Ich komme aus Jerusalem. Ich bin ein Bibelgelehr-
ter im großen Tempel von Jerusalem. Ja, wir haben
schon so einiges über dich gehört. Ich möchte dir gern
einige Fragen stellen. Ist das möglich?"

Es stellten sich viele Leute dazu. Wenn nämlich ein

so kluger Mann schwierige Fragen an Jesus richtete, das würde bestimmt spannend.

Auf der anderen Straßenseite ging ein Kaufmann vorbei. Er blieb nicht stehen und hörte nicht hin.

„Um den da brauchst du dich nicht zu kümmern", sagte der kluge Mann. „Es ist einer von diesen Samaritern. Für die ist Jerusalem nicht gut genug. Die haben ein eigenes heiliges Haus. Die sind so altmodisch. Die lesen nur die ältesten Stücke aus der Bibel. Aber ich, ich komme aus Jerusalem. Das ist für Gott der wichtigste Ort auf der Welt. Was ich dich fragen wollte: Was muß ich tun, um ganz nah bei Gott zu leben?"

349

„Eine einfache Frage", antwortete Jesus. „Was steht denn in der Bibel?"

„Liebe Gott und deinen Nächsten", erwiderte der Mann. „Das weiß ich auch."

„Gut", sagte Jesus. „Tu das. Dann wirst du wirklich leben."

„Ja", widersprach der Mann, „Gott lieben, das weiß ich wohl, aber wer ist denn mein Nächster? Ist das jeder? Auch ein Gottloser? Auch ein schlechter Mensch?"

„Eine gute Frage", lobte Jesus, „du wirst es sicher herausfinden, wenn ich dir diese Geschichte erzähle:

Es kam einmal jemand hier vorbei. Er ging von Jerusalem zurück nach Jericho. Er hatte in Jerusalem gute Geschäfte gemacht und gut verdient. Doch in den Bergen hier hausen Männer, die gegen römische Soldaten kämpfen. Die brauchen Geld für Waffen und Essen. Die überfielen ihn und schlugen ihn nieder. Dann verschwanden sie mit seinem Geld. Ihn ließen sie halbtot liegen.

Da kam ein Priester vorbei. Er hatte im Tempel in Jerusalem seinen Dienst für Gott getan. Da sah er den Mann liegen. ‚Der Mann ist vielleicht tot', dachte er. ‚Besser, ich rühre ihn nicht an. Das gehört sich nicht für einen, der gerade aus dem Tempel kommt. Es ist etwas Schmutziges.' Und er ging auf der anderen Straßenseite vorbei.

Nach ihm kam etwas später noch ein Gehilfe des Priesters des Weges. Der sah auch den Mann da liegen. ‚Der Mann ist vielleicht tot', dachte er. ‚Ich habe gerade im Tempel mit sauberen Händen goldene Schalen für Gott getragen. Da darf ich meine Hände nicht schmutzig machen.' Und auch er ging auf der anderen Straßenseite vorbei.

Dann kam auch so ein Samariter daher: einer von denen, die all das Getue in Jerusalem abstoßend finden. Er sah den Mann und dachte: ‚Hoffentlich kommt der durch!‘ Und er kümmerte sich um ihn. Er hob ihn auf seinen Esel. Er nahm ihn mit zu einem Gasthaus, wo für ihn gesorgt wurde. Er bezahlte im voraus und zog weiter."

„Und so", sprach Jesus zu dem Mann, „kann es mir gleich sein, wer für dich der Nächste ist. Wenn du jedoch der Mann wärest, der niedergeschlagen wurde: wer wäre dann dein Nächster? Wer würde dir am meisten nahe sein?"

„Der, eh, Samari…, ich meine, der geholfen hat", stotterte der Bibelgelehrte.

„Das meine ich auch", bekräftigte Jesus, „leb also so wie jener Samariter."

23. Der Stein

„Nun kommt schon. Los, kommt schon!", rief Simon
Petrus. Er lief voraus, und an einem Hügel, in einer
Kurve, sah er in der Ferne die Stadt Jerusalem. „Jerusalem!", strahlte er, „Jerusalem, die am schönsten ge-
baute Stadt auf der ganzen Welt! Eine Stadt, die man
nicht mehr vergessen kann! Sieh die Mauern! Sieh die
Türme in der Sonne! Sieh den Tempel! Schön und ge-
konnt! Wunderbar! Unwahrscheinlich!"

Sie setzten sich alle einen Augenblick hin, um zu
schauen. „Wenn wir in Jerusalem sind", fragte dann
Johannes, „was wird geschehen?"

„Werden wir dann mit den Bewohnern der Stadt die
römischen Soldaten hinauswerfen?" fragte Judas. „Die
haben doch in Jerusalem nichts zu suchen. Und auch
der Verräter nicht, dieser König Herodes, der doch nur
tut, was dieser römische Kaiser will. Oder die teuren
Priester am Tempel, die sich von diesen Römern bezahlen lassen."

352

„Ich weiß es nicht", erwiderte Jesus. „Ich weiß
nicht, ob ich Jerusalem für eine solch feine Stadt halten soll. Natürlich ist das schön, alle diese Gebäude.
Doch es geschieht so viel, was nicht so ist, wie Gott
es gedacht hat. Man kann es nicht mehr die Stadt Gottes nennen, so wie früher. Ich möchte nicht der Ver-
antwortliche in dieser Stadt sein."

„Aber wenn du es doch kannst", rief Judas dazwischen. „Wenn die Menschen es doch wollen! Du
könntest ihnen doch helfen! Damit es besser wird!"

„Da hast du recht", antwortete ihm Jesus. „Aber ich
meine … Ich finde, das müßte auf andere Art vor sich
gehen. Das sieht man schon mal, wenn irgendwo ge-
baut wird. Man sucht dann die schönsten Steine aus.
Vor allem für oben und für die Ecken werden besonders schöne Steine mit Figuren und so hergestellt. Dadurch sieht es dann so schön aus.

Aber manchmal sitzt beim Steinehauen ein lästiger
harter Stein dazwischen. Der bricht anders ab, als die
Bauleute wollen. Der wird nicht so gleichmäßig und
schön, wie sie wollen. Den werfen sie weg. Der ist gut

fürs Straßenpflaster. Ein buckeliger Pflasterstein, über den man immer stolpert.

Später dann lassen der Regen und der Wind die schönen Steine verwittern. Das Haus sackt ab. Es gibt Risse. Dann müssen sie schnell den harten Stein aus der Straße losbuddeln und unten am Haus in der Ecke festmachen. Dann ruht das ganze schöne Haus auf dem einen Stein da unten, genau auf dem Stein, von dem sie meinten, er tauge nichts. So möchte ich für die Menschen dasein. Als ein Stein, auf den man nicht verzichten kann."

Da kamen zwei Leute aus Jerusalem heran.

„Wer von euch ist Jesus?" fragten sie.

„Ich", antwortete Jesus.

„Du kommst besser nicht nach Jerusalem", warnten sie. „Wir sind Bibelgelehrte. Wir unterhalten uns

viel mit den Leuten. Sie sprechen oft von dir. Sie glauben, daß du ein Prophet bist, der ihnen helfen kann. Das glauben wir auch. Aber wenn du kommst, wird dich König Herodes gefangennehmen und dich steinigen lassen. Er hat schon Soldaten ausgeschickt. Sie suchen dich. Flieh! Jetzt, wo es noch geht!"

„Wenn das so ist", sprach Jesus, „dann komme ich erst recht. Ich möchte mal sehen, ob Herodes das wagt. Andere Propheten sind auch nicht ängstlich aus Jerusalem geflohen. Ich muß dort sein, wo man mich braucht."

„Ich gehe mit", versprach Simon Petrus. „Ich lasse dich nicht im Stich." „Ich auch", versprach Judas.

Die anderen versprachen das auch.

„Geht nur wieder", sagte Jesus zu den zwei Bibelgelehrten, „sagt nur, daß wir kommen werden."

24. Der Zug durch die Stadt

„Da kommt er, da kommt er", riefen sich in Jerusalem die Leute zu. „Seht den Mann aus Nazaret an, von dem schon soviel gesprochen worden ist!"

„Er sieht nicht so aus wie ein König", sagte ein anderer, „der gehört doch auf ein Pferd, mit Gold behangen!"

„Gerade darum", rief ein junger Bursche. „Ein ganz gewöhnlicher Mann auf einem Esel! Das sollte König Herodes mal sehen, dieser Angeber! Das sollten die vornehmen Priester mal sehen! Kommt mit, Leute! Da kommt er!"

Er sprang vor Jesus her, der auf einem Esel durch das Stadttor kam. „Er kommt, er kommt vom Ölberg herunter! Das ist ein gutes Zeichen! Ein König von unserer Art wird er sein. Mit ihm fängt eine neue Zeit an."

„Ja", riefen die Umstehenden, sie winkten mit ih-

ren Kopftüchern, oder sie schwenkten Zweige, die sie schnell von den Bäumen brachen. Und jeder hatte seine Freude daran, diesem König zuzujubeln.

„Mach uns frei! Mach uns frei! Mach uns frei!"

Jeder jubelte mit, klatschte mit, lief mit.

„Mach uns frei; mach uns frei!"

So bewegte sich ein fröhlicher Zug durch die engen Sträßchen hindurch. Nicht so vornehm und feierlich wie bei Umzügen der vornehmen Herren, dafür aber viel schöner.

Jesus blickte unverwandt nach vorn. Er ritt schnurstracks zum Tempel. Das war sein Ziel.

Als sie dort waren, am prächtigen berühmten Tempel, wurden alle ein wenig stiller. Drinnen sah es aus wie in einem Kaufhaus. Niemand wußte, was jetzt geschehen würde. „Haben Sie schon Geld für die Spendensammlung, mein Herr?" sprach ihn ein Mann an, der in seiner Bude saß und Geld wechselte. „Sie dürfen da drinnen nur jüdisches Geld geben, keine römischen

Groschen, wie Sie sie haben. Für zwei römische Groschen gebe ich Ihnen einen echten jüdischen Groschen, wie ihn die Priester annehmen. Nun geben Sie
schon, mein Herr."

Da wurde Jesus ärgerlich.

„Was soll denn das?" rief er. „Habt ihr aus Gott ein
Geschäft gemacht? Verdient ihr gut dran? Ja? Dann
bist du wohl Gott dankbar, he? Du kannst dein Geld
behalten."

Dann kippte er die ganze Bude samt dem Mann, der
noch drinsaß, einfach um. Ein Stück weiter warf er einen Geldschrank um. Eine Geldkiste streute er über
den Platz, daß es nur so klirrte, und gab ihr noch einen
Fußtritt. Überall waren jetzt die Händler dabei, ihre

Habe zusammenzuraffen, und überall standen grinsende Leute.

Jesus war in höchstem Maße zornig. Er kehrte mit seinen Freunden wieder um. Der Esel trottete hinter ihnen her. Die römische Polizei hatte alles beobachtet. Sie hatten aber nicht gewagt, ihn zu fassen.

„Bei so vielen Menschen, da kommt es vielleicht zum Aufruhr", hatte der Hauptmann gesagt, und er hatte recht. „Sie denken, man muß in den Tempel gehen, um nahe bei Gott zu sein", sprach Jesus. „Sie meinen, man muß den Tempel lieben. Von mir aus mag der Tempel, dieser Stapel von Steinen, zusammenbrechen. Ich will Menschen lieben, nicht Steine."

25. Das Paschamahl

„Du gehst Brot kaufen", sprach Jesus zu Petrus, und zu Johannes: „Du sorgst für den Wein."

Petrus und Johannes machten sich mit einer großen Tasche auf den Weg, stadteinwärts.

Sie hatten vor, an diesem Abend Pascha miteinander zu feiern, und Pascha wollte Jesus drinnen in Jeru-

salem feiern. Nur war es ziemlich gefährlich. Am hellen Tag wagten die Priester des Tempels natürlich nicht, die Polizei herbeizurufen, wenn Jesus sich dort mit den Leuten unterhielt. Die römischen Polizisten selber wollten auch nichts unternehmen, wenn so viele Leute bei Jesus standen. Das würde nur zu Aufruhr führen.

Aber abends, wenn es in den Straßen stiller war, dann würden sie es vielleicht wagen, ihn festzunehmen. Denn er hatte ja davon gesprochen, daß eine neue Zeit kommen werde, da würde dieser König nicht mehr der Herrscher sein, und der ganze Tempel mit allen seinen Priestern wäre dann überflüssig. So etwas durfte man nicht laut sagen. Darum hatte sich Jesus um alles heimlich gekümmert.

Zu den anderen sagte er: „Ihr geht in die Stadt. Dort steht auf der rechten Straßenseite ein Mann mit einem Krug Wasser. Wenn er euch sieht, läuft er, ohne etwas zu sagen, zu einem Haus. Ihr geht hinter ihm her. Ihr geht in das Haus und fragt nur: ,Wo ist das Zimmer, um Pascha zu feiern?' Damit ist alles klar, und er wird euch das Zimmer zeigen."

Sie gingen in die Stadt und fanden den Mann. Sie gingen hinter ihm her und kamen zu dem Haus. Sie erhielten ein großes Zimmer im Obergeschoß. Sie deckten den Tisch, schmückten ihn und machten alles fertig.

Am Abend gelang es ihnen, heimlich und unbemerkt zusammenzukommen. So konnten sie zusammen das Fest in Jerusalem feiern. Jesus goß den Wein ein. Sie tranken alle der Reihe nach aus einem und demselben Becher. Dann brach Jesus das Brot in Stücke. Sie aßen alle der Reihe nach aus einem und demselben Korb.

Jesus sprach: „Einst zog Mose mit allen seinen Leuten, die nicht frei waren, aus Ägypten. Denn dort
herrschte der Pharao. Sie saßen damals genauso zusammen. Sie aßen genauso miteinander. Sie wußten:
es kommt Schweres auf uns zu.

Sie mußten durch das Meer ziehen und konnten dabei auch ertrinken. Doch sie wagten es. Für uns ist es
genauso schwierig. Wer weiß, was in Jerusalem mit
uns geschehen wird? Es ist durchaus möglich, daß sie

mich verhaften. Vielleicht wollen sie mich sogar töten. Trotzdem müssen wir immer wieder versuchen,
den Menschen klarzumachen: Ihr könnt frei sein. Frei
von diesen Königen, von diesen Priestern. Frei von allem, was auf euch lastet. So wie wir jetzt beieinander
sitzen, so ist es gut.

Niemand ist Herr über den anderen. Jeder ist willkommen. So wie jetzt, so müßt ihr immer wieder zu-
sammenkommen, auch wenn ich nicht dabei bin."

26. In Getsemani

„Laßt uns nur hierbleiben", sagte Jesus. „Hier zwischen den Bäumen finden sie uns nicht so schnell."

Weil die Polizei Jesus suchte, hatten sie sich in der Nacht wieder aus der Stadt geschlichen. Sie saßen und warteten unter den Olivenbäumen des Ölbergs.

Und einer nach dem anderen fiel in Schlaf...

„Könnt ihr denn nicht einen Augenblick wach bleiben?" schrie Jesus. „Warum schlaft ihr, gerade jetzt, wo ich euch brauche?"

Er schüttelte sie wach. Sein Gesicht war bleich. Seine Hände zitterten. „Ich wollte beten", sprach er. „Ich habe Gott laut gesagt, was ich dachte. Ich habe gesagt, daß ich Angst habe, wirklich Angst. Ich will fliehen vor den Priestern und Soldaten, die mich töten wollen. Was soll ich aber tun, wenn ich weiß: Gott will es nicht? Gott will, daß ich weitermache, um den Menschen in Jerusalem zu helfen. Was soll ich jetzt nur tun?"

Sie schwiegen alle miteinander.

„Wo ist Judas eigentlich?" fragte Jesus.

„Ich weiß es nicht", antwortete Simon Petrus. „Ich meine, er ist weggegangen."

„Dachte ich es nicht?" erwiderte Jesus. „Ich hatte es mir doch gedacht. Er wollte doch, ich solle sofort alle römischen Soldaten hinauswerfen. Er wollte, ich solle dort selbst Herrscher sein. So wollte ich es nicht, nicht, wie er es wollte. Jetzt ist er maßlos enttäuscht. Jetzt läßt er mich im Stich."

„Wir aber tun das auf keinem Fall", sagte Simon Petrus. „Wir werden dich nicht im Stich lassen. Nie!"

„Jetzt denk nur nicht, daß du besser bist als er", belehrte ihn Jesus. „Du könntest genau das gleiche tun wie Judas."

„Still", sprach Johannes. „Was ist das?"

Zwischen den Bäumen in der Dunkelheit näherten sich Soldaten. Judas war dabei. Er hatten den Priestern gesagt, wo Jesus sich versteckt hielt. Die wiederum hatten es den Soldaten verraten.

„Kommt nur, kommt nur her", rief Petrus. „Ich habe ein Messer."

„Steck es ein", fuhr Jesus ihn an. „Du darfst keinen Soldaten töten."

Dann ging er den Soldaten entgegen, und die nahmen ihn mit, zurück nach Jerusalem. Die Freunde Jesu gingen in einigem Abstand hinterher. Von ferne sahen sie, wie Jesus zum Haus der Priester gebracht wurde. Die Soldaten blieben draußen und hielten bei einem Feuer Wache.

Ein Haufen von neugierigen Menschen blieb am Haus stehen. Sie fragten die Soldaten, was los sei. Die Freunde Jesu stellten sich einfach dazu.

„Der Mann aus Nazaret, Jesus, ist verhaftet wor-

den", sagte der Offizier der Soldaten. „Mehr weiß ich
nicht. Und jetzt macht, daß ihr fortkommt, los!"

„Einen Augenblick", rief da eine Frau. „Der da, der
war doch auch einer von Jesu Leuten. Der weiß Bescheid." Sie zeigte auf Simon Petrus.

„Ich?" tat der. „Mensch, ich weiß nicht einmal, von

wem du da eigentlich redest. Ich kenne den gar nicht."
Und er machte, daß er wegkam. Er lief durch die Straßen. Allein.

Es wurde Tag. Er wußte: Ich bin feige gewesen. Da
setzte er sich auf eine Türschwelle und weinte.

27. Als Jesus starb

Als Jesus hereingebracht wurde, saßen die Priester vom Tempel alle beieinander. „Was seid ihr doch für Leute", rief Jesus. „Da war ich die ganze Zeit über auf dem Tempelplatz. Ich war für jeden zu sprechen. Ganz öffentlich. Da wagtet ihr natürlich nicht, mir etwas zu tun. Jetzt rückt ihr an, als wolltet ihr gleich eine ganze Bande von Verbrechern verhaften. Ohne Aufsehen, in der Dunkelheit. Mit Stöcken und Messern. Ihr seid aber mutig!"

„Halt den Mund", schrie der Älteste. „Heraus mit der Sprache. Bist du der neue König der Juden? Bist du mehr als der Kaiser in Rom? Bist du mehr als wir?"

Jesus lachte sie aus: „Wenn ich darauf jetzt ja sagte, würdet ihr das doch nicht glauben. Doch wenn ihr es sagt, wird es wohl stimmen." Sie waren voller Wut. Sie spuckten Gift und Galle. Sie schlugen ihn. Sie stießen ihn. Sie brachten ihn zu Pilatus.

Pilatus war ein Römer. Er war der Machthaber in Jerusalem. Er verstand nicht, was die lärmenden Priester eigentlich wollten. Er fuhr sie an: „Laßt mich erst ein-

mal mit dem Mann allein sprechen!" So standen sie sich dann gegenüber: Jesus und Pilatus. „Stimmt das?" fragte Pilatus. „Bist du ein König?" Jesus blickte ihn an. „Du sagst es", antwortete er nur. „Bist du wirklich der, der an meiner Stelle Machthaber sein will?" fragte Pilatus. „Wolltest du einen Aufstand anzetteln? Du siehst allerdings nicht danach aus." Jesus erwiderte nichts, er zuckte nur mit den Schultern.

Pilatus stöhnte. Er stand auf und ging zu den Priestern. „Er hat nichts getan, was verboten ist", teilte er mit. „Ich sollte ihn freilassen." Doch da fingen die Priester wieder an zu toben: „Was für eine Dummheit! Der ist gefährlich! Überall in der Stadt sind die Leute schon scharenweise gegen die Römer. Er muß weg. Er muß beseitigt werden. Sonst kommt es zum Aufstand!" Das aber wollte Pilatus auf keinen Fall. Er wollte eine ruhige Stadt. „Nun gut", sagte er. „Bringt ihn meinetwegen zu den Soldaten, aber ich will damit nichts mehr zu tun haben." Er drehte sich um.

Die Soldaten mußten lachen, als Jesus gebracht wurde. „Das ist ja ein komischer König!" spotteten sie. Sie schlugen zu. Sie machten eine Krone aus Zweigen voll spitzer Stacheln. Dann legten sie ihm einen alten Mantel um. Sie steckten einen Zettel an seinen Mantel. Darauf stand: „Das ist der König der Juden." Sie wußten nicht, daß das eigentlich doch stimmte. Sie wußten nicht: Jesus ist ein König, der anders ist als alle Könige und Kaiser zusammen.

Jesus wurde dann zu einem Berg außerhalb der Stadt gebracht. ‚Schädelstätte' hieß er. Da wurden nämlich immer die Verbrecher und Mörder hingerichtet. Sie wurden dort an hölzernen Stangen und an Kreuzen aufgehängt. An jenem Tag waren dunkle Wolken aufgezogen. Es gab ein Unwetter. Man erzählte, Jesus

habe viele Schmerzen gehabt. Bevor er starb, schrie er etwas. Man konnte nicht gut hören, was es genau war. Doch es war wohl etwas aus einem alten Lied, das in der Bibel stand. Dort heißt es:

„Mein Gott, mein Gott, warum läßt du mich im Stich? Warum bist du so weit weg, jetzt, da ich nach dir schreie? Jeder, der mich sieht, lacht mich aus.

Jeder schimpft auf mich und spuckt nach mir."

Wenn er so sehr an Gott glaubt, spotteten sie, dann soll er ihm auch helfen. Der müßte ihn doch retten können?

„Mein Gott, komm schnell, hilf mir.

Ja, du gibst jederzeit Antwort. Du bist nicht weit weg. Du behandelst die Elenden nicht von oben herab. Du bist ganz nahe bei uns, wenn wir dich brauchen.

Das sollen die Menschen wissen, überall."

28. Unterwegs nach Emmaus

Sie waren still geworden. Sie sagten nichts mehr zueinander. Sie wollten nur eines: fort aus Jerusalem! Sie
waren unterwegs zu ihrem Dorf, nach Emmaus. Der
eine hieß Kleopas, der andere Lukas. Sie gingen langsam. Ein anderer Mann holte sie ein.

„Auch in Jerusalem gewesen?" fragte er. „Unterwegs nach Hause?" Doch die beiden hatten keine Lust
zu einer Unterhaltung. Sie hielten den Mund.

„Was ist denn mit euch los?" fragte der andere.
„Habt ihr schlechte Laune?"

„Weißt du denn nicht?" murmelte Kleopas vor sich
hin. „Hast du nichts gehört da in Jerusalem? Das mit
Jesus? Er war unser Freund. Wir hatten doch alle so
sehr gehofft, daß er sich dafür einsetzen werde, daß es

hier einmal bald besser würde als unter diesen fürchterlichen römischen Soldaten. Wir glaubten alle: das ist gut möglich, mit Jesus ist das möglich. Doch jetzt. Sie haben ihn verhaftet! Sie haben ihn einfach ins Gefängnis geworfen, ihn hinter Schloß und Riegel gebracht. Und dann haben sie ihn auf die gemeinste Weise umgebracht. Unser König ließ Jesus töten. Jesus, ja, der hätte wirklich ein König sein können. So ein richtiger, weißt du. Doch jetzt! Jetzt ist alles vorbei. Alles war umsonst."

Da fragte der andere: "Aber dieser Jesus selber, euer Freund: Würde der wollen, daß ihr so traurig bleibt?"

"Wie kann man nur so fragen!" erregte sich Kleopas. "Was können wir denn jetzt anderes tun, als traurig nach Hause zu gehen? Es ist doch alles vorbei. Daran können wir nichts mehr ändern." "Ist das alles, was ihr über Jesus berichten könnt?" fragte der Mann. "Habt ihr denn mit Jesus nichts mehr zu tun? Erinnert ihr euch denn an gar nichts anderes mehr?"

"Ja doch", meinte Lukas.

"Dann erzähl mal", bat der Mann.

Und Lukas fing an zu erzählen.

Er sagte alles, was mit den Menschen geschah, wenn Jesus bei ihnen war. Trostlose Menschen bekamen Trost. Hoffnungslose Menschen bekamen neue Hoffnung.

Es gab Kranke, die wurden wieder gesund. „Solche Dinge geschahen bei Jesus immer!" sagte Lukas. „Doch hier sind wir in meinem Dorf. Komm mit zu uns zum Essen! Ich möchte mich gern noch weiter mit dir unterhalten. Zuerst dachte ich ja, am besten halte ich den Mund und vergesse alles. Doch wenn du einen so fragst, dann muß ich einfach von Jesus erzählen."

So gingen sie also hinein zu Lukas. Lukas brachte Brot und Wein, und der Mann schenkte jedem ein.

Dann setzte er die Unterhaltung fort und sprach:

„Ihr habt mir von Jesus erzählt. Ich verstehe, daß er am meisten dem König ähnelt, von dem die Propheten in der Bibel immer sprechen. Wenn er das wirklich ist, dann wird er euch auch gesagt haben: ‚Wenn ihr glaubt, daß es möglich ist, was ich tue, dann hilft das.' Dann könnt ihr euch jetzt selbst auf den Weg machen und den Menschen helfen. Das geschieht dadurch, daß ihr euch um sie kümmert. Das geschieht dadurch, daß ihr euch mit ihnen unterhaltet. Das geschieht dadurch, daß ihr weitersagt, was ihr von Jesus gelernt habt." „Ja, natürlich", rief Lukas, „das stimmt; das ist wahr!" „Woher weißt denn du das alles?" fragte Kleopas den Mann. „Wer bist du eigentlich?"

„Das ist unwichtig", erwiderte der Mann. „Wichtig ist nur: ihr begreift, was ich gesagt habe. Dann kann ich wieder weitergehen." Und er ging weg. Einfach so.

Lukas und Kleopas blieben verdutzt sitzen. „Er hat recht", rief Lukas plötzlich. „Wir tun nichts weiter, als hier herumzusitzen. Wir müssen aufbrechen. Wir müssen nach Jerusalem. Da sind die anderen. Da müs-

sen wir auch sein. Komm, los!" Und noch in derselben
Stunde gingen sie zurück nach Jerusalem.

„Ich dachte", sprach Lukas, „ich dachte: Jesus ist
tot. Also ist alles vorbei. Es ist aber ganz und gar nicht
vorbei mit Jesus. Jetzt geht es erst richtig los!"

„Dieser Mann", sagte Kleopas, „ich glaube fast, dieser Mann war Jesus selbst."

29. Ein leeres Grab

Alle Freunde von Jesus saßen beieinander. Sie waren traurig und niedergeschlagen und sprachen nicht viel miteinander. Sie wußten nicht, was sie sagen sollten. Jesus war tot. Sie hatten zu nichts mehr Lust.

Mit einem Mal flog die Tür auf. Maria von Magdala, Johanna und die Mutter des Jakobus kamen herein. Sie waren Freundinnen von Jesus. Auch sie hatten alles miterlebt. Jetzt kamen sie atemlos herein. Sie waren aufgeregt.

„Was ist los?" fragte Simon Petrus. „Was ist los?"
Maria erzählte: „Wir konnten nicht schlafen. Wir
wußten nicht, was wir machen sollten. Wir wollten
mit Blumen zum Grabe Jesu gehen. Man muß doch etwas tun. Wir gingen ans Grab und bekamen einen gewaltigen Schrecken! Der Stein lag daneben! Das Grab
war leer! Es lagen nur noch ein paar Tücher da. Ich war
ärgerlich und traurig. Warum haben sie das denn nur
wieder gemacht! dachte ich. ‚Warum holen sie ihn
weg? So haben wir nicht einmal mehr einen Platz, wo

wir an ihn denken können.' Doch da waren Männer an der Grabstätte. Es war etwas Besonderes mit ihnen. Ich weiß nicht, was.

,Was wollt ihr hier eigentlich?' fragten sie. ,Warum wollt ihr um Jesus trauern an seinem Grab? Er selbst hat doch immer gesagt: ihr müßt bei den Menschen sein, bei den Menschen aus Fleisch und Blut. Bei den Lebenden müßt ihr Jesus suchen, nicht bei den Toten. Das Grab hier hat mit Jesus nichts zu tun. Er selbst hat euch doch gesagt, daß es in der Bibel heißt: Wer zu Gott gehört, hat kein bequemes Leben; ja, es kann so weit kommen, daß ihn die Menschen vernichten. Aber Gott ist mächtiger als die Menschen. Er hat ihn aus dem Tod befreit. Jesus lebt!'

Solche Dinge sagten die Männer. Wir waren auf einmal nicht mehr traurig. Und wir wollten es euch sofort sagen.''

,,So ein Unsinn'', sprach Tomas. ,,Typisch Frauengeschwätz. Es tut mir leid, auch ich finde es schrecklich. Aber Jesus ist nun einmal tot. Aus. Schluß.''

,,Warum soll denn alles aus sein?'' fragte ein Mann, der ebenfalls hereingekommen war und den sie nicht kannten. ,,Jesus hat es euch doch immer gesagt. Er wollte die Menschen frei machen. Frei von Angst und Tod. Frei von Kaisern und Königen. Frei von Tempeln und Priestern. Genauso wie Mose es wollte und die früheren Propheten. Jesus hat damit angefangen. Das kann nun weitergehen. Jetzt geht es erst richtig los.''

Einen Augenblick lang war es still. Dann begannen sie alle durcheinander zu reden. ,,So ist es!'' rief Simon Petrus. ,,Wir sind nun schon drei Tage dabei, trübsinnig zu sein. Der Mann dort hat recht. Es ist mit Jesus nicht vorbei.''

,,Wo ist er denn eigentlich, der Mann?'', fragte To-

mas. Doch der war mittlerweile schon wieder fortge-
gangen.

„Mensch, das war ja Jesus!" rief Tomas. „Wir haben
es nicht begriffen, weil wir es nicht glauben konnten.
Er ist nicht tot! Er lebt!"

Sie machten sich auf, hinter ihm her. Sie wollten bei
ihm sein, sich mit ihm unterhalten, ihn berühren. Sie
sahen ihn aus der Stadt gehen, zu einem der Hügel außerhalb. Als sie dort ankamen, war er auf einmal weg.
Sie konnten ihn nirgendwo finden. Sie sahen in die
Wolken über sich, ob er vielleicht dort war? Schließlich sprach Simon Petrus: „Was stehen wir hier und
starren zum Himmel hinauf? Jetzt kommt es auf uns
an. Wir müssen überall erzählen, was wir gehört haben
und was wir erlebt haben. Ich glaube, es wird einmal
auf der Erde so, daß Jesus wieder unter uns wohnen
kann."

30. Wie es mit der Kirche anfing

Die Freunde Jesu waren alle um den Tisch versammelt. Sie wohnten jetzt gemeinsam in einem großen Haus in Jerusalem. Auch Maria, die Mutter Jesu, war bei ihnen. Sie kam in diesem Augenblick herein und stellte Brot auf den Tisch.

Philippus sprach: „Wir müssen warten, bis Jesus wiederkommt."

„Ja", erwiderte Maria, „wir müssen warten und dürfen nicht vergessen, was er gesagt hat."

Philippus nickte zustimmend, dann sagte er: „Wir müssen zusammenbleiben. Wir müssen alles gut in Erinnerung behalten und warten, bis Jesus zurückkommt."

Nur Simon Petrus sagte nichts. Essen wollte er auch nicht. Er hockte in der Ecke der Bank und war nervös und gereizt. „Warten", brummte er. „Immer nur warten? Wir müssen weitersagen, was wir jetzt wissen. Das ist es."

Sie sahen Simon Petrus an. „Klar! Wir dürfen nicht hierbleiben", meinte einer, „wir müssen auf die Straße, um es weiterzusagen."

Da gingen sie aus dem Haus. In Jerusalem gab es zu der Zeit gerade ein Fest. Die Leute feierten wie jedes Jahr den Tag, an dem Mose vor langer Zeit dem Volk das Gesetz Gottes gegeben hatte.

Aus allen Teilen der Welt, aus den fernsten Ländern waren die Menschen nach Jerusalem gekommen. Die Freunde Jesu gingen durch die Straßen. Sie unterhielten sich lebhaft. Sie hielten jeden an, der ihnen begegnete. Zwei Männer sahen sich das an. „Was sind das für Leute?" fragte der eine.

380

Simon Petrus und die anderen waren näher gekommen.

Sie standen mitten in einer Gruppe von Menschen und erzählten eifrig die Geschichten, die sie mit Jesus erlebt hatten. Der die Frage gestellt hatte, meinte: „Ihrer Aussprache nach müssen es Galiläer aus dem Norden sein. Man kann sie ja kaum verstehen."

Da rief der andere: „Still. Der Mann will etwas erzählen." Sein Begleiter zuckte mit den Schultern, sah sich einmal um; es kümmerte ihn nicht. Etwas weiter aber sah er einen römischen Soldaten: der stand da mit offenem Mund und hörte genau zu. Unser Beobachter verstand nichts von alledem.

Er stieß seinen Freund an, und der meinte: „Ich weiß auch nicht, was das bedeutet. Aber still jetzt."

„Ach, die reden nur was daher. Die wissen ja selbst nicht, was sie sagen. Die sind ganz einfach betrunken", so der andere.

Das hatte Simon gehört. Er sprang auf eine kleine Mauer und rief: „Es ist doch noch früh am Morgen. Kannst du denn so früh schon so viel trinken, daß du beschwipst bist?"

Die anderen lachten, doch Simon fuhr fort:

„Ihr Leute von Jerusalem, hört meine Worte.

Was jetzt geschieht und was ihr jetzt seht, ist das, was schon die Propheten erzählt haben. Jesus, der Mann aus Nazaret, der in dieser Stadt mit euch gesprochen hat, war von Gott geschickt. Und hier, in eurer Stadt, wurde er getötet. Doch Jesus ist stärker als der Tod. Er hat das Leben anders gemacht, ganz anders und neu. Das wollen wir jedem sagen."

Alle standen sie atemlos da und hörten zu.

Dann fragte jemand: „Was sollen wir jetzt tun?"

Simon antwortete: „Mach mit. Beginn ein neues

Leben. Ich werde es zeigen. Ich werde dich mit Wasser taufen im Namen Jesu. Genauso wie Johannes der Täufer, der Prophet, Jesus getauft hat."

Und der Mann ließ sich am Brunnen taufen und viele andere auch. Sie wollten tun, was Jesus gesagt hatte. Sie waren der Anfang der Kirche.

31. Simon Petrus

Maria saß in der Klemme. Sie hatte viel Arbeit bekommen. Alle Menschen, die sich hatten taufen lassen und nun zu Jesus gehörten, waren natürlich willkommen in ihrem Haus. Einige wohnten nun sogar dort. Sie aßen mit und schliefen auf dem Speicher. Abends, wenn sie am Tisch saßen, erzählten sie sich Geschich-

ten von Jesus. Sie hielten dann genauso eine Mahlzeit, wie sie früher Jesus mit seinen Freunden gehalten hatte. Nach und nach gab es überall in der Stadt noch mehr solcher Häuser, in denen sie sich immer trafen.

Es war drei Uhr nachmittags. Ein paar Kinder, die noch draußen spielten, wurden von ihren Müttern hereingeholt. Sie sollten schlafen, denn sie waren am Abend davor lange aufgeblieben, als Johannes seine Geschichten über Jesus erzählt hatte. Die Männer gin-

gen, wie jeden Mittag, zum Tempelplatz, um zu beten.

In dem Tor am Tempelplatz saß ein Bettler. Ziemlich heruntergekommen und verschmutzt hockte er da. Niemand beachtete ihn. Er war von Kind an gelähmt an den Beinen. Jeden Tag saß er dort und hielt seine Hand auf. Johannes und Simon kamen an dem Tag vorbei und sahen den Bettler da sitzen. „Sieh mich an", sagte Simon, „ja, du da! Sieh mich an!" Der Mann sah auf. Er dachte: „Was will der Mensch von mir? Der sollte mir lieber etwas geben." Doch Simon sprach: „Geld habe ich nicht für dich, aber was ich habe, das gebe ich dir im Namen des Jesus aus Nazaret. Komm mit!"

Es war das erste Mal im Leben dieses Mannes, daß jemand zu ihm, dem schmutzigen Bettler am Tor, gesprochen hatte. Er faßte sofort Vertrauen zu diesem

Mann, der ihm sagte: ich spreche im Namen Jesu, den ihr ja alle kennt. Mit diesem Mann wollte er mitgehen. Er ließ seine Sachen liegen, stand auf und sah in die erstaunten Gesichter der Menschen, die ihn umringen: Komisch! Wie die ihn alle angafften! Da erst merkte er es: Er konnte ja stehen! Er stand da auf seinen gelähmten Beinen. Er machte einen Schritt und dann noch einen. Es ging. Er konnte laufen! Er lief, er sprang, er tanzte. Er sang Lieder für seinen Gott. Und alle Menschen, die das miterlebt hatten, sagten: „Der sieht so aus wie der Bettler. Nein, das ist ja der lahme Bettler, wirklich, aber er läuft!"

Der Bettler wollte Simon umarmen. Er wollte ihm danken, doch Simon sagte ganz ruhig und gelassen: „Ihr dürft nicht denken, ich sei so tüchtig und könnte diesen Mann heilen. Ich habe es Jesus zu danken, daß ich es konnte. Ihr solltet auch mitmachen mit uns. Dann kann noch viel mehr geschehen. Dann kommt Jesus wieder zurück, um König zu sein."

32. Der Bettler

„Was ist denn hier los?" fragten die Tempelwächter, die gesehen hatten, daß die Leute zusammengelaufen waren. Jeder fing an zu berichten, es gab ein riesiges Durcheinander. Doch etwas konnten die Polizisten heraushören.

„Der Bettler vom Tor ist durch den da geheilt worden!" Sie zeigten auf Simon Petrus. „Er tat es im Namen des Jesus aus Nazaret." „Ja", bemerkte ein ande-

rer, „und ihr habt ihn ermorden lassen!" Die
Tempelpolizisten bekamen ein wenig Angst vor den
vielen Leuten, die sie umringten. „Kommt mit", sagten sie kurz zu Simon und Johannes, „zum Hohen-
priester."

Da wurden Simon Petrus und Johannes zusammen
mit dem Bettler zunächst einmal eingesperrt. Sie durften über Nacht nicht nach Hause. Am nächsten Tag
kamen dann alle Priester und Stadträte zusammen. Sie
fragten Simon Petrus: „Wie kam es, daß der Mann geheilt wurde? Wie kam es, daß du das konntest?" Sie
sahen ihn scharf an von der anderen Seite des großen

Tisches, aber Simon Petrus ließ sich nicht aus der Ruhe bringen.

Es sah so aus, als ob Simon Petrus sich viel wohler fühlte als alle die Priester in ihren weiten Gewändern zusammen. Er sprach: „Ich konnte es tun dank Jesus aus Nazaret, den ihr ermordet habt. Er wurde getötet, aber das heißt nicht: es ist vorbei. Es geht nämlich alles weiter! Er lebt!"

„Warte einmal", sagte da einer der Priester. „Gehörten die zwei nicht zu den Jüngern Jesu?"

„Ja", erwiderte Simon Petrus. „Dazu gehören wir."

Der Priester war nun ganz aufgebracht: Wie konnte dieser Simon Petrus so frech sein? Doch der Älteste hielt ihn zurück. Er sagte ihm leise ins Ohr: „Du mußt dich beherrschen! Der Bettler ist dabei. Er wird alles weitererzählen, was er hier mitkriegt."

Dann tuschelten die Priester miteinander. Sie wußten nicht, was sie tun sollten. Der Bettler, Johannes und Simon Petrus standen nur herum. Der Bettler verstand nicht, warum die über Johannes und Petrus so erregt waren. Petrus meinte zu dem Bettler: „Nur mit der Ruhe! Es kommt schon alles wieder in Ordnung!" und zwinkerte dabei dem Johannes zu.

Schließlich kam der Hohepriester zu ihnen und sprach: „Ihr müßt euch ruhig verhalten! Ihr dürft den Leuten nicht den Kopf verdrehen. Wir lassen euch frei, aber ihr dürft nicht mehr von Jesus erzählen. Ist das deutlich genug?"

Doch Petrus erwiderte: „Ich kann das aber nicht lassen!"

Der Hohepriester war voller Wut, aber er konnte sie nicht ins Gefängnis werfen. Sie hatten nichts getan, was verboten war. Zähneknirschend mußte er sie freilassen. So kamen sie nach Hause, und da wurden sie

mit Jubel empfangen. Ausführlich mußten sie die
ganze Geschichte erzählen. Jeder in der Stadt hatte ja
von dem Bettler gehört, der geheilt worden war. Nun
wollten viele Menschen auch zu den Jüngern Jesu gehören.

Johannes sagte: „Simon Petrus hat recht. Wir dürfen
keine Angst mehr haben. Wir müssen die Geschichten
von Jesus mutig weitersagen."

Da rief Philippus, der am Fenster stand: „Kommt
doch mal und seht euch das an!" Der Bettler spielte
mit den Kindern „Fang mich". Das hatte er noch nie
in seinem ganzen Leben getan. Die Kinder lachten. Sie
ließen sich leicht fangen. Auch der Mann lachte. Er
war ein neuer Mensch.

33. Philippus

Philippus war in der Gegend von Samaria unterwegs, einem Städtchen bei Jerusalem. Er war hierhergekommen, weil es für ihn und die Jünger in Jerusalem immer gefährlicher wurde. Jemand hatte ihnen geraten: „Ihr müßt nicht nur in Jerusalem bleiben! Schaut euch auch einmal auf den großen Straßen um, auf denen die Karawanen ziehen." Als Philippus einmal auf solch einer Straße entlangging, sah er eine Karawane, und ihr Führer saß in seinem Reisewagen und las in einem Buch. Es war ein kluger und tüchtiger Mann, der höchste Beamte einer reichen Dame aus einem fernen Land, aus Äthiopien. Sie hatte ihn nach Jerusalem geschickt, weil sie gern mehr über die alten und geheim-

nisvollen Bücher des Volkes von Jerusalem erfahren wollte. Der Mann hatte ein paar dieser alten Bücher kaufen können. Jetzt auf dem Weg las er darin. Langsam und laut las er die Worte eines der Propheten.

„So hat es Gott versprochen. Alle Menschen, aus allen Ländern, auch die, die nicht zum Volk Gottes gehören, sollen wissen: Gott hilft. Er wird einen Knecht schicken, den er liebt. Die Menschen aber wollen ihn töten, und wer wird dann noch erzählen können, daß er von Gott kam?"

Plötzlich tauchte das Gesicht eines Mannes über dem Rand des Wagens auf. Es war Philippus. Er hatte den Mann sprechen hören. Er fragte: „Verstehst du auch, was du da liest?"

„Nein, ehrlich gesagt, nicht so recht. Doch wenn du es mir erklären kannst, dann steig nur ein", antwortete der Mann.

Das ließ sich Philippus nicht zweimal sagen. Er stieg ein und sagte: „Ja, das ist es: Du bist auch einer von denen, die noch nicht zum Volk Gottes zählen, die aber jetzt wissen sollen, daß Gott den Menschen hilft."

„Ja, ja", grübelte der Mann, „ja, so etwas steht hier wohl. Doch der Knecht, wer ist der Knecht?"

Philippus erwiderte: „Das kann ich dir sagen: der Knecht, das war Jesus." Dann erzählte Philippus alle Geschichten von Jesus. Er erzählte auch: Jesus wollte, daß jeder zu Gott gehören sollte und daß nun immer mehr Menschen dazukämen. Die ließen sich dann taufen, mit Wasser. Mit einem Ruck hielt der Wagen. Sie hatten einen kleinen Fluß erreicht, den sie durchwaten mußten.

Auf einmal sagte der Mann: „Hör zu! Ich glaube, ich habe es verstanden. Ich will auch zu den Leuten Jesu

gehören. Hier ist Wasser. Was spricht dagegen, daß ich
hier getauft werde?" Ohne viele Worte gingen sie zum
Wasser.

Philippus taufte den Mann. Er schöpfte vom Wasser
und goß es über ihn. Dann ging der Mann fröhlich zu
seinem Wagen zurück. Als er sich noch einmal um-
blickte, um sich herzlich bei Philippus zu bedanken,
war Philippus schon nicht mehr da. Er hatte seine Arbeit getan, fand er. Er war schon wieder unterwegs zu
einer anderen Stadt. Der Mann setzte seine Reise fort.
Er fühlte sich glücklich.

34. Saulus in der Schule

Vorne in der ersten Reihe einer kleinen Klasse saß ein
ganz eifriger Schüler. Er hieß eigentlich Saul, aber
seine Eltern nannten ihn Saulus. Das hörte sich besser
an. Das klang römisch.

Nicht nur in Jerusalem und Israel, sondern auch in
allen Städten, in denen nur eine Handvoll Juden
wohnte, die zum Beispiel dorthin ausgewandert waren, in all diesen Orten kamen die Juden zusammen,
um die Bibel zu studieren. Auch ihre Kinder wurden
streng nach der biblischen Überlieferung erzogen. Jeder mußte sich genau in den jüdischen Gesetzen aus-
kennen, mußte wissen, was jüdische Sitte war und
was in der Bibel stand.

Das mußten sie in der Schule bei ihrem Lehrer,
beim Rabbi, lernen. Auf einer solchen Schule war Saulus in Tarsus, einem Hafenstädtchen in Kleinasien.

Weil es der Tag vor dem Sabbat war und sie alle eine

bessere Wochennote in Ordnung, Fleiß und Betragen hatten, wollte der Rabbi aus der Bibel vorlesen. Und weil Saulus da vorn die Arme am ordentlichsten übereinandergeschlagen hatte, durfte er die Geschichte auswählen, von König Saul natürlich, von dem stammte ja sein eigener Name.

Zwar stimmte etwas nicht mit jenem Saul damals, und er war bei weitem nicht so ein großartiger König wie König David, aber er war immerhin ein König, und es war auch so eine spannende Geschichte. So setzte der Rabbi heute seinen Bericht fort: wie König Saul neidisch wurde auf den jungen David, weil er selbst daran zweifelte, ob er wirklich ein guter König wäre. David war sogar geflohen, weil Saul ihn ermorden wollte, und Saul war hinter ihm her gewesen.

„Und eines Tages", fuhr der Rabbi fort, „hatte sich David tief in einer Berghöhle versteckt, und genau dorthin kam König Saul, um sich im Schatten auszuruhen. Da bekam David Herzklopfen wie noch nie. Ob Gott, der Herr, ihm diese Gelegenheit gegeben hatte, um den König zu töten? Nein! Selbst so ein Saul ist immer noch ein König Gottes.

David packte sein Messer, aber er tötete den König nicht. Er schlich sich wohl näher an ihn heran und schnitt ganz vorsichtig ein Stück aus Sauls Mantel. Saul merkte das nicht. Doch was würde jetzt geschehen?"

Der Rabbi erzählte so spannend, daß niemand zu antworten wagte. Alle waren mucksmäuschenstill, sogar der kleine Kornelius hinten links, der eigentlich kein echter Jude war. Seine Eltern waren mit Sauls Eltern befreundet, und sie schickten ihren Jungen in die jüdische Schule, weil das gut war für seine Erziehung. Der Rabbi hielt kurz inne und erzählte dann weiter:

„Als König Saul die Höhle verließ, hörte er: ‚Saul! Saul! Warum verfolgst du mich?'

‚Bist du etwa mein Sohn David?' fragte Saul. Seine Stimme brach ihm. Er weinte bitterlich.

‚Du hättest mich töten können, aber du hast mein Leben geschont. Du warst gut zu mir. Ich jedoch war böse zu dir. Ich weiß jetzt, daß du es bist: der König, der Messias des Herrn.'"

Dies war die richtige Stelle, so fand der Rabbi, um aufzuhören, und die Kinder gingen nach Hause. Saulus und Kornelius hatten einen gemeinsamen Heimweg. Auf einer umgekippten Säule spielten sie „Einer bringt den anderen aus dem Gleichgewicht", und dann spielten sie „David-und-Saul".

Als Saulus nach Hause kam, unterhielt sich sein Vater gerade mit dem Vater des Kornelius. Sauls Vater führte ein Geschäft, in dem Zelte und Decken verkauft wurden, hatte aber auch zusammen mit dem Vater des Kornelius etwas im Stadtrat zu sagen. Dafür war Vater sogar in aller Form römischer Bürger geworden, mit Abzeichen und Ring. Saulus würde später auch einen solchen Ring haben. Er wollte jetzt von der Schule berichten, aber Vater saß da, sah ihn an und lachte nur.

Plötzlich erschrak Saulus: An der Ecke, gegen einen Baum gelehnt, saß der Rabbi. Oh, jetzt würde der Rabbi merken, daß sie unterwegs gespielt hatten, das gehörte sich eigentlich nicht. Stand nicht in dem Buch der Sprichwörter geschrieben: „Laß deinen Fuß einen geraden Weg gehen, und unterbrich deine Wege nicht. Weiche nicht ab, weder nach links noch nach rechts. Halte deinen Fuß fern von dem Bösen!"

Doch Vater sprach: „Mein Sohn, bald wirst du schon zwölf. Dann bist du ein Sohn des Gesetzes, ein

Kind unseres jüdischen Glaubens, und der Rabbi hier
– er sei gesegnet – meint: Ein so tüchtiger Schüler wie
du sei für so einen einfachen Rabbi zu klug geworden."

Der Rabbi zog die Schultern hoch und nickte. Mutter war dazugekommen, stolz und neugierig: Um was
ging es denn?

Vater sprach zu Saulus: „Geh für eine Weile auf die
höhere Schule nach Jerusalem. Du wohnst da bei Onkel Benjamin, und du kommst in die Schule von – na,
rate mal – von dem berühmten Rabbi Gamaliel."

Saulus wurde rot, zuerst aus Verlegenheit, dann aus
Stolz, am Ende vor Aufregung.

35. Gamaliel

Der junge Saulus war in Jerusalem eingetroffen. Bei dem bekannten Rabbi Gamaliel durfte er studieren.

Saulus guckte sich die Augen aus in dieser prächtigen Stadt. Alles, was er bisher nur vom Hörensagen wußte, sah er nun in Wirklichkeit: den Tempel natürlich, die Mauern, die Tore, die Hügel, den Palast, die große Burg. Alles, was er von dieser Stadt schon von den Psalmen her kannte, schien zu stimmen.

Das Allerschönste aber war der Tempel. Überall auf dem Vorplatz standen kluge Männer, die die Bibel erklärten, und um sie herum lauter Erwachsene. Saulus mußte sich auf die Zehenspitzen stellen und hochspringen, um etwas zu sehen.

Gamaliel war einer der angesehensten Rabbis. Noch nie hatte Rabbi Gamaliel auch nur ein einziges Mal gegen irgendein jüdisches Gesetz verstoßen, nicht einmal aus Versehen, und das ist ein wahres Kunststück. Saulus durfte in Jerusalem in der zweiten Klasse studieren, der Klasse für Kinder reicher Eltern.

Eine strenge Schule, könnte man sagen, aber das war damals so üblich. Rabbi Gamaliel gehörte zu der Art von Menschen, die so klug sind, daß jeder vor ihnen etwas verlegen wird, sogar ältere Menschen. Eigentlich waren die Jungen der obersten Klasse zu denen aus den unteren Klassen viel strenger als der Rabbi selbst. Ja, wenn der Rabbi nicht da war, wollten die unbedingt merken lassen: wir werden auch einmal strenge Rabbinen. Aber Saulus machte das nicht viel aus. Er fand das Ganze herrlich. Mit großen Augen und offenem Mund hörte er zu, wenn sie die weisen Lernstücke des Tages nochmals kurz mit ihnen durchgingen.

„Hör zu, Junge", erklärte ihm einer, „wenn man Erbsen ißt, muß man jedesmal die zehnte Erbse auf den Tellerrand legen, denn es steht geschrieben: Du sollst ein Zehntel deines Einkommens Jahr für Jahr aufheben und es im dritten Jahr zum Tempel bringen. 5 Mose 14, Vers 22. Junge! Das habt ihr zu Hause in Tarsus nicht so gemacht, denke ich, oder? Ihr nehmt es dort nicht so genau, aber das Gesetz kann man nie genau genug nehmen. Entweder man ist Jude, oder man ist es nicht. Wenn man es ist, dann muß man es auch richtig sein."

„Ja", entgegnete ein anderer, „in den Städten wie Tarsus da draußen auf dem Land, wo dieser Junge herkommt, da gibt es Griechen, die ganz gern in unseren Synagogen mitmachen, weil das modern ist. Das findet ihr dort herrlich. Doch wenn die Griechen dazugehören wollen, dann müssen sie – bitte schön – erst einmal genau alle jüdischen Gesetze erfüllen. Vollwertige Juden werden die sowieso nie. So einfach geht das nicht. Das darf nicht sein: das mit den Griechen, die einfach nur so dazukommen."

„Frag einmal: Was ist ein Nazoräer?" flüsterte ein Junge neben Saulus. Also fragte Saulus: „Was ist das, ein Nazoräer?" „Eine gute Frage, Junge. Nazoräer sind Anhänger eines Jesus aus Nazaret. Dieser Jesus behauptete: in unserer Bibel stehe, daß Gott alle Menschen, die sich nicht an das jüdische Gesetz halten, genauso liebt wie die, die es treu und brav befolgen. Weißt du, was das heißt? Der Abschaum unter den Menschen, die Römer und Griechen, sollen genauso sein wie wir frommen Juden! Das hat er behauptet, dieser Jesus. Von mir wirst du so etwas nie zu hören bekommen. Als Jesus nach Jerusalem kam und den frömmsten und vornehmsten Leuten einfach vor-

schrieb, daß sie jetzt auch einmal die Bettler lieben
sollten, statt in den Tempel zu gehen, und als er dann
auch noch sagte, daß der Tempel von ihm aus einstür-

zen könne (das sagte er!): ja, da wurde er hingerichtet.
Klar: eigene Schuld! Das konnte er sich doch vorher
ausrechnen."

36. Stephanus

Rabbi Gamaliel schritt gemessenen Schritts zur Schule. Mucksmäuschenstill setzte sich jeder auf seinen Platz, um ehrfürchtig zuzuhören. Rabbi Gamaliel würde wieder eines seiner weisen Lehrstücke bringen. Er sagte: „Ich war im Rathaus. Sie fragten dort nach meiner Meinung über die Nazoräer. Ich habe gesagt: ‚Wir haben in der letzten Zeit schon oft falsche Propheten gehabt, die großen Wirbel gemacht haben und Mitläufer hatten. Eine Zeitlang sprach jeder darüber, und dann erlosch alles wieder wie ein Strohfeuer.

Wer hört heutzutage noch etwas von Teudas? Teudas behauptete doch, er sei was, doch nicht einmal ich weiß, was er war. Na ja, laßt diesen neuen Jesusverein ruhig seinen Weg gehen. Wenn es nichts wird, steht Gott nicht dahinter. Wenn es doch etwas wird, na ja, in dem Fall steht Gott wohl dahinter.'

Das habe ich gesagt", sprach Gamaliel, „und darum sind die Nazoräer nur mit einer Tracht Prügel davongekommen. Schlimmeres ist nicht mit ihnen passiert. Ihr könnt daraus lernen, wie gut es ist, genauso gescheit zu sein wie ich. Lassen wir die Jesusgemeinde der Nazoräer sein, was sie ist. Wir haben etwas Besseres zu tun! An die Bücher!"

So ging jeder wieder in die Schule zurück, an die Arbeit. Die Jungen jedoch fanden es natürlich viel zu spannend, um nicht nach dem Unterricht die Plätze am Tempel und beim Rathaus aufzusuchen und zu diskutieren. Gerade war wieder so ein Nazoräer verhaftet worden, ein gewisser Stephanus, früher ein sehr angesehener Mann in der Stadt, der viel für die Armen und Kranken tat. Doch jetzt war er ein Anhänger Jesu geworden. „Er will auch den Tempel in Brand stecken", tuschelten sie.

„Das geht auf gar keinen Fall", sagten sie zueinander. Der junge Saulus stand wieder dabei, um soviel wie möglich von dem aufzuschnappen, wovon sie sprachen. „Das geht nicht! Stellt euch vor, Kinder wie dieser kleine Junge hier würden so einem Stephanus glauben! Die werden doch gefährlich! Die wären doch gegen uns! Gerade jetzt, wo es darauf ankommt, in dieser Zeit der römischen Unterdrückung, da wollen sie unseren Glauben und unser einzigartiges, schönes jüdisches Leben zerstören."

Jeder regte sich immer mehr darüber auf, auch Saulus. Sollte es denn wahr sein, daß Leute herumliefen, die einem ausreden wollten, was man mit soviel Mühe gelernt hatte? Durfte das so einfach geschehen?

Plötzlich kamen einige hochangesehene Männer aus dem Rathaus. Sie sagten nichts bis auf einen, der sprach: „Es ist soweit. Mehr kann ich nicht sagen." Danach kam wieder eine Gruppe Männer heraus mit einem, den sie zwischen sich führten. Alle liefen hinterher, auch die Jungen aus Gamaliels Schule. „Was ist los?" fragte Saulus.

„Dumme Frage", erwiderte ein älterer Junge. „5 Mose 17, Vers 5! Das ist los! ‚Wer Böses tut in den Augen des Herrn und gegen seinen Bund verstößt, den sollt ihr zum Tor bringen und mit Steinen bewerfen, bis er tot ist.' Klar?"

Als sie zum Tor kamen, sagten die Mitschüler zu Saulus: „Das ist nichts für kleine Jungen. Verstanden? Hier! Halte mal eben meine Jacke fest!" Da stand nun der junge Saulus, mit lauter Jacken über dem Arm, während etwas weiter weg wahrscheinlich ein Mensch getötet wurde.

‚Warum halten die mich eigentlich zu jung dafür?‘ dachte Saulus. ‚Ich begreife es doch wirklich. Das Gesetz aus unserer Bibel ist so wichtig, man muß sich dafür einsetzen, daß es gut bleibt. Man darf nie zulassen, daß jemand etwas davon wegnimmt. Das begreife ich ganz gut.‘

Die Leute kamen zurück. Sie sagten nichts. Sie liefen schnell weiter. Die römische Polizei durfte es nicht merken. Es ging sie nichts an. Die Jungen nahmen schweigend ihre Jacken wieder an sich, und Saulus lief mit. Er hörte, wie einer zum anderen sagte: „Er rief noch: ‚Gott, vergib ihnen‘ oder so ähnlich.“

37. Auf dem Weg nach Damaskus

„Wir erklären mit diesem Schreiben, daß Rabbi Saulus, geboren in Tarsus, seine Schulzeit in Jerusalem bei Rabbi Gamaliel mit gutem Erfolg und mit Auszeichnung durchlaufen hat. Er ist nunmehr bevollmächtigt, in unseren ausländischen Synagogen zu untersuchen, ob es dort Menschen gibt, die zugeben, daß sie Anhänger des Jesus von Nazaret sind, damit er diese Menschen festnehme und gefangen nach Jerusalem bringe."

So lautete der Brief, den Saulus auf dem Weg nach Damaskus bei sich hatte. Er hatte die Rabbinenschule inzwischen durchlaufen. Er war sehr klug geworden. Er war sehr gut im Hersagen von Bibelstellen. Er hatte für jede Gelegenheit das passende Bibelwort.

Doch war es sehr bedauerlich, daß er nur gelernt hatte: Es kommt darauf an, ganz genau das zu tun, was in allerlei kleinen Gesetzen ganz genau angegeben war.

Nun, Saulus machte sich mit seinem hübschen Brief auf den Weg nach Damaskus, 250 Kilometer entfernt. Er wollte dort einmal alles gründlich untersuchen. Er würde sie schon zu fassen kriegen, diese Jesusleute. Die Schwierigkeit bestand jedoch darin: In Jerusalem hatte man schon viele Jesusleute verurteilt. Das hatte zur Folge, daß die vielen anderen in alle Himmelsrichtungen geflohen waren. Überall waren sie nun dabei, Menschen für ihre Jesusgemeinde zu begeistern. Sie waren wie Unkaut, überall tauchten sie auf. Saulus geriet darüber zuweilen in Verzweiflung. Gerade er war einer der besten Schüler von Rabbi Gamaliel. Gerade ihn hatte man beauftragt, alle Orte im

Ausland, an denen jüdische Gruppen wohnten, zu besuchen. Und gerade er hatte dabei am meisten mit den Jesusleuten zu tun. Er hatte sich aber auch am meisten mit dem beschäftigt, was die Jesusleute so alles behaupteten. Darum mußte gerade er sie auch ausfindig machen, sie festnehmen und nach Jerusalem bringen. Da würden sie dann ihr Urteil bekommen. Nur: das Ganze kam Saulus wie eine aussichtslose Sache vor, als hätte er schon verloren, noch ehe er überhaupt mit dem Spiel angefangen hatte. Doch das würde er nie zugeben.

Es war schwül unterwegs, und er war müde. Er saß auf seinem Pferd und dachte über allerlei Bibelworte nach, die er für seine Sache heranziehen konnte.

Da geschah es. Wie ein Blitz zuckte etwas durch ihn hindurch. Feuer! Dann ein Donnerschlag bei hellem Himmel! Und dann eine Stimme: Saul, Saul, warum verfolgst du mich? Saul, Saul, warum verfolgst du mich?

Genauso wie in der Bibel! Die Geschichte von König Saul und David. Der Saulus, der Saul: das bist du selbst! Warum verfolgst du mich, den Jesus! Wen du jetzt auch verfolgst: Du verfolgst Jesus. Saul! Saul! Warum? Was tust du da? Warum?

„He, was ist los mit ihm? He, Kameraden, wartet mal eben!" rief einer der Knechte. Sie begriffen nichts. Sie sahen Saulus nur am Boden liegen.

„Nun helft dem Herrn mal auf die Beine. Ihm ist sicher schlecht geworden." Saulus fühlte sich völlig leer. Seine Stimme versagte. Mit seinen Augen starrte er vor sich hin, aber sehen konnte er nichts. Dann brachten sie ihn langsam nach Damaskus. Drei Tage blieb es so mit ihm. Er konnte nichts essen, nichts trinken. Er konnte nichts sagen, nichts sehen.

Dann fühlte er eine Hand auf seiner Stirn, und er hörte jemanden sagen: „So, du also bist der berühmte Saulus. Sei ganz ruhig. Es wird alles gut werden. Ich bin Ananias. Ich gehöre zu den Jesusleuten. Ich kann auch sagen: Jesus hat mich geschickt. Das ist doch schon was, das bedeutet doch etwas, daß wir uns so begegnen. Oder etwa nicht? Ich hatte bisher immer Angst vor dir, und du hattest bisher immer Angst vor uns, vor Jesus. Und jetzt ... Was ist los?"

Saulus brach plötzlich in Tränen aus. Er schluchzte. Er schluckte. Er hielt sich an Ananias fest. Er sagte nur immer wieder: „Was habe ich getan! Was habe ich getan! Jetzt erst sehe ich, was ich getan habe."

Ananias blickte ihn an. Da merkte Saulus, daß er wieder sehen und sprechen konnte.

Ananias sagte: „Siehst du, wir sind nun füreinander zu Nächsten geworden. Nun wirst du etwas erleben.

410

Du kannst jetzt Dinge sagen, die du früher nie über deine Lippen gebracht hättest: etwas ganz Neues. Es mußte dich ja einmal jemand dahin bringen. Du warst nämlich so sehr damit beschäftigt, nur all das festzuhalten, was du gelernt hattest, daß du darüber hinaus keinen weiteren Gedanken fassen konntest.

Manche Leute brauchen etwas länger, um so über die Bibel nachzudenken, wie das die Jesusgemeinde tut. Bei dir ist das mit einem Schlag gekommen. Doch es war sicher schon eine ganze Weile bei dir drin. Du wußtest aus der Bibel viel über die Propheten. Du wußtest auch schon viel über Jesus von Nazaret. Es war eigentlich nichts für dich, das so einfach beiseite zu schieben. Das paßt gar nicht zu dir. Hier, nimm ein Stück Brot von mir. Du wirst Hunger haben. Nimm auch einen Schluck Wein von mir." Und Saulus aß und trank.

38. Bei der Arbeit

Für Saulus war plötzlich alles anders geworden. Jetzt sah er, daß man in der Bibel ganz neue Dinge entdecken kann, wenn man sich ernsthaft damit beschäftigt und damit lebt, wie es die Jesusleute taten. Langsam sprach es sich überall herum: Derselbe Saulus, der die Jesusgemeinde verfolgt hat, der arbeitet nun mit uns zusammen, und wie!

Einer unter ihnen, der auch davon hörte, war ein Mann namens Barnabas. „Laßt den Mann doch zu uns kommen", bat er, „hierher nach Antiochia." Antiochia war eine große Stadt mit etwa einer halben Million Einwohner.

Es gab dort auch eine große jüdische Gemeinde mit eigenen Synagogen, und viele waren sehr interessiert an der neuen Lehre Jesu. Barnabas war aus Jerusalem geflohen, als dort noch überall die Jesusleute verfolgt wurden. Im Ausland, in Antiochia, hatte er dann mit einer kleinen Schar von Freunden die Arbeit wiederaufgenommen, in jüdischen Synagogen von Jesus zu sprechen.

Saulus traf nun in Antiochia ein. Barnabas war ihm entgegengekommen, Saulus sollte bei ihm wohnen. Am nächsten Tag gingen sie zusammen in die Synagoge. Jedesmal, wenn sie unterwegs an einem Haus von Barnabas' Freunden vorbeikamen, ging die Tür auf, und es kamen ein paar neugierige Kinder zum Vorschein, dahinter neugierige Eltern, und jedesmal sagte Barnabas: „Das ist der Saulus, von dem ich sprach." Alle gingen mit, so daß am Ende ein ganzer Trupp bei der Synagoge ankam. Dort wollten sie miteinander über die neue Lehre Jesu reden.

Zunächst erhob sich der Älteste. Er las aus Psalm 2: „Laßt mich überall erzählen, was Gott der Herr zu mir sprach: ,Du bist mein Sohn, der Messias. Ich habe dich in die Welt geschickt. Das sollst du wissen. Alle Menschen, die ganze Welt gehört dir!'" Einen Augenblick lang war es still. Jeder sah auf Saulus. Er war der Gast. Er durfte zuerst reden.

Saulus stand auf und sprach: „Ihr Männer von Israel, und auch ihr da hinten, die ihr Gott verehrt, auch wenn ihr nicht zum jüdischen Volk gehört. (Damit waren die Griechen gemeint. Davon gab es viele in Antiochia. Sie kamen oft, um zuzuhören. Sie fanden die Bibel viel packender als ihre eigenen alten Götter.) Ihr seht mich an, als ob ihr dächtet: ,Was ist das für ein schwieriger Text, diese Psalmstelle! Wie soll man das verstehen: ein Mensch, der so gut ist, daß man ihn ein Kind Gottes nennen darf? Ein Mensch, der so mächtig ist, daß alle anderen Menschen auf der Welt ihm gehören? Wen soll man sich darunter vorstellen?'

413

Nun, denkt nicht, ich sei klüger als ihr. Das bin ich nicht. Doch für mich ist der Text nicht so schwierig. Wenn ich dabei an Jesus denke, dann wird mir klar: Er ist einer, der für alle Menschen auf der ganzen Welt da ist. Ihn darf man wirklich einen Sohn Gottes nennen. Bei Jesus ist mir klargeworden, was das heißt: ein Messias."

„Ja, aber was ich fragen wollte: Was ist das eigentlich – ein Messias?" erhob sich eine Stimme aus der letzten Reihe: „Ich meine: Was für ein Wort ist das?" Alle guckten nach hinten. Was für eine dumme Frage! Sicher von irgend so einem Griechen, der erst kurz dabei war.

Doch Saulus erwiderte: „Eine gute Frage! Schau, vor langer Zeit haben die Juden den Gott Israels kennengelernt. Gott sorgte dafür, daß sie Land fanden, in dem sie wohnen konnten. Dann dachten sich die Juden: ‚Jetzt, da wir ein richtiges Land haben, jetzt wollen wir auch einen König, genauso wie alle anderen Völker hier.' Es kam ein König. Saul hieß er, genau wie ich. Es war allerdings kein guter König. Er war um nichts besser als die Könige ringsum. Dann wurde David zum König gesalbt. Der glich schon viel mehr einem König, so wie Gott ihn sich vorstellte. Seitdem haben sich die Menschen immer danach gesehnt, daß irgendwann einmal ein Urururenkel von David kommen würde. Der würde dann endlich ein König nach Gottes Herzen sein. Der würde sich einsetzen für die, die traurig sind, für die Menschen, die sich nach Recht und Ehrlichkeit sehnen, für die Barmherzigen, für die Kinder, für all die, die nicht mächtig und reich sind. Als dann Jesus, aus der Davidsfamilie, kam, glaubten viele Menschen: Wenn jemand einem solchen König, wie Gott ihn wollte, gleicht, dann ist er es. Jesus ist dieser König.

Nun machte man früher jemanden zum König, indem man ihn mit kostbarem Öl, mit Salbe, einrieb. Ein König war deshalb ‚ein Gesalbter'. Bei uns heißt das ein Massiach oder Messias, und bei euch Griechen ist das … eh …

„Christos", rief ein Grieche.

„Ja, richtig, wenn man Jesus Christus sagt, meint man: Jesus ist der König."

„Ja", erwiderte der Grieche, „ja, wenn es mir so erzählt wird, dann verstehe ich es einigermaßen."

So kam es, daß Saulus von dem Griechen zum Essen eingeladen wurde. Das allerdings fanden manche ziemlich komisch, Saulus war doch ein Jude. Da sollte er mit Griechen nicht so vertraulich umgehen. Ehe man sich versieht, kann es passieren, daß man bei so einer Gelegenheit etwas tut, was man nach der Bibel nicht darf.

39. Juden und Griechen

Während Saulus mit seinen griechischen Freunden beim Essen saß, kam ein Junge herein. Mit einer wichtigen Nachricht, so sagte er jedenfalls. Mittags waren nämlich echte Christen in ihrer Stadt angekommen: Christen aus Jerusalem, die alles von Anfang an miterlebt hatten, Menschen, die mit denen verwandt waren, die Jesus noch persönlich gekannt hatten. Nun war Saulus einer, der immer alles ganz gründlich machte. Wenn er mit jemandem sprach, war er mit seinem Gesprächspartner so sehr beschäftigt, daß er von dem, was um ihn vorging, nichts sah, nichts hörte und nichts wahrnahm. So merkte er auch nicht, daß bei dieser Ankündigung einer nach dem anderen von seinen jüdischen Freunden sagte: „Leute... nichts für ungut, aber ich muß jetzt aufbrechen." Als dann die „echten Christen aus Jerusalem" in Erscheinung traten, ging sogar Barnabas, der Freund des Saulus – wie zufällig –, ein Stückchen weiter und tat so, als müsse er einen Baum besichtigen. So war Saulus der einzige Nicht-Grieche, der zwischen all den Griechen saß, mit ihnen redete und mit ihnen aß, bis ihn jemand anstieß: Da standen sieben verwunderte Christen aus Jerusalem vor ihm. „Das ist ja nicht zu fassen!" erregten sie sich. „So einer also ist der Saulus! Hör mal, was machst du denn da?"

„Ich esse", antwortete Saulus.

„Ja, aber geht das denn so ohne weiteres? Halten sich denn diese Menschen auch an unsere Gesetze, die vorschreiben, was man essen darf und was nicht? Verstehen diese Menschen die Bibel auch gut genug, daß du dich in dieser Form mit ihnen einlassen kannst?"

416

„Aber wir sind hier mit Freunden beisammen", entgegnete Saulus, „setzt euch doch dazu, wir alle hier sind Christen."

„Christen? Na ja, aber mancher ist sicher ein ernsterer Christ als der andere."

Saulus war verärgert und empört, und wenn Barnabas nicht hinzugekommen wäre, hätte es da bald einen richtigen Krach gegeben.

„Hört mal", fuhr Barnabas dazwischen (es tat ihm leid, daß er Saulus vorhin im Stich gelassen hatte), „in einer Stadt wie Antiochia gibt es eine Menge Leute, die nicht zum jüdischen Volk gehören. Denen muß man aber doch auch sagen können, was es heißt, in der Art Jesu zu leben. Tut ihr das drüben in Jerusalem nicht auch?"

„Nun ja, wir gehören zusammen. Wir erzählen uns die Geschichten von Jesus, die wir gesammelt haben. Wir erinnern uns gemeinsam an Worte, die Jesus selbst gesagt hat. Wir lernen sie auswendig."

„Ja", sagte Saulus, „Jesus hat auch zu seinen Jüngern gesagt: Macht die Menschen aus allen Völkern zu meinen Jüngern. Das stimmt doch, oder? Es gehören also alle Menschen zu uns ... Es ist nicht nur für die eigene Clique gemeint. Genau das habe ich Jesus zu verdanken. Ich muß nicht mehr bei jedem einzelnen denken: Darf ich mit ihm zusammensein, oder darf ich nicht? Darf ich mit ihm zusammen essen oder nicht? Nein, so brauche ich jetzt nicht mehr zu fragen. Was die Bibel zu sagen hat, gilt für jeden."

Die Frage damals lautete also: Muß einer erst ein richtiges und vorbildliches Glied einer jüdischen Synagogengemeinde sein, bevor er Christ werden darf? Der Streit um diese Frage hat Jahre gedauert. Es war eine der ersten Auseinandersetzungen in der Kirche. Gerade weil es dabei um etwas so Wichtiges ging, waren sie so leidenschaftlich beteiligt. Gelöst wurde die Streitfrage schließlich aufgrund eines Vermittlungsvorschlags von Barnabas: „Nun hört mir einmal zu. Selbstverständlich ist es einfach notwendig, daß wir in Jerusalem Leute haben, die weiterhin mit den Bibelgelehrten im Gespräch bleiben. Natürlich müssen die Bücher des Mose und der Propheten eifrig studiert werden: Jesus konnte nicht ohne die Bibel sein, und wir sicher auch nicht. Darüber sind wir uns einig. Wir brauchen aber auch Leute wie Saulus, die mit den Menschen reden können, die außerhalb stehen, mit den Griechen und Römern, mit den Menschen, die die Bibel noch gar nicht richtig kennen. Für die ist das, was Jesus sagte, doch auch bestimmt. Macht ihr in Jerusalem nur auf eure Weise weiter. Mit Saulus ... nun, laßt mich mit Saulus ziehen, zu den anderen, in die neuen Städte. Das ist etwas für ihn."

„Ich?" fragte Saulus. „Dazu bin ich doch viel zu schüchtern. Ich wüßte nicht, wie ich das machen sollte!"

Da mußten alle so herzhaft lachen, daß der Streit schon vorbei war.

„Wenn es einen gibt, der kein Blatt vor den Mund nimmt, wo es not tut: dann du!", rief Titus, der griechische Gastgeber.

„Halt! Halt!" rief Saulus. „Wieso? Bin ich etwa ein Angeber oder so etwas? Ihr haltet mich doch nicht etwa...? Eh... Ich meine... Ja, wenn es darum geht, was Jesus zu sagen hat, dann ja. Gut... Wenn das Angeben ist... na ja, dann bin ich gern ein Angeber."

„Es lebe Saulus, der Angeber", rief Titus und goß jedem ein, auch denen aus Jerusalem.

Bereits am nächsten Tag machten sich Saulus und Barnabas auf den Weg. Sie fuhren in einem kleinen Boot, das Kurs auf die Insel Zypern nahm. Auf der Landungsbrücke in der Nähe des kleinen Leuchtturms standen die Freunde aus Antiochia und Jerusalem und winkten ihnen nach.

40. Aus einem Saulus wird ein Paulus

Saulus und Barnabas erreichten die Insel Zypern und zogen von der Anlegestclle weiter in die Stadt Paphos am Meer. Dort wohnte Sergius Paulus, der römische Hauptmann der Insel. Sergius war ein vornehmer und kluger Mann. Oft lud er Schriftsteller, Gelehrte und religiöse Männer zu sich, um sie über alles mögliche zu befragen. Zu ihnen gehörte auch ein gewisser Ely-

mas. Als Sergius Paulus hörte, daß die Leute des neuen Propheten Jesus in der Stadt waren, ließ er sie sofort kommen.

Saulus und Barnabas traten ein. Sobald Elymas die beiden erblickte, streckte er zitternd seine Hände gegen sie aus und rief: „Diese Männer bringen nur Lügen, Schwindel und Betrug. Ich fühle es."

Da fragte Saulus den Sergius: „Wer ist dieser Mann?"

Sergius antwortete: „Er heißt Elymas. Er steht mit geheimen Mächten in Verbindung. Er kann die Steine in dem Korb dort zu Brot machen. Still, er fängt schon an."

Saulus brummte: „Da bin ich aber neugierig", und setzte sich:

Elymas begann. Er hatte einen weiten Mantel an. Er legte sieben Steine um einen Korb und lief siebenmal im Kreis um den Korb herum. Dann legte er die Steine, einen nach dem anderen, in den Korb und kniete davor. Er schloß seine Augen und murmelte: „Aus diesen Steinen kann ich Brote machen. Ich kann das, weil mir der hohe heilige Gott dabei hilft."

Da sprang Saulus auf. „Hör auf damit", schrie er. „Gott ist nicht da für deine Kunststückchen." Er packte den Mann und schüttelte ihn richtig durcheinander.

Dabei rutschten aus seinen weiten Ärmeln lauter Brote. Die hatte er dort versteckt. Der Mann wußte nicht, wie er schnell wegkommen sollte. Er stolperte rückwärts, fiel über seinen eigenen Korb und kroch auf Händen und Füßen aus dem Saal hinaus.

Da sprach Sergius zu Saulus: „Gut gemacht! Nun laß mal sehen, was du kannst."

Doch Saulus erwiderte: „Wir machen keine Kunststückchen. Wir können nur einzig und allein berichten, was Jesus uns gesagt hat und was er getan hat. Nur so können wir den Menschen helfen."

Darauf Sergius: „Dann mal los. Erzähl also!" Er wollte mehr davon wissen.

Den ganzen Abend über mußten Barnabas und Saulus bei Sergius bleiben und erzählen. Sergius war gepackt. Er wollte auch zu den Jesusleuten gehören. Saulus war darüber sehr froh. Es war das erste Mal, daß sich ihnen ein Römer anschloß. Darum nannte Saulus sich von nun an Paulus, nach diesem Sergius Paulus.

41. In Athen

Auf dem Weg nach Korinth kam Paulus auch nach
Athen. Athen war die schönste Stadt der Welt, wie die
Athener meinten. Das glaubten auch die Römer, die
jetzt überall die Macht hatten. Rom war sicher die
größte Stadt, die Stadt der Zukunft. Athen aber, das
war eine Stadt, da mußte man gewesen sein. Da lebten
die wirklich großen Dichter, die überragenden Den-
ker, und es gab dort die prächtigsten Standbilder, die
standen so einfach an der Straße.

Paulus aber war der seltsamste Tourist, der je in
Athen gewesen ist. Er ging umher und wunderte sich.
Wie lächerlich, all diese Standbilder mit Göttern! Für
alles hatten sie hier einen Gott extra: den Gott Hermes
fürs Geldverdienen, den Gott Apollo für die Kunst, den

Gott Dionysos fürs Feiern, die Göttin Artemis für die Frau, den Gott Zeus für die Götter selbst, die Göttin Minerva für den Studenten, und dann hatten sie noch einen besonderen Altar für den Fall, daß sie einen Gott vergessen haben sollten. „Das ist ja fürchterlich", dachte Paulus, „wie halten sie die nur alle auseinander?"

Er dachte aber auch: „Wie kann man diesen Menschen nur klarmachen, was ich ihnen sagen will. Es gibt hier so viele moderne, gelehrte Leute, die muß man auf eine moderne, gelehrte Art ansprechen." Und weil sich Paulus, wohin er auch kam, mit jedem sofort in ein Gespräch einließ, dauerte es nicht lange, bis einige Philosophen auf ihn zutraten und ihn fragten:

„Wir haben gehört, daß du eine neue Religion mitbringst, die von Jesus oder so, stimmt das? Dürften wir wohl erfahren, was das eigentlich ist? Sei so gut, und komm mit uns auf den Marktplatz."

Dort also mußte Paulus reden. Er tat es mit allen Gesten, wie er sie den Rednern abgeguckt hatte:

„Ich habe festgestellt, meine Herren, daß ihr sehr religiös seid. Ja, meine Herren, ich habe bei meinem Rundgang sogar festgestellt, daß ihr einen Altar habt „für den unbekannten Gott', wie es auf der Inschrift heißt. Nun, den Gott, an den ihr sicherheitshalber schon glaubt, werde ich euch bei seinem Namen nennen: Es ist unser Gott, der Gott Jesu, der Himmel und Erde gemacht hat. Er läßt sich bestimmt nicht in eure – übrigens prächtigen – Tempel einsperren. Er wohnt ganz einfach unter den Menschen. Jesus hat unter uns Menschen gelebt, und in ihm sind wir eh … dem Göttlichen begegnet. Wißt ihr, was ich meine?"

„Beinahe", antwortete ein Philosoph, „also: dieser Jesus war ein Mensch? Du glaubst, Gott wurde Mensch. So etwas würde ich nie tun, wenn ich Gott wäre. Ein Mensch ist immer sterblich, und du willst doch wohl nicht behaupten, daß Gott sterben will?"

„Jesus ist stärker als der Tod. Wenn es mit Jesus aus wäre, nachdem er ermordet wurde, dann stände ich hier nicht. Was er für uns tat, ist für uns das Leben."

„Ach, das gibt's doch gar nicht", entgegnete ein anderer. „Tod ist Tod, und Leben ist Leben."

„Ja", meinte ein anderer, „wenn ich es recht verstehe, so lautet deine Hypothese: Das Sein vermengt sich mit dem Seienden. Aber kannst du das beweisen?"

„Sprich weiter", forderte ihn wieder ein anderer auf, „das alles ist ja hochinteressant."

„Ach, versucht doch selbst, es herauszufinden", meinte Paulus. Er ging weiter. Die redeten alle so kompliziert. Doch gab es zwei Menschen, die ihm wirklich zuhören wollten. Das war zwar nicht viel, aber für Athen muß das genügen, dachte Paulus.

42. In Korinth

Korinth, das war eine ganz andere Stadt, lange nicht so schön wie Athen, lange nicht so berühmt, doch würdc das ein echter Korinther natürlich nie zugeben.

Alle Waren aus dem Osten wurden dort umgeladen auf die Schiffe nach Rom und dem ganzen Westen. Es war eine Hafenstadt mit viel Betrieb. Dort wimmelte es von Menschen aus allen Nationen der damaligen Welt. Korinth war auch eine schmutzige Stadt mit viel Armut.

Paulus hatte den Beruf eines Zeltmachers erlernt. In Korinth traf er einen jüdischen Kollegen, Aquila, mit seiner Frau Priszilla. Aquila konnte besonders gut Decken herstellen. So begannen sie zusammen ein kleines Geschäft: „Aquila und Paulus, Firma für Ihre Decken und Zelte."

Jeden Samstag gingen sie in die Synagoge. Dort sprach Paulus mit den anderen über Jesus. In der Woche jedoch sprach er bei seiner Arbeit auch mit den Hafenarbeitern, den Schiffsbauern und Markthändlern über Jesus. Allmählich entstand um Paulus eine ziemlich große Gemeinde, die sich aus den verschiedenartigsten Menschen zusammensetzte: Matrosen, ein geflüchteter Türke, Hafenarbeiter, der Vorsteher der Synagoge, Krispus mit seiner ganzen Familie, ein altes und dürres Männchen, ein paar Bettler und sogar einige reiche Kaufleute und Reeder aus der Stadt.

Einer von ihnen, Titius Justus, ein Grieche, der öfter in die Synagoge kam, hatte neben der Synagoge ein großes Haus. Dort kamen sie oft zusammen: reiche und arme Leute, Leute, die überhaupt nicht gewöhnt waren, mit ganz anders gearteten Leuten an ein und demselben Tisch zu sitzen. Doch Paulus vertrat die Meinung: Wenn man die Worte Jesu wirklich ernst nimmt, dann muß man auch so leben, wie Jesus es will. Und um sich darin schon ein wenig einzuüben, machte er folgenden Vorschlag: Wir essen so miteinander, wie etwa Jesus mit seinen Jüngern gegessen hat, damit wir Gelegenheit haben, mit ihnen zu sprechen. „Eine tolle Idee", fanden sie.

Eines Abends kam Paulus etwas später als gewöhnlich, weil er noch ein Zelt zu reparieren hatte, das sofort fertig sein mußte. Als er dann in das Haus des Titius Justus kam, wußte er nicht, was er sah. Oben am Tisch saßen einige der reichen Kaufleute und Reeder: Sie tranken, sangen und saßen lustig beieinander. Das ältere dürre Männchen bediente sie. Die anderen, die Matrosen, die Mädchen, die Arbeitslosen und Bettler, saßen ein wenig scheu und verschämt dabei. Einige hatten das Brotpäckchen noch vor sich liegen, das sie sich mitgebracht hatten.

„Was soll denn das?" rief Paulus.

„Ha, da ist ja auch Paulus", strahlte der Dickste. „Setz dich her zu uns!"

Doch da wurde Paulus von Wut gepackt.

„Habt ihr nicht eure eigenen Häuser? Dann haltet doch gefälligst dort eure hübschen Feste für euren Klub. Soll das hier etwa eine Mahlzeit im Sinne Jesu sein? Hier schlägt sich doch jeder für sich den Bauch voll, der eine auf Kosten des anderen! Wollt ihr nicht endlich einmal miteinander teilen? Jesus war ein Mensch, der sich ganz für andere gegeben hat. Und ihr, ihr steckt alles nur für euch selber ein."

„Tja", seufzte Titius. Er schämte sich. „Es tut mir leid. Du hast recht."

„Nun gut", sagte Paulus, „nächstes Mal übernehmt ihr die Bedienung, und die dort drüben sind die Ehrengäste. Dann sollen die Niedrigsten die Höchsten sein."

So geschah es. Solche Mahlzeiten machten Paulus Freude. Alle die kleinen Bettler und Knechte, all die großen Hafenarbeiter und Schiffsleute, so einfach von der Arbeit weg an den Tisch, und dann die feinen Herren, die schön servierten und ihnen einschenkten. So lernten sie. So lernten sie teilen, für andere dasein!

Mit der Zeit war das Üben natürlich nicht mehr nötig. Jeder teilte jetzt von sich aus alles mit den anderen.

43. Die Mädchen von Korinth

Abends war immer was los im Hafen von Korinth. Da
waren viele Schiffsleute, Matrosen, Schauerleute und
andere, die ein wenig Geld verdient hatten. Sie wollten
ausgehen und ihren Spaß haben. Sie suchten sich ein
Mädchen, eines von denen, die dort unten am Hafen
herumstanden und darauf warteten. Sie zahlten ein
Glas für sie, und dafür brauchte sie nur für den Rest des
Abends lieb und gefällig zu sein. Für sein sauer ver-
dientes Geld will man auch was Süßes haben, fanden
sie. Dafür sind die Mädchen da, dachten sie. Paulus
hatte das alles beobachtet, als er seine Zelttücher re-

parierte. Er fand es ziemlich blöde, was die Leute da anstellten.

„Seht", sagte er darum einmal nach einer Zusammenkunft zu so einem Jungen und einem aufgetakelten Mädchen, die öfter kamen und sich hinten im Saal niederließen, Hand in Hand. „Seht, so wie die Jungen und Mädchen unten am Hafen miteinander umgehen, soll es hier nicht zugehen. Wir sind frei, weil Jesus wollte, daß wir untereinander frei sind. Wenn aber ein Junge meint, sein Mädchen müsse lieb sein, weil er es dafür bezahlt, dann ist das Mädchen seine Sklavin und nicht seine Freundin. Verstanden?"

„Ja, mein Herr, gut, mein Herr", antwortete der Junge, er hieß Fortunatus, und Nympha, das Mädchen, nickte auch ein wenig dazu. So, das war's, dachte Paulus.

Aber beim nächsten Mal fragte die Mutter von Fortunatus: „Können wir dich kurz sprechen? Siehst du, es ist, wie du sagst. Das ist doch nichts, dieses Herumschlendern am Hafen, und darum haben die jungen Leute beschlossen zu heiraten. Na, wie findest du das? Sind sie jetzt nicht richtige Christen geworden, die wissen, was sich gehört? Und da dachte ich, wenn wir das auf unserer nächsten Zusammenkunft feierlich und ernsthaft feiern würden, so, wie sich das gehört. Meine Schwester kommt nämlich auch, ebenso ihr Onkel. Und du solltest dann so nett sein und etwas Schönes sagen."

„Das kann ich euch sofort sagen", erwiderte Paulus. „Denkt ihr etwa, man sei schon ein richtiger Christ, wenn man nach einer schönen Hochzeitsfeier mit einer schönen Frau verheiratet ist?"

„Aber", hob die Frau wieder an.

„Menschenskind, halt doch den Mund", fuhr Pau-

lus dazwischen. Er war ärgerlich. Er drehte sich um
und ging weg. Doch Priszilla, Aquilas Frau, ging mit.

„So darfst du nicht reden, wenn die jungen Leute
dabei sind", belehrte sie ihn, „du sprichst doch immer
davon, daß die Leute frei sein dürfen. Dann darfst du
nicht sagen, daß einer seinen Mund halten soll."

„Nun ja", gestand Paulus, „ich bin oft sehr unver-
nünftig. Das müßt ihr schon bei mir in Kauf nehmen.
Weißt du was, frag doch mal, ob die beiden jungen

434

Leute heute abend kurz bei mir vorbeikommen können? Gut?"

„Schon geschehen", erwiderte Priszilla. „Sie kommen zum Essen, und du paßt bitte auf, daß du keinen
Unsinn redest."

So kamen an dem Abend Fortunatus und Nympha
vorbei. Sie waren ein wenig verlegen. Paulus sprach an
diesem Abend ganz anders. „Es ist gut, wenn sich zwei
Menschen lieben. Man kann dann besser verstehen,
auf welche Art Jesus und die Menschen zusammengehören. Wir wollen uns an Jesus halten, so wie eine Frau
sich an ihren Mann halten will. Doch Jesus liebte die
Menschen so, daß er alles für sie übrig hatte, er fühlte
sich nie erhaben über sie. So kann auch ein Mann alles
für seine Frau übrig haben und darf sich nicht so groß,
so selbstherrlich und so eingebildet ihr gegenüber geben."

Nympha zog ein Gesicht, als ob sie zu Fortunatus
sagen wollte: Nun hörst du es einmal von einem anderen. Doch Paulus fuhr fort: „Wer nur von sich selbst
etwas hält, der weiß nie richtig, was er wert ist. Erst
dann merkt einer so richtig, was er selbst wert ist,
wenn er einen anderen liebt. Liebe deinen Nächsten,
denn der ist wie du."

44. Die Diana der Epheser

Nachdem er ein paar Jahre hart in Korinth gearbeitet hatte, fand Paulus, daß es jetzt an der Zeit sei, weiterzuziehen. Es tat ihm natürlich leid, denn er fühlte sich sehr verbunden mit all diesen Menschen, die manchmal so lästig sein konnten, dann aber oft auch wieder so herzlich waren. Aber gerade dann soll man nicht hängenbleiben, meinte Paulus: „Ehe man sich versieht, glaubt man, all diese Menschen könnten ohne mich nicht mehr auskommen. Sie müssen jetzt ohne mich fertig werden."

So bestieg er, seine kleine Reisetasche und die wenigen Habseligkeiten unter dem Arm, ein Schiff. Sein

Geschäftspartner Aquila und dessen Frau Priszilla gingen auch mit. Sie fuhren von einem Ort zum anderen und kamen schließlich nach Ephesus.

Jeder richtige Epheser war stolz auf seine Stadt. Sie war berühmt. Es gab dort ein Stadion und vor allem den Diana-Tempel, bekannt in der ganzen Welt und schon sehr alt.

Es war schon seit Jahrhunderten so, daß Ephesus vor allem die Stadt einer eigenen Göttin war. Die Menschen wußten es nicht anders. Die Göttin hieß Diana. Ihretwegen ging es immer friedlich zu in der Stadt, so glaubte man in Ephesus, denn ihre Glücksgöttin Diana hatte immer wie eine Mutter für sie gesorgt. Überall in den Geschäftsstraßen konnte man kleine Figuren der Diana kaufen, auch Fähnchen oder Brett-

chen mit dem Tempel darauf und in goldenen Buchstaben „Grüße von Diana". Auch gab es Dianateller
und Dianadöschen, aber das Schönste und bei den
Touristen am beliebtesten waren die bekannten Tempelchen aus echtem Silber. Die Silberschmiede aus
Ephesus hatten einen Namen auf diesem Gebiet. Vor
allem ein Mann wie der Silberschmied Demetrius war
eine Berühmtheit.

In dieser Stadt mit ihrem Dianakult begann Paulus
seine Arbeit. Der ganze Rummel dort konnte ihm jedoch nichts anhaben. Ihm ging es nicht um Souvenirs.
Er schickte eine Karte nach Korinth, um seinen Freunden mitzuteilen: Ich bin gut angekommen, aber wichtiger ist, daß ihr dort gut auf euch aufpaßt. Als erstes

ging er auch in Ephesus in die Synagoge. Da konnte man sich wenigstens vernünftig unterhalten. Da hatte man seine Ruhe vor diesem Diana-Rummel. Die Epheser glaubten ja ohnedies nur noch an ihre Göttin, weil sie ganz hübsch daran verdienten.

In der Synagoge jedoch wurde bald heiß diskutiert und debattiert. Es dauerte nicht lange, da sprach es sich auch bei den nichtjüdischen Bewohnern herum, daß etwas Neues im Gange war, seit der Neuling Paulus da war. Immer mehr Leute in Ephesus wollten mehr davon wissen. Ihr eigener Gottesdienst war schon so alt, der sagte den meisten nicht mehr viel. Doch der Gottesdienst von Paulus, der hatte es in sich, das konnte man ihm anmerken.

45. Demetrius

Demetrius, der Silberschmied, hatte eine eigene Werkstatt, die alle Geschäfte und Verkaufsstände in der Stadt mit den silbernen Andenkentempelchen belieferte. Er hatte schon einmal in der Mittagspause von seinen Arbeitern über die neue Gemeinde der Christen, wie sie sich nannten, gehört. Er hatte auch gesehen, wie im Hafen neue Leute eintrafen, die zu Paulus wollten und nicht zum Tempel. Schlechte Kunden. Auch war es ein paarmal vorgekommen, daß einige junge Arbeiter wegblieben oder andere über die Göttin Diana ihre Witze machten und so mit ihren Gedanken nicht bei der Sache waren.

Das soll mir alles gleich sein, dachte Demetrius, eine neue Religion stört mich nicht, solange sie meiner Kasse nicht schadet. Also rief er alle guten Handwerker, Zwischenhändler und Geschäftsinhaber zusammen und sprach:

„Seht, durch irgendeinen Paulus wird hier in der Stadt, in eurer Stadt, behauptet: Man kann Gott nicht mit dem, was wir als Künstler aus echtem Silber geschaffen haben, die Ehre erweisen. Wir geben unser ganzes künstlerisches Können an diese herrlichen Tempelchen, und so ein Herr Paulus behauptet ganz einfach, daß man daran nicht glauben darf.

Nun geht es mir überhaupt nicht um die sinkenden Verkaufszahlen, die wir zu spüren bekommen, wenn das so weitergeht. Ganz und gar nicht. Viel schlimmer finde ich, daß der Name der in ganz Kleinasien verehrten Mutter Diana in den Dreck gezogen wird. Freunde, sollen wir das hinnehmen?"

„Nein!" rief einer aus voller Überzeugung.

440

„Nein!" fielen alle anderen ein. „Diana, Diana,
Diana ist groß!", so sangen sie. Sie liefen auf die
Straße, über den Platz. Jedem, der zusah, riefen sie zu:
„Komm mit. Diana ist groß."

So kamen sie mit großem Gejohle zu dem Hause,
wo Paulus und seine Freunde wohnten. „Paulus soll
mitkommen!", riefen sie alle.

„Ich glaube, da draußen gibt es ein Mißverständ-
nis", sagte Paulus, „soll ich eben mit ihnen reden?"

„Bitte nicht", entgegnete einer seiner Freunde, „sei jetzt vernünftig, und verhalte dich ruhig. Laß nur mich das Wort führen, mich kennen sie." Es war Alexander. Paulus hatte ihn in der Synagoge kennengelernt. Er war bekannt als ein ehrlicher, anständiger Mann. Er mußte mit ins Stadion, „zur Besprechung", wie sie sagten. Sie wollten alle ihre Angelegenheiten genauso demokratisch abwickeln wie in Athen, aber hier hieß das, daß jeder sich selbst das Wort gab und alle durcheinanderredeten. Alexander versuchte noch kurz, sie zu beruhigen: „Friede, Leute, Friede euch allen, ob wir nun an den Gott der Juden oder an Diana glauben..."

„Wieder so ein Jude, der unsere Diana nicht ernst nimmt", rief einer, und dann überschrien ihn alle mit: „Diana, Diana, Diana ist groß. Diana, Diana, Diana ist groß." Das ging zwei Stunden so. Es fing an, richtig unangenehm zu werden.

Da trat plötzlich der von den Römern eingesetzte Sekretär des Stadtrates auf, und dieser Mann redete so klar und vernünftig, daß die Leute sich von selbst beruhigten. Der Sekretär sagte nur: „Verehrte Einwohner von Ephesus. Es ist allgemein bekannt, daß Ephesus den einzigen echten Dianatempel hat mit dem Bild der Diana. Das ist doch so klar wie nur irgend etwas. Ihr solltet euch also ruhig verhalten. Haben diese Leute hier etwas aus dem Tempel gestohlen? Wenn ja, hat der verehrte Demetrius Anzeige beim Gericht erstattet? Wenn nein, hat er sich in dieser Sache beim Statthalter beschwert? Wenn jemand eine Beschwerde hat, dann sollte er sie in der Volksversammlung vorbringen, sonst bekommt diese Stadt noch einmal den Namen einer Stadt des Aufruhrs, und das wäre auch nicht gut für den Tourismus. Hiermit erkläre ich die Sitzung für geschlossen."

442

Da stand jeder einfach auf und ging nach Hause. Paulus war nicht wenig verblüfft, bis er am Ende mit seinen Freunden schrecklich lachen mußte. „Wie kommt es nur?", fragte er. „Überall, wo man zeigt, was Jesus wollte, gibt es auch Menschen, die sich davor fürchten. Vielleicht hat dieser Demetrius recht: Alles in der Welt kann ganz anders werden, als wir es gewohnt sind."

46. Auseinandersetzungen

„Was ist nur mit dir los?", wurde Paulus von Aquila und Priszilla gefragt. Er lief im Zimmer auf und ab. „Du denkst wieder an unser altes Korinth", meinte Priszilla, „du machst dir wieder Sorgen. Du denkst wieder, daß es nur auf dich allein ankommt. Wenn Gott etwas von dir will, dann meiner Meinung nach nur das eine: du mußt Korinth erst einmal vergessen. Sonst brichst du noch zusammen. Du mußt lernen, daß auch andere dir bei deiner Arbeit helfen können. Nimm zum Beispiel den Apollos, den wir auf dem Weg hierher kennengelernt haben. Das ist so ein kluger Junge. Der kann alles so treffend sagen. Der würde sich gut eignen für Korinth. Und auch Titus ist einer, den du brauchen kannst. Ebenso Timotheus. Dem kannst du einen Brief von dir mitgeben. Er weiß, worauf es ankommt."

Das stimmte. Timotheus war so etwas wie der Sekretär von Paulus. Wenn zum Beispiel ein Schiff nach Galatien oder Philippi fuhr, dann wollte Paulus – und das immer im letzten Augenblick – noch schnell einen Brief mit einem guten Rat mitgeben. Weil aber die Schrift des Paulus nur schwer zu entziffern war, brauchte er den Timotheus immer zum Diktat. Auf diese Weise hatte Timotheus vieles von der Botschaft des Paulus gelernt. „Ihr habt recht", sagte Paulus zu Priszilla und Aquila, „die drei können verkünden, was Jesus gewollt hat." So kam es, daß Paulus von nun an oft Menschen, die er unterrichtet hatte, in all die Gemeinden schickte, die er im Laufe der Zeit gegründet hatte.

Einmal kam Timotheus aus Korinth zurück. Mit

finsterer Miene ging er zu Paulus. In Korinth war nämlich nicht alles in Ordnung. Das mußte Timotheus
nun dem Paulus beibringen. In Korinth waren Leute
aus Jerusalem gewesen und hatten sich abfällig über
Paulus geäußert: „Paulus, dieser Hampelmann, ist er
überhaupt ein richtiger Jesusanhänger? Der hat doch
Jesus gar nicht mehr gekannt? Wir sind noch von der
einzig echten, anerkannten und ursprünglichen Jesusgemeinde in Jerusalem. Das ist doch etwas ganz anderes als euer Stümperverein hier." So redeten die Leute
aus Jerusalem.

Außerdem gab es damals in Korinth Christen, die
behaupteten: „Wir haben hier einen neuen Mann,
Apollos, der kann alles so gut sagen, das ist neu, das

446

ist endlich mal was. Wir gehören eigentlich zum Apollos-Klub."

Und dann gab es andere, die fanden es überwältigend, wenn ein Redner von seiner Sache so hingerissen war, daß er nicht mehr wußte, was er sagte. „Man kann sich keinen Reim darauf machen, aber man kann daran erkennen, daß er es ehrlich meint." Die Anhänger dieser Gruppe nannten sich „Prophetenklub".

Und so ging das weiter. Schließlich wurde sogar ein Paulusverein gegründet. Timotheus wußte nicht mehr ein noch aus. Zuerst hatte er alles versucht, ihnen klarzumachen, daß dies der richtige Weg nicht sei. Doch damit hatte er die Auseinandersetzungen nur noch schlimmer gemacht.

47. Der Brief,
der aus Zorn geschrieben wurde

Paulus war rasend. Er hatte erfahren, daß die Christen
in Korinth miteinander im Streit lagen. Wenn Aquila
ihn nicht zurückgehalten hätte, er hätte sich noch am
selben Tag ein Schiff genommen, um nach Korinth zu
fahren.

    „Es ist besser, wenn einer wie Titus geht", meinte
Aquila, „der ist ruhig, der hat mehr Geduld als du. Gib
ihm einen Brief von dir mit, den er dann übergeben
kann."

So setzte sich Timotheus an diesem Abend hin und schrieb den Brief, den Titus mitnehmen sollte. Er schrieb, was Paulus ihm diktierte, soweit er es mitbekam. Und das lautete folgendermaßen: „Von Paulus an die Korinther. Gnade sei mit Euch und Friede von Gott, unserem Vater, und dem Herrn Jesus Christus. Zu meinem Bedauern konnte ich Euch bis jetzt nicht besuchen, aber vielleicht ist das ganz gut so. Ich würde mich nur aufregen und damit auch Euch. Ich habe mir erzählen lassen: Bei Euch seien ungewöhnliche Meisterprediger aufgetaucht, für die ich nur ein Christ zweiter Klasse bin, einer, der es nur vom Hörensagen wüßte. Und Ihr, Ihr habt euch einfach zweitrangige Christen nennen lassen und habt das auch noch geschluckt. Doch ich begreife jetzt: Ihr glaubt nur deshalb an Jesus, weil Ihr Euch einbildet, Ihr würdet es auf diese Weise noch zu etwas bringen. Ihr glaubt an Jesus, damit Ihr Euch in die Brust werfen und voll Stolz sagen könnt: wir gehören zu diesem schicken Klub, die übrigen nicht. Nun, mit solcher Einbildung will ich nicht das Geringste zu tun haben.

Soll ich mich etwa anpreisen als ein Superstar? Aber, liebe Leute! Ich war nicht zu Euch gekommen, um Mitglieder für meinen Verein zu werben. Ich war gekommen, um Euch frei zu machen, um Euch alle guten Nachrichten zu übermitteln, die ich über Jesus habe. Geschichten, von denen Ihr etwas hättet. Wäre ich nur ein kluger und schöner Redner, der Euch gar nicht liebte, dann wäre ich doch nur eine Blechtrompete für Euch, die keinen ordentlichen Ton hervorbringt.

Wäre ich einer aus dem Prophetenklub, tiefreligiös und hochbegeistert, ja, wäre ich wirklich fromm und gläubig dort bei Euch, ohne Euch jedoch zu lieben, dann wäre ich trotz alledem ein Nichts. Und wäre ich der freigebigste Glaubensheld, der alles aufopferte und für seine Religion übrig hätte, ohne Euch zu lieben, dann hätte ich es ebensogut bleibenlassen können.

Liebe schafft Vertrauen.

Liebe kommt entgegen.

Liebe gibt nicht an.

Liebe ist nicht gemein.

Liebe denkt nicht an sich selbst.

Liebe läßt nie jemanden allein.

Liebe freut sich über alles, was echt, was ehrlich und wahrhaftig ist.

Durch Liebe kann man alles haben.

Die Liebe schafft es, daß wir wieder glauben und hoffen können, denn sie glaubt und hofft alles. Wir sind auf Liebe angewiesen. Es gibt noch so viel, was wir jetzt noch nicht verstehen. Wenn wir uns umsehen, dann hat so vieles in unserer Welt oft weder Hand noch Fuß. Doch das wird einmal anders werden. Wir dürfen nicht aufhören zu glauben, zu hoffen, zu lieben, aber das Wichtigste ist: zu lieben."

„Einen Augenblick bitte", rief Timotheus, „das Letzte habe ich nicht mitgekriegt. Was sagtest du noch?"

Da nahm Paulus selber den Stift und schrieb:

„Seht, jetzt schreibe ich Euch eigenhändig, mit so großen Buchstaben. Grüßt mir alle Bekannten! Meine Liebe gilt euch allen, denn jeder wird von Jesus geliebt. Euer Paulus."

Seht, jetzt schreibe ich euch eigenhändig, mit so groszen Buchstaben. Grüßt mir alle Bekannten! Meine Liebe gilt euch allen, denn jeder wird von Jesus geliebt.
Paulus
An die
in

48. Zurück nach Jerusalem

Überall in Griechenland und Kleinasien waren in den Städtchen christliche Gemeinden entstanden. Das war schon etwas Gewaltiges, doch Paulus befürchtete ein wenig: Die hier im Ausland sind so froh, auf eigenen Beinen zu stehen, daß sie am Ende die Christen in Jerusalem vergessen. In Jerusalem hatte ja alles angefangen, und in eben diesem Jerusalem hatten es die Christen jetzt am schwersten. Darum schrieb er in alle diese Gemeinden einen Brief, darin stand:

„Darf ich Euch mit einer Bitte belästigen? Es geht um folgendes: Ich reise nach Jerusalem. Vorher komme ich kurz bei Euch vorbei. Nicht nur, um Euch noch einmal wiederzusehen. Ich möchte auch Geld für Jerusalem sammeln. Sie sollen dort wissen, daß Ihr an sie denkt. Legt ab heute in jeder Woche etwas auf die Seite, damit nicht erst noch gesammelt werden muß, wenn ich schon da bin. Ich weiß doch, wie das geht.

Dann empfindet Ihr es plötzlich als eine riesengroße Ausgabe, dann habt Ihr das Gefühl: Wir müssen es ja, und wie schön ist es doch von uns, ein so großes Opfer zu bringen. Dabei ist das doch die einfachste Sache von der Welt. Von fröhlichen Gebern hält Gott mehr als von solchen, die ein saures Gesicht dazu machen oder Hintergedanken haben.

Alles Gute. Ich bin bald da. Paulus."

So zog Paulus mit seinem Schiff von einer Stadt zur anderen, und überall sammelte er etwas ein. In der Stadt, die er wahrscheinlich am meisten liebte, in Ephesus, legte er jedoch nicht an. „Ich komme ja an Mylet vorbei", schrieb er, „da gibt es schräg gegenüber dem Hafendamm so eine kleine Terrasse. Dort sollen sich alle aus der Gegend treffen, auch Ihr aus Ephesus. Wir können uns da noch ein wenig unterhalten."

So saßen sie schließlich alle in Mylet beieinander, voller Freude, sich wiederzusehen. Doch war die Stimmung etwas bedrückt. „Du gehst besser nicht, Paulus", meinte schließlich einer. „Die Christen in

Jerusalem haben es schon schwer genug. Wenn die jüdischen Gelehrten feststellen, daß du da bist, dann wird alles nur noch schlimmer. Denk an Stephanus, wie der zu Tode gekommen ist."

„Tja", meinte Paulus, „aber ich kann nicht immer so sicher und bequem weiterleben, während die Christen in Jerusalem eine ganz schwere Aufgabe zu bewältigen haben, die zugleich die allerwichtigste ist. Sie sind damit beschäftigt, die Bücher von Mose und den Propheten zu studieren. So hören sie nicht auf, mit der jüdischen Gemeinde in Verbindung zu bleiben. Sie wagen unter Lebensgefahr, weiterhin mit den Schriftgelehrten zu sprechen. Das dürfen wir nicht vergessen. Wir sollten nie sagen: Wir haben doch Jesus, wir wissen jetzt genau, wie wir leben müssen, und die Sache von Mose, den Propheten und dem jüdischen Volk, die können wir doch getrost vergessen. Wenn wir so denken, geht alles schief."

„Das begreife ich natürlich", erwiderte einer der Versammelten, „aber du darfst uns eines nicht übelnehmen: Wir wollen einfach nicht, daß man dich festnimmt oder tötet. Denn ... wir hängen an dir. Wir hoffen, daß du bald zu uns zurückkommst. Kannst du das nicht verstehen?"

„Ich verstehe es", antwortete Paulus, „aber eigentlich habe ich vor, von Jerusalem aus nach Rom zu gehen. Das ist die Stadt, die für die Römer am wichtigsten ist. Da müßte ich einmal hin."

„Nach Rom? Dann sehen wir dich ja vielleicht nie mehr wieder? Dann ist es heute das letzte Mal, daß wir mit dir sprechen? Aber... Aber..."

„Ja", erwiderte Paulus, „das letzte Mal. Für mich ist das auch schlimm genug. Ich habe so viel an euch gehabt. Ich denke, ich meine, ich sollte jetzt aufbrechen. Es ist das beste. Ich werde sonst zu traurig darüber."

Dann brachten sie ihn alle zu dem Boot am Ende der Landungsbrücke. Sie blieben noch lange stehen und winkten ihm nach, bis das Boot nicht mehr zu sehen war.

49. Verhaftet

In Jerusalem wurde Paulus von den dortigen Christen herzlich empfangen. Aber wenn er mit einem Fremden auf der Straße oder gar auf dem Tempelplatz ins Gespräch kam, konnte er seine Meinung nicht für sich behalten. Er hatte eben vor nichts Angst. Doch schon bald gab es Schwierigkeiten. Es gab dort einen Menschen, der Paulus noch von seiner Schulzeit in Jerusalem her kannte. Er war inzwischen ein strenger Bibelgläubiger geworden und hatte so viel von ihr auswendig gelernt, daß er gleichsam ein Brett vor dem Kopf hatte. Dieser Mann hatte Paulus wiedererkannt.

Er hatte gerufen: „Dieser Saulus von früher, der sich jetzt Paulus nennt, ist derselbe, der nun zu den Jesusleuten gehört. Überall in Antiochia, Ephesus, Korinth und anderswo hat er unsere Leute überredet. Gerade jetzt, wo wir *eine* Front machen müssen gegen die Römer in unserem Land. Gerade jetzt, wo wir begreifen müssen, daß wir alle wie *ein* Mann hinter unserer heiligen Nation zu stehen haben! Freunde, das dürfen wir nicht hinnehmen! Wir packen ihn."

Also war Paulus beim nächsten Mal, als er zum Tempelplatz kam, im Nu von zwölf jungen finsteren Bibelgelehrten umringt.

„Freundchen, mit dir haben wir ein Hühnchen zu rupfen!" drohten sie. „Du behauptest doch, es sei Gott gleich, ob der heilige Tempel für Juden da ist oder für dreckige Griechen und römische Herren. Komm mal mit uns." Sie zerrten ihn vom Tempelplatz fort, denn sie meinten, man dürfte ohne weiteres ab und zu jemanden zusammenschlagen, wenn man es nur nicht auf dem Tempelplatz tut.

Doch draußen auf der Straße wurde aus dem Ganzen
bald ein regelrechter Auflauf, weil alle möglichen
Leute sich einmischen wollten, so daß die römische
Polizei herbeikam. Das war gut so, sonst wäre Paulus
sicher noch ermordet worden. Die römische Polizei
war damals Herr in Jerusalem. Die Juden fanden das
schrecklich. Sie machten manche Pläne, um den Römern Widerstand zu leisten. Trotzdem hatten sie
Angst. Sie ließen Paulus sofort los. „Was gibt es hier,
Leute?" fragte der römische Wachtmeister. „Geht
weiter, Leute! Hier ist gar nichts los! Keine Versamm-
lungen, bitte! Los! Ihr auch, Kinder! Geht spielen!"

Doch dann fingen alle wieder an zu schreien, es sei
eine Schande, und die Polizei solle den Paulus nur
mitnehmen, wenn sie Ruhe und Ordnung wollten.
Der Wachtmeister dachte bei sich: „All das hebräische
Gebrabbel hier, das kann ich ja doch nicht verstehen.
Gleich fangen sie sicher wieder an zu streiten und zu
prügeln." Darum sagte er zu seinen Männern: „Leute!
Zwei von euch tragen den kleinen Juden hoch über

sich! Die anderen marschieren mit gezogenem Schwert daneben. Und dann ab zur Wache! Da werden wir den Herrn einmal verhören.'' So wurde Paulus – wohlgemerkt! – von den Römern gerettet und auf Händen zum römischen Gefängnis getragen.

,,Setzt ihn nur dort ab. Bindet ihn gut fest, und holt einen Dolmetscher! Wir werden uns inzwischen diesen Juden schon einmal vorknöpfen'', donnerte der Wachtmeister, er hieß Lysias. ,,Eine gute Tracht Prügel von unseren Leuten wird sein Gedächtnis auffrischen, denke ich.''

,,Du könntest mich, zum Beispiel, auch erst einmal höflich fragen, was los ist'', bemerkte Paulus da in seinem besten Griechisch.

,,Was!'' rief der Wachtmeister Lysias, ,,du sprichst Griechisch? Hast du mitbekommen, was ich meinen Leuten sagte? Entschuldigung! Ich dachte, du sprichst nur das Hebräische von hier.''

,,Macht nichts'', erwiderte Paulus, ,,aber da du mich nun verstehen kannst: Darf man eigentlich einen

Mann, der das römische Bürgerrecht hat, so einfach bei der Vernehmung schlagen?"

„Wieso, wieso?", fragte Lysias, der genau wußte, daß das nicht sein darf.

„Ach, nur so", entgegnete Paulus. „Aber ich habe zufällig das römische Bürgerrecht. Hier!" Er ließ seinen Ring sehen, den man nur tragen konnte, wenn man römischer Bürger war.

„Was für ein Zufall", rief Lysias. „Ich auch. Ja, Ich habe all mein Geld da hineingesteckt und mich dafür abrackern müssen, um das zu erreichen. Aber darf ich mich eben vorstellen? Bleib nur sitzen. Lysias ist mein Name: Claudius Lysias."

„Ich heiße Paulus. Ich komme aus Tarsus. Mein Vater hatte dort ein Amt im Stadtrat, und so war ich von Haus aus schon römischer Bürger, verstehst du?" Lysias verstand es nur allzu gut. Er dachte: Da habe ich aber einen ganz Vornehmen in meinem Gefängnis.

Draußen war es immer noch unruhig. Noch immer waren da Leute in Jerusalem, die sich über diesen Paulus furchtbar aufregten. „So ein Mann, der behauptet, Gott sei auch für die Nichtjuden da, den kann man doch nicht am Leben lassen!" brüllte einer. „Ich schwöre", rief ein anderer, „mit der Hand auf der Flagge: daß ich mich nicht rasieren und keinen Bissen zu mir nehmen werde, bis dieser Paulus getötet ist. So wahr mir der allmächtige Gott helfe."

Im Nu waren es schon vierzig, die das auch versprechen wollten. Vielleicht taten sie es nur darum, weil es so spannend war. Sie fingen an, geheimnisvoll miteinander zu tuscheln. Als ein Junge auf einem Mäuerchen mit großen Augen ganz verlegen zusah, rief dann auch einer: „Los, Junge! Geh zu deiner Mutter! Das hier ist nichts für Kinder!"

Aber dieser Junge hatte den ganzen Tag über alles
mit angesehen: wie Paulus vom Tempelplatz wegge-
zerrt worden war und wie ihn die Polizei dann zur
Wache weggetragen hatte. Dieser Junge war ein kleiner Neffe des Paulus.

Er rannte ganz einfach zur Polizeiwache, zum Büro
des Wachtmeisters Claudius Lysias und erzählte dem
Paulus alles, obwohl Claudius dabeisaß. „Sie wollen
erreichen, daß du vor das eigene jüdische Gericht
kommst, und dann wollen sie unterwegs, wenn du

dorthin gebracht wirst, mit verhülltem Gesicht einen Überfall machen und dich mitnehmen und töten."

„Denen werden wir aber einen ganz schönen Strich durch die Rechnung machen, ich bin ja schließlich auch noch da", bemerkte Claudius Lysias, nachdem er endlich begriffen hatte, was los war. „Den Herrn Paulus bringen wir heute abend noch zum amtlichen Hauptgefängnis in Cäsarea. Ich gebe einen Brief mit, daß alles in Ordnung ist, weil ich, Wachtmeister C. Lysias, es geregelt habe. Du, denk daran, junger Mann: in Jerusalem den Mund halten! Verstanden? Nimm besser den hinteren Ausgang. Verstanden?"

„Verstanden", antwortete der kleine Neffe nur, und Paulus zwinkerte ihm zu, um ihm zu danken...

50. Im Gefängnis

Um drei Uhr nachts standen zweihundert mit Schwertern bewaffnete Soldaten, siebzig Reiter mit ihren Pferden, zweihundert Soldaten mit ihren Speeren und zwei Hauptleute mit ihren Sternen bereit, um Paulus nach Cäsarea zu bringen.

So kam es, daß ein paar Stunden später vierzig unrasierte Männer, die mit leerem Magen am Gefängnis standen und warteten, allmählich merkten: Die haben uns zum Narren gehalten. Paulus saß da längst schon gefangen, aber sicher im großen Gefängnis des Hafenstädtchens Cäsarea. Dort fand eine amtliche Gerichtsverhandlung statt. Der Richter hieß Felix, er war auch der Verwalter des römischen Kaisers für die Provinz Israel. Die jüdischen Tempelleute hatten ihren tüchtigsten Rechtsanwalt zur Verhandlung geschickt, und der packte das Ganze so an:

„Daß wir – Dank sei dir! – Ruhe und Frieden genießen, hochwohlgeborener Felix, kann, darf und will ich nicht verleugnen, und wenn es mir erlaubt ist, Ihre kostbare Zeit kurz in Anspruch zu nehmen, Hochwohlgeborener, geschieht das, weil Sie berühmt sind wegen Ihrer Freundlichkeit. Leider geht es um diesen Gauner hier, eine Pest für die Bevölkerung, einen krankhaften Aufwiegler gegen Ihre amtliche Stellung, womit der großen Mehrheit unseres gesunden Volkes nicht gedient ist. Wissen Sie, was der Bursche ist: ein Christ!"

,Ja', dachte Felix, ,quatsch du nur weiter, Mann.' Fünf Minuten später sagte er dann: „Diese Sache genießt die volle Aufmerksamkeit der Regierung. Sie wird eine Untersuchung einleiten. Ich danke dir für deinen Beitrag. Die Sitzung ist beendet."

Felix war nämlich mit einer jüdischen Frau, Drusilla, verheiratet, und von ihr hatte er schon von der Christenbewegung gehört. Er fand es höchst interessant, so einen Christen in seinem Gefängnis zu haben. Immer nur Diebe und Rebellen, das wird mit der Zeit langweilig. Auch dachte er: So ein Paulus hat viele Beziehungen. Vielleicht bringt die Sache einmal ein ordentliches Lösegeld. An diesem Abend sagte er zu seiner Frau: „Wir haben jetzt jemanden im Gefängnis, Schatz, den wirst du sicher aufregend finden, sollen wir ihn abends einmal kommen lassen?"

So mußte Paulus zu einem gemütlichen Abend des Kommissars Felix kommen und über sein Leben und seine Abenteuer erzählen.

Abschließend sagte er: „Früher, früher hielt ich mich auch für eine sehr gewichtige Person, viel klüger, viel höher als alle die anderen, die nicht dazu gehörten. Als ich aber begriff: Jesus will, daß man sich den armen

Ludern, den Juden oder Nichtjuden, den Menschen anschließt, die nicht so naseweis und eingebildet sind, alles zu wissen, ja, da wurde es anders.

Das ist ganz seltsam, auf einmal fühlt man sich wie befreit. Könnt ihr euch das vorstellen, Felix und Drusilla, wie frei sich einer plötzlich fühlt, wenn er begreift: ich brauche mich nicht so klug zu machen, um mich gut zu finden? Stellt euch vor: Ihr könnt genauso freie Menschen werden wie ich. Abgesehen natürlich von diesen Handschellen hier."

„Ja, ja", gab Felix zu, „das ist alles sehr schön. Wir müssen sicher noch lange darüber reden, wenn ich einmal etwas mehr Zeit habe."

So einer war Felix nun mal. So kam es, daß Paulus noch lange im Gefängnis von Cäsarea blieb. Er hatte es da übrigens nicht schlecht, doch langsam wurde er ungeduldig. Er wollte nach Rom.

51. Nach Rom

Zwei Jahre lang saß Paulus im Gefängnis von Cäsarea.
Dann kam ein neuer römischer Kommissar, der die
Provinz Israel verwaltete. Er hieß Festus. Der war nun
auch der Herr über das Gefängnis, in dem Paulus saß.
Festus lag die Sache mit Paulus allerdings schwer im
Magen. Kaum hatte er sich richtig eingelebt, da liefen
ihm die Tempelleute aus Jerusalem auch schon die
Tür ein, um zu sagen, daß dieser Paulus ein ganz ge-
fährlicher Mann sei und sie guten Rat wüßten, wenn
sie ihn nur vor ihr eigenes Gericht kriegen könnten.

Festus war aber ein anständiger Mensch. Er wußte,
daß Paulus das römische Bürgerrecht hatte, so einen
konnte man nicht einfach von Nichtrömern verurtei-
len lassen. Das war nach dem Gesetz nicht möglich,
und Festus tat nie etwas, was nach dem Gesetz nicht
möglich war. Doch was er mit diesem Paulus anfangen
sollte, das stand leider nicht im Gesetz, und darum
wußte Festus nicht recht weiter. Er saß fest.

Nun sollte in seinem Haus ein großer Empfang
stattfinden für Agrippa, den König des jüdischen Volkes.

Er hatte keine große Bedeutung, dieser Judenkönig,
aber er gab den Menschen doch das Gefühl, ein eigenes
Königshaus zu haben. Die Römer waren schlau genug,
das so zu lassen. „So ein König ist immer noch besser
als eine Schar aufständischer Rebellen, die gegen uns
Römer kämpfen wollen", dachten sie. Also wurde König Agrippa mit aller Pracht und allem Prunk, mit einem Triumphbogen und mit Musik umgeben. Er
durfte die Parade abnehmen und oben vom Balkon
dem Volk unten zuwinken. Später am Abend beim

Festessen brachte Festus das Gespräch auf Paulus.
„Was würden Sie mir raten, Exzellenz, in dieser
schwierigen Angelegenheit?"

„Nun, laß mich den Mann doch mal sehen", befahl
Agrippa, der sich schon den ganzen Tag über wie ein
gewaltiger König fühlte und darum gute Laune hatte.

So wurde Paulus wieder vorgeführt, und wieder erzählte er seine ganze Lebensgeschichte. „Denn", so
sprach er, „wenn man die Propheten liest, dann weiß
man doch: Gott verlangt nach einem König, der nicht
hoch und gewaltig ist, sondern nach einem, der
Schmerzen hat genau wie Menschen, die Schmerzen
haben; der einen spüren läßt: das Leben ist mehr als
nur ein allmähliches Sterben. So einer ist Jesus: einer,
der das merken läßt."

„Es mag an mir liegen", fiel ihm Festus ins Wort,
„aber das ist mir alles ein bißchen hoch."

Doch Paulus ließ sich nicht ablenken und sprach
jetzt nur noch zu Agrippa: „Sie kennen doch auch die
Bibel. Sie kennen auch die Bücher des Jesaja und Mose.
Ich weiß, daß Sie daran glauben. Stimmt das oder
nicht? Na also. Also müssen Sie mit mir darin über-
einstimmen, daß Jesus…"

„Ja, ja, ja, aber warte mal", meinte Agrippa nervös,
„im Nu machst du aus mir einen Christen, bevor ich
es selbst merke." Und um zu zeigen, daß er zu bestimmen hat, sagte er zu Festus: „Das ist schon in Ordnung. Dieser Bursche hat nichts gegen die jüdischen
Gesetze verbrochen. Dafür stehe ich gerade."

„Das ist richtig", erwiderte Paulus, „ich bin allerdings von der römischen Polizei verhaftet worden." Er
hatte Angst, doch noch ermordet zu werden, wenn er
freigelassen würde. „Ich stehe unter den Gesetzen des
römischen Kaisers."

„Gut", stellte Festus klar, „der Herr geht in die Berufung? Dann schicken wir Sie weiter zum obersten Gerichtshof in Rom."

Das ist noch einmal gutgegangen, dachte Paulus,
aber er dachte auch: Das ist ja herrlich; endlich habe
ich meine Freifahrt nach Rom.

52. Der Schiffbruch

Anfangs hatte das für damalige Verhältnisse riesige Schiff Rückenwind. Es sollte Paulus und andere Gefangene nach Rom bringen. Doch in der Nähe der Insel Kreta wurde es anders. Da bekamen sie immer wieder Gegenwind, und da kommt man einfach nicht voran. Es ging schon auf Ende Oktober zu. Paulus sagte zu dem Kapitän: „Ich an deiner Stelle würde einen Platz zum Überwintern aufsuchen. Es hängt Sturm in der Luft, das fühle ich. Wenn der losgeht, bleibt das Wetter schlecht bis in den März hinein."

„Kümmere du dich doch darum nicht, du alte Landratte", knurrte der Kapitän, „was verstehst du denn schon davon? Der Steuermann, ich meine, der Steuermann und ich, wir haben beschlossen, noch ein Stück weiterzufahren und dann anzulegen, und damit basta."

Paulus hielt seinen Mund. Ein richtiger Süßwasser-
kapitän ist das, dachte er. Er bekam recht. Wind kam
auf. Auf dem Meer bildeten sich weiße Schaumkro-
nen.

Der Steuermann konnte das Schiff mit dem Bug gegen die Wellen nicht mehr steuern. Sie trieben ab. Im
Windschatten, hinter einer kleinen Insel, konnten sie
noch von ihrem Beiboot aus Taue um das Schiff kno-
ten, so daß es kleinere Stöße besser aushalten konnte.
Ein Stück weiter aber wurde der Sturm noch ärger.
Man mußte die Ladung über Bord werfen.

„Kappt die Masten!" rief der Kapitän. Alle Taue und
Segel waren so durcheinandergeraten, daß sich kein
Seemann mehr darin zurechtfinden konnte. Dem
Kapitän wurde langsam angst und bange. Er war sonst
nicht furchtsam. Das war nicht seine Art.

Da kroch Paulus durch eine Luke hindurch nach
oben und brüllte den Leuten durch den Sturm hin-

durch zu: „Durchhalten, Jungs! Durchhalten! Wenn eure Seemannsgötter euch auch nicht mehr helfen, mein Gott wird uns hier schon herausholen. Das muß auch so sein, denn sonst käme ich nie nach Rom, und das kann die Absicht nicht sein. Also Durchhalten!"

Der Sturm dauerte vierzehn Tage. Dann gab es plötzlich in der Nacht einen Ruck, daß der Kapitän fast in die Schiffsküche gepurzelt wäre. Sie saßen auf einer Sandbank fest. Sie mußten also in der Nähe von Land sein. „Schnell", rief der Kapitän, „werft den Anker aus, sonst schlagen wir gegen die Felsen an."

Alle liefen sie durcheinander, aufeinander, gegeneinander. Schließlich war es dunkel. Da nahm sich der Kapitän eine Schiffslampe und ging mit dem Steuermann und den Matrosen in Richtung Beiboot.

„Was habt ihr vor?" fragte Paulus. „Eh... kurz nachsehen, ob auch der Anker richtig festsitzt", entgegnete der Kapitän. Da lief Paulus zu den Soldaten, die ihn bewachten. „Schnell", rief er, „gleich sind die

Seeleute auf und davon. Die lassen uns im Stich, und
dann ist es aus mit uns."

Im Nu hatten zwei Soldaten mit ihren Schwertern
die Taue des Beibootes durchgehackt, und plumps:
weg war's. „Nun hört einmal her", sprach Paulus zu
dem verdutzten Kapitän und seinen Matrosen, „ihr
seid alle mit den Nerven fertig. Das ist auch verständ-
lich nach diesen vierzehn Tagen. Wißt ihr, was wir
jetzt tun müssen? Wir holen Brot aus dem Schiffsraum
und gehen alle zusammen hier einmal gut essen, und
inzwischen warten wir, bis es hell wird."

Gesagt, getan. Auf einmal rief der jüngste Matro-
senjunge:

„Laaand in Sicht!"

Während eine winzige wässerige Sonne aufging, sahen sie ferne im Nebel die Andeutungen von Bergen
und Hügeln.

53. Die drei Gasthäuser

Nach vierzehn Tagen einer mühseligen Seefahrt waren sie endlich irgendwo gestrandet. Jetzt am Tage sahen sie das Land liegen. Sie versuchten vorsichtig, in eine Strandbucht zu gelangen. Da – schon wieder: ein lautes Knirschen und ein heftiger Ruck! –, und schon waren sie wieder auf eine Sandbank aufgelaufen. Unmittelbar darauf wurde das Schiff von einer riesigen Welle von hinten hochgehoben und dann von der nächsten in die Tiefe geschleudert. Mit einem ungeheuren Krachen brach das Schiff mit dem hinteren Teil in hundert Stücke auseinander.

Der Kapitän sagte: „Das ist ein klarer Fall von Schiffbruch", um zu zeigen, daß er etwas davon verstand.

„Ja", entgegnete der Hauptmann der römischen Po-

474

lizeisoldaten an Bord, „das ist ja alles gut und schön, aber ich komme dadurch nur in Schwierigkeiten. Ich habe Gefangene hier an Bord. Sollen die nun einfach ausbrechen können? Ja, du hast deinen Schiffbruch, aber ich habe meine Befehle. Am besten, ich töte sie alle." Dieser Soldat war zwar ein Hauptmann, aber einer, der schnell die Nerven verlor, wenn er glaubte, mit seinem Chef in Rom Ärger zu kriegen.

„Wenn wir nun zunächst einmal alle versuchen würden, an Land zu kommen, schwimmend oder mit einem Stück Holz", schlug Paulus vor, „dann kannst du hinterher ja sehen, wie es weitergehen soll." Weil er das so ruhig und überzeugend sagte, fand das jeder in Ordnung.

So kamen sie an Land, jeder auf seinem eigenen Brett. Es war die Insel Malta, und auf dieser Insel wohnten unwahrscheinlich nette Menschen. Die gingen sofort auf die Suche nach trockenem Holz, um für die Schiffbrüchigen ein warmes Feuerchen zu machen, denn sie waren ja alle bis auf die Haut naß, ob Matrose, Gefangener, Soldat, Kapitän, Hauptmann oder Paulus selbst.

So standen sie alle beisammen und trockneten sich, und dabei erzählten die Matrosen den Bewohnern von Malta: Dieser Paulus ist ein ganz Besonderer; der hat nie Angst; der hat dafür gesorgt, daß wir nie den Mut verloren haben; der hat etwas an sich, daß man ihm vertrauen kann. Bei ihm war immer die Rede von einem gewissen Jesus, berichteten sie, doch darüber sollte man besser ihn selber fragen.

So geschah es, daß es auf dem Weg nach Rom überall, wo sie auch vorbeikamen, immer wieder Leute gab, die Paulus sprechen wollten: Menschen, die es schwer hatten; Menschen, die krank waren und so. Sie erwarteten viel von ihm, und er half ihnen, so gut er konnte.

Nur Paulus selbst war sich seiner Sache nicht so sicher. Er machte sich Sorgen. „Was habe ich eigentlich getan?" grübelte er. „Was habe ich eigentlich erreicht? Wohin ich auch kam, kriegten die Leute Krach, redeten sie Böses über mich, versuchten sie, mich wegzu-

ekeln oder mich sogar zu töten, und wenn am Ende doch einmal eine kleine Gruppe von Christen übrigblieb, so waren das, ach, nur sehr wenige. Die machten nicht viel her, und man weiß nicht, ob sie auch durchhalten, wenn ich einmal nicht mehr bei ihnen bin. Und nun werde ich bald in Rom sein. Habe ich dort eine Chance, oder werden sie mich da auch sofort wieder verdächtigen und verjagen? Was habe ich getan!" So etwa dachte Paulus, während er mit den anderen Rom entgegensegelte.

Nun gibt es viele Wege, die nach Rom führen. Paulus wählte die Via Appia, und dort gibt es auf halber Strecke eine Gabelung mit drei Gasthäusern.

„Drei Tavernen" hieß die Stelle. Als sie dort ankamen, zog ihnen eine Gruppe von Leuten entgegen. Sie sagten zu dem Vordersten, der neben dem Hauptmann ging: „Entschuldigung, aber kennst du vielleicht einen gewissen Paulus?"

„Mit dem sprichst du", antwortete Paulus. Da brach die ganze Gesellschaft in Freudenschreie aus, und als Paulus sie da stehen sah, diese Handvoll Christen aus Rom, die ihm entgegengekommen waren, da faßte er neuen Mut.

54. Der geflohene Sklave

Paulus war nun als amtlicher Gefangener des Kaisers in Rom. Das hieß, er konnte dort wohnen wie jedermann und auf seinem Zimmer Besuch empfangen. Nur stand ein großer Polizeisoldat vor der Tür. Das war alles. „Hausarrest" nennt man das.

Eines Tages kam ein etwas schüchterner und verlegener Junge bei ihm vorbei. „Bist du Paulus?" fragte er. „Ja", antwortete Paulus.

„Ich will dir etwas sagen, aber nur ganz im Vertrauen, kann ich dir vertrauen?"

„Ich denke schon", erwiderte Paulus.

Der Junge sah ihn noch einmal an und brachte dann seine Geschichte vor.

„Ja", sprach er, „als Sklave hört man natürlich so allerlei. Und dann glaubt man bald: Ja, das alles wird sicher schön sein, zumindest ebensogut, nicht wahr?"

„Einen Augenblick bitte", sagte Paulus. „Fang lieber ganz vorne an. Und sag erst einmal, wie du heißt und wo du wohnst."

„Gut", erwiderte der Junge, „wie ich schon sagen wollte: Mein Name ist Onesimus. Ich bin ein Sklave des Philemon."

478

„Oh, von dem", entgegnete Paulus, „von meinem großen Freund. Ich dachte doch gleich: dieses Gesicht, das kenne ich doch."

„Also beim Arbeiten", erzählte Onesimus weiter, „konnte ich manchmal etwas aufschnappen, wenn ich am Tisch bediente. So etwas hört man ganz ungewollt. So auch über dich, über Jesus, über Gott, der schon ein Gott war, als die Juden noch Sklaven waren, und daß Jesus die Menschen frei machen wollte von Gesetzen und von Kaisern, Königen und Herrschern. Das stimmt doch, das hattest du doch gesagt? Na also. Und da dachte ich: Das alles ist sicher eine gute Sache für meinen Herrn, aber das gilt doch genausogut für mich, nicht wahr? Darum bin ich ihm eines Abends davongelaufen. Ich will auch an Jesus glauben. Darum will ich kein Sklave mehr sein. Ich will keinen Herrn mehr über mir haben. Habe ich recht oder nicht?"

Da saß er ganz schön in der Klemme, unser Paulus. „Tja, ich meinte natürlich nicht, daß nun jeder seinen Herrn im Stich lassen kann. Darauf steht in diesem Land schließlich die Todesstrafe. Weißt du das?"

„Du willst also behaupten, daß du es nicht so gemeint hast, was du gesagt hast?"

Paulus seufzte tief: „Doch. Ich habe durchaus gemeint, was ich gesagt habe. Gott will nicht, daß Menschen Sklaven sind, auf welche Weise auch immer. Du hast recht. Ganz und gar recht, was das betrifft. Doch wie ist das nun mit dir: Wie soll es weitergehen? Am Ende wirst du noch verhaftet, und was dann? Was war denn eigentlich los mit Philemon? Behandelte er dich schlecht, oder was war?"

„Wie kommst du denn darauf?" brauste Onesimus auf. „Nie und nimmer. Aber mir kam so der Gedanke: Wenn ich ein Christ wäre, dann darf er nicht denken, daß er mich einfach kommandieren könnte. Er ist ja auch Christ."

„Möchtest du wieder zurück?" fragte Paulus. „Ich meine, nicht als Sklave, sondern als, eh, als Christ oder so?"

„Wird er nicht böse sein und mich bei der Polizei anzeigen?" wollte Onesimus wissen.

„Ich werde dir einen Brief mitgeben", versprach Paulus, und er schrieb: Lieber Philemon. Ich höre so

viel Gutes über dich, daß ich mir erlaube, dich etwas zu fragen. Es handelt sich um Onesimus. Er ist dir früher vielleicht ein unbequemer Sklave gewesen. Aber ich habe viel von ihm gehabt und einiges von ihm lernen können. Darum bekommst du nicht mehr den entlaufenen Sklaven zurück. Ich schicke dir vielmehr als Boten dieses Briefes einen ganz anderen Onesimus zurück: einen Mitarbeiter, einen Freund von mir, und damit auch von dir.

Wenn du in der Zwischenzeit irgendeinen Schaden hattest durch seine Schuld, dadurch, daß er weg war, dann geht das auf meine Rechnung, oder besser sage ich es so: Da es eigentlich darum geht, daß ich wieder zu spüren bekommen habe, jemand wie Onesimus begreift von ganz allein, was Jesus wollte, nun, gönne mir diesen Vorteil bitte. Die Gnade unseres Herrn Jesus Christus sei mit dir.

Das war der Brief. Der wird seine Wirkung nicht verfehlt haben, denke ich. Es sind die letzten Worte, die uns von Paulus überliefert sind.

So hat das Christentum in Rom angefangen: mit einem Freibrief für einen entlaufenen Sklavenjungen.

Die Träume des Johannes

55. Das Buch

Es ging nicht gut auf Erden. Noch nirgends war es so,
wie Jesus es gemeint hatte. In solch einer Zeit lebte Johannes.

Er schrieb einen Brief an die Menschen, die er kannte. Er schrieb: ,,Ihr wißt wohl, wie schlimm es jetzt ist. Darüber brauche ich nicht zu schreiben. Aber ich will Euch erzählen, wie alles sein wird, wenn es auf Erden so wird, wie Gott es will.

Denn Ihr denkt: Es wird sicher alles schiefgehen. Ihr denkt: Daran ist nichts mehr zu ändern. Wenn Ihr so denkt, dann gebt Ihr nicht mehr Euer Bestes. Ihr laßt alles laufen. Ihr greift nicht mehr ein.

Doch ich sage: Es braut sich etwas zusammen, es wird etwas kommen. Das wird nicht sanft und lautlos ablaufen. Doch wenn Ihr wißt, wie es abläuft, dann braucht Ihr nicht mehr solche Angst zu haben. Darum schreibe ich Euch, was auf uns zukommt. Ich habe davon geträumt.

484

Ich träumte: Ich sah ein Tor. Das Tor ging auf. Ich ging hinein, und ich sah schließlich so etwas wie ein Buch. In diesem Buch standen die Pläne für alles, was auf uns zukommen soll.

Doch niemand konnte das Buch aufschlagen. Selbst die stärksten Männer auf der Welt hätten das Buch nicht öffnen können. Selbst wenn sie so stark gewesen wären wie ein Löwe, ein Stier, ein Soldat oder ein Adler, sie hätten es nicht gewagt. Es war klar, wie es mit ihnen gehen würde.

Doch es gab einen, der war gar nicht mit den mächtigen und starken Tieren zu vergleichen. Der glich eher einem Lamm, der glich eher Menschen, die arm dran sind. Und der wagte es, das Buch zu öffnen. Das war Jesus, der Mann Gottes.

56. Die sieben Buchseiten

Das Buch ging auf, und ich sah, worum es auf der ersten Seite ging: Ein großes weißes Pferd galoppierte heran. Das Pferd ließ an mächtige Könige denken mit prächtigen Ländern und großen Palästen.

Auf der zweiten Seite jedoch sah man: ein rotes Pferd. Das Pferd ließ an einen harten Kampf denken, an Generäle, die Schwerter benötigen, um Herr zu bleiben. Das Pferd erinnerte an Krieg.

Auf der dritten Seite: ein schwarzes Pferd, das kam gleich hinterher. Das Pferd ließ an eine Zeit denken, in der das Essen teuer wird. Das Pferd erinnerte an Hunger.

Auf der vierten Seite: ein häßliches, graues, mageres Pferd. Das Pferd gehörte zu dem schwarzen Pferd. Es ließ an eine Zeit denken, da der Hunger so groß wird, daß die Menschen daran sterben.

Dann kam die fünfte Seite: Da standen jene Menschen, die ihr Bestes getan hatten. Doch so vieles war nicht geglückt. Krieg und Hunger hatten sie erschreckt. All die schlechten Menschen, die mit dem Töten einfach fortfahren konnten, die erschreckten sie.

Doch auf der sechsten Seite stand: Alles wird durcheinandergeschüttelt.

Der Mond wird rot, die Sonne wird dunkel.

Die Sterne verschwinden, der Himmel rollt sich ineinander.

Alle Menschen, die andere arm gemacht haben, alle Menschen, die andere arm gelassen haben, möchten in die Erde versinken wollen, so sehr schämen sie sich. Die Erde wird sie aber nicht haben wollen.

Noch eine Seite war übrig: die siebte Seite.

Zuerst war nichts los. Alles war still, eine halbe Stunde lang. Dann aber fingen jede Menge Trompeten zu gleicher Zeit an zu blasen. Jetzt, endlich würde das geschehen, was Gott gewollt hatte. Alles würde gut sein: alles, alles.

Darum diese Musik, um schon das Fest zu feiern, das im Kommen ist.

57. Der Drache

Es war noch lange nicht alles Leid vorbei. Die schlechten Menschen hatten noch immer das Sagen.

Jetzt jedoch würde Gott zumindest damit anfangen.
Gott würde allmählich alles, was schlecht und verkehrt ist, besiegen. Die schlechten Menschen mögen

ruhig noch schlechter werden, wenn nur die ehrlichen Menschen gut und ehrlich bleiben!

Alles, was schlecht und was schrecklich ist, alles, was nicht so ist, wie Gott will, läßt an einen furchtbaren fliegenden Drachen denken. Ein Biest, das Häuser in Brand steckt. Ein Biest, das Menschen töten will.

Dann gab es da eine Frau. Sie wollte fliehen mit ihrem Kind. Die Frau fand auch ein Versteck. Genau zur

rechten Zeit. Dann tauchten die Soldaten Gottes auf.
Sie warfen den Drachen aus der Luft auf den Boden. Da
stapfte er wütend weiter mit seinen schweren Pran-
ken. Überall, wohin er kam, machte er die Bäume
kahl. Wo er hinkam, ging die Erde kaputt.

Beinahe hätte er die Frau mit ihrem Kind erreicht,
aber sie bekam Flügel von Gottes Soldaten und ent-
kam.

Der Drache spuckte noch ganze Flüsse hinter ihr
her, aber all das Wasser wurde von der Erde wieder auf
den Boden geholt. Die Erde wollte von dem Drachen
nichts wissen. Jeder fürchtete: Der Drache wird doch
noch der Herr bleiben.

Schließlich kam ein Mann auf einem weißen Pferd.
Er sah müde aus. Seine Kleider waren zerrissen. Es war
Jesus, der zwischen den Menschen gelebt hat. Er war
den Menschen treu geblieben.

Hinter ihm kamen alle Soldaten Gottes. Sie kämpften gegen den Drachen. Sie gewannen. Nichts von dem
Drachen blieb übrig. Die Menschen waren befreit.

Jesus würde König sein, aber auf eine ganz neue Art.
Anders als alle die Könige und Kaiser, die es vor ihm
gegeben hatte.

58. Die neue Stadt

Alles wurde ganz, ganz neu. Es gab einen neuen Himmel und eine neue Erde. Der Himmel war wieder zu Hause auf der Erde.

Es gab eine Stadt, in der alles gut war. Jeder, gleich woher, durfte darin wohnen. Die Tore standen weit

offen. Jeder, der traurig war, weil er soviel Leid erlebt
hatte, jeder durfte kommen und sich ausweinen, um
von Gott getröstet zu werden. Danach gab es nichts
mehr, das noch weh tat.

Totmachen und Kaputtgehen gab es nicht mehr.
Geld gab es nicht mehr. Wenn es Gold gab, wurden
Straßensteine daraus gemacht.

Es war ungefähr so:

Es ist kein Gefängnis mehr nötig und keine Kaserne. Es ist keine Fabrik mehr nötig und kein Auto. Es ist kein Tempel und keine Kirche mehr nötig. Die ganze Stadt gehört Gott. Es grünen Bäume am Ufer entlang: die sind richtig grün. Das Wasser ist richtig klar, es ist Gottes Fluß. Es grünen Bäume mitten auf der Straße. Die haben immer wieder neue Blätter, und alle Welt hat ihre wahre Freude daran.

Überall sind Klaviere und Gitarren aufgestellt, damit jeder Musik machen und singen und tanzen kann. Alte Drehorgeln drehen sich von allein.

Es macht ja keinen Unterschied mehr, wer Musik macht und wer ihr lauscht.

Jeder darf mit Farben auf der Straße malen. Überall,

wo Jungen und Mädchen beieinander sind, da gibt es
Tanz und Spiel. Vielleicht gibt es auch eine Straßen-
bahn, aber die ist dann nur zum Spielen da.

Die Sonne ist keine Notwendigkeit mehr, die darf
sich ausruhen. Es ist überall hell.

Es gibt Umzüge, und jeder darf Tambourmajor sein.

Alte Menschen sitzen auf ihrem Bänkchen vor dem
Haus, den Stock in der Hand. Sie sehen den Kindern
zu, wie sie mit den Tieren spielen. Die Tauben, die Löwen, die Hunde, die Schlangen und die Kinder haben
keine Angst mehr voreinander.

So ist die Stadt, in der Gott wohnen will.

Er will da wohnen mitten unter den Menschen.